JN297148

構造構成主義研究 4

持続可能な社会をどう構想するか

西條剛央・京極 真・池田清彦 編著

北大路書房

『構造構成主義研究』刊行にあたって

本シリーズを編纂するに至った問題意識

　洋の東西を問わず，学問は日々進歩している。本来，学問は知的好奇心の産物であったため，おもしろそうな話題があれば興味を共有する人の間で適宜交流していけばよかった。しかし，学問の進歩によって専門分化が進み，学問が細分化されるにしたがって，専門分野を少し異にするだけで，他分野の人が何をやっているのか，よくわからないという状況になった。つまり，学問の蛸壺化である。学問の蛸壺化はさらなる細分化を促し，さまざまな分野の知見を関連させて新たなアイディアを生み出していく総合的なアプローチを困難にしてしまった。

　我々の問題意識はまさにそこにある。細分化した専門分野を今一度シャッフルし，狭視化した学問をおもしろくするにはどうしたらよいか。結論からいえば，学問間を縦横無尽に行きかう必要があり，本シリーズはそれを実現するために企画された。しかし，蛸が蛸壺から脱出するのが並たいていではないように，学者が専門分化した分野間の壁を乗り越えるのもまた至難の業である。それゆえ，我々はさしあたり，さまざまな領域をつなぐために体系化された構造構成主義をツールにしようと思う。

　構造構成主義とは，特定の前提に依拠することなく構築された原理論であり，さまざまな分野に適用可能なメタ理論である。現在，この考えはさまざまな学問領域に導入されつつあり，諸分野をつなぐ横断理論として機能しはじめている。

　我々は，構造構成主義を使った個別理論・メタ理論を体系化する論考や，定性的・定量的研究などを歓迎したいと考えているが，必ずしも構造構成主義に固執するつもりはない。そもそも構造構成主義とは，現象をより上手に説明可能とし，難問を解明する構造（理論など）を構成していこうという考えに他ならず，そうしたモチーフに照らしてみれば，優れた領域横断力をもつ理論は何であれ歓迎されるのは当然だからである。

　新たな理論に基づき新しい領域を開拓するという営みは，既存の常識を多少なりとも逸脱することを意味する。つまり，ナイーブな常識的見地からすれば，どこか非常識な主張が含まれるように見えるものだ。我が国の学界ではそうしたラディカルな議論を展開する論文は掲載されにくいという事情がある。特に，それが理論論文であれば，内容を適切に評価し，掲載してくれる学術誌はほとんどない。学問界（特に人文・社会科学系）は常識的な暗黙の規範を保守しようとする傾向を不可避

に孕むため，仕方がないといえばそれまでだが，そうした態度からは新たな学問領域が育つことはないだろう。

本シリーズの編集方針

こうした現状を踏まえると，構造構成主義を，ひいては学問を総合的に発展させるためには，独自のステーションとなる媒体を作る必要がある。それゆえ本シリーズでは，次のような研究を歓迎する。たとえば，質的アプローチと量的アプローチのトライアンギュレーションに基づく実証的研究，学際的なメタ理論を用いた領域横断的な論文，異なる理論を組み合わせ新たなメタ理論を構築する論文，当該領域の難問を解決する先駆性を有している論文など，他誌に掲載されにくい斬新な試みを積極的に評価する。逆にいえば，従来の学会誌に掲載されている単一アプローチによる実証的研究などは本誌では受けつけていないと考えていただきたい。もちろん，後述するように本シリーズは査読システムを導入するため，論文の質に関してはそれなりのレベルが維持されるはずだ。学問的冒険を志すさまざまな分野の人々が，我々の考えに賛同し本企画に参加して下さるようにお願いしたい。

本シリーズは，学術「書」であり，学術「誌」であるという極めてユニークなスタンスで編集される。従来，書籍は学術書であっても，「査読」という論文の質をあらかじめチェックする学界システムを採用しないのが常であった。

それに対し，本企画は，書籍という媒体を使っているものの，投稿された論文を査読するという学会誌のシステムを取り入れる。その点では，学術誌と同等の学問的身分を有する。それと同時に学術書でもあるため，学会員以外の人がアクセスするのが難しい学会誌と比べ，一般読者も簡単に購読することができる。さらに，学会誌では論文の掲載料を支払わなければならないケースも珍しくないが，本シリーズでは掲載された論文の著者に印税（謝礼）を支払う。

つまり，本シリーズは，学術書と学術誌双方のメリットを兼ね備えた新たな「学術媒体」なのである。そもそも学術書と学術誌をあらかじめ分離することは，学問の細分化を促すことはあれ，分野間の交流促進の益にはならない。新しい思想には新しい媒体が必要だ。

査読は，論文の意義を最大限評価しつつ，その理路の一貫性や妥当性を建設的に吟味するという方針で行う。しかし，論文の体裁や表現は，必ずしも従来の学術論文のように専門用語で護られた硬いものにすることを求めない。従来の学術論文は，一般人には読みにくく，学問の普及や学知の社会的還元といったことを念頭におけば，従来の形式のみが適切な方法とは必ずしもいえないからだ。たとえば，学問の普及や啓蒙といった目的の元で書かれたならば，学的な厳密さ以上に，わかりやすさ，理解しやすさといったことが重要となるため，そのような観点も加味して評価

するのが妥当であろう。

　こうした考えから，本シリーズでは，従来の論文の形式からはずれる書き方も論文の目的に応じて歓迎するつもりである。査読の際には，著者の意図（目的）を尊重したうえで，論文の質を高めるとともに，著者の多様な表現法を活かすようにしたい。もちろん，新たな理論を提示する研究や実証系の研究の場合は，従来の学術論文の形式の方が相応しいことも多いだろうから，そうした形式を排除するということではない。

　構造構成主義は，ア・プリオリに正しい方法はあり得ず，その妥当性は関心や目的と相関的に（応じて）規定されるという考え方をとる。方法が手段である以上，原理的にはそのように考えざるを得ないからだ。本シリーズの査読方針は，この考えを体現したものである。

　また，日本の人文系学術誌では，投稿してから最初の審査結果が返信されるまで半年以上かかることは珍しくなく，時には1年以上かかることもある。それはほとんどの時間放置されているということに他ならない。迅速に査読結果が返却されれば，たとえ掲載拒否（リジェクト）されたとしても他のジャーナルに掲載することも可能だが，返却されない限りはどうしようもない。これは投稿者からすれば迷惑以外の何ものでもないだろう。特に近年は，国立大学の法人化などの影響によって研究者間の競争は激しさを増しており，査読の遅延によって論文を宙吊りにされることは就職や転職，昇進といったポスト争いや，研究費の獲得競争にも関わる深刻な問題である。

　したがって本シリーズでは，論文を受理してから遅くとも1か月以内に投稿論文の審査結果（コメント）をお返しすることをお約束する。ただし，いずれも一定の学的基準を満たしているかを審査させていただくため，必要に応じて大幅な修正を求めることもあれば，掲載に至らない可能性もある点はあらかじめご了承いただきたい。

　通常の学会誌では，投稿者と査読者はお互いに名前がわからないようになっている。少なくとも査読者の名は完全にブラインドされ守られている。つまり自分の名において責任をもたずにすむ査読システムになっているのである。しかし，それでは責任ある建設的な査読は保証されない。したがって本シリーズでは，投稿者に査読者の名前を明かして，お互い名をもつ学者同士真摯にやり取りしていきたいと思う。

　また本シリーズは，従来の学会組織を母体とした学術誌ではないため，投稿論文に対して学会賞などを授与することはない。代わりに，学際性に富んでおり，学知の発展に大きく貢献すると判断した論文の著者に対しては，一冊の本を執筆して頂く機会を提供していきたいと考えている。

本シリーズの構成

　本シリーズはさしあたり3部構成とした。第Ⅰ部は特集であり，これは毎巻独自の特集を組む予定である。

　第Ⅱ部では，特定の問題を解決するなど学知の発展を目指した「研究論文」はもとより，特定の論文に対する意見を提示する「コメント論文」や，理論や方法論の普及や，議論の活性化を目的として専門外の人にも理解しやすいように書かれた「啓蒙論文」，さらには，過去に他の媒体に掲載されたことのある論考を再録する「再録論文」なども歓迎する。

　なお，本シリーズは副題で「構造構成主義研究」を謳っているが，構造構成主義に批判的な論文も掲載する。学知の発展のためには，批判に開かれていることは必須の条件であると考えるためである。

　第Ⅲ部では，構造構成主義に関連する書評を掲載する。これは構造構成主義を題名に含むものや，その著書の一部に引用されている本ばかりではなく，広い意味で構造構成主義と関連すると考えられるものを掲載対象とする。自薦他薦は問わないので，ぜひご投稿いただければ幸いである。

論文投稿について

　読者からの投稿論文は随時受けつけている。投稿規定は巻末に記載したため，投稿する方は参照していただきたい。なお，投稿規定は随時改定するため，投稿される際にはその最新版を以下の構造構成主義公式ホームページにて確認していただけたらと思う。http://structuralconstructivism.googlepages.com/

　このように本シリーズでは，次世代の学術媒体のモデルとなるべくそのあり方を模索していく。これが新たな試みであるゆえ批判も少なくないと思われる。気がついた点や意見，新たなアイディアなどがあれば，ぜひご一報いただきたい。今後よりよい学術媒体にするための参考にさせていただく所存である。また，本シリーズの試み中で，部分的にでも意義があると思われる箇所があったならば，遠慮なく"いいとこどり"していただければたいへん嬉しい。本書の目的はさしあたって構造構成主義や関連思想の精緻化，発展，普及といったことにあるが，我々の志は学問の発展それ自体にある。したがって本シリーズの試みがそうした資源として活用されたならば本望である。

　　　　　　　　　　　　　　　　『構造構成主義研究』編集委員会
　　　　　　　　　　　　　　　　　　西條剛央・京極　真・池田清彦

『持続可能な社会をどう構想するか』目次

『構造構成主義研究』刊行にあたって

第Ⅰ部　特集　持続可能な社会をどう構想するか

Ⅰ　[鼎談]持続可能な社会をどう構想するか
　　　　　………………………………………… 竹田　青嗣・池田　清彦・西條　剛央
　　建設的に社会を構想するための「考え方」………………… 2
　　資本主義の矛盾と修正のための合意 …………………… 4
　　先進国と発展途上国が支配階級と被支配階級に対応している ……………………………………………………… 6
　　持続的発展はエネルギーに支えられている ……………… 8
　　最大の課題は新エネルギーを開発しつつ人口を抑制すること ……………………………………………………… 9
　　合意システムの中心を CO_2 から新エネルギー開発へ移行させる ……………………………………………………11
　　気候が長期予測不可能であるかぎり予防原則は機能しない ………………………………………………………11
　　科学が機能しなくなる社会構造 ……………………………13
　　これからの「大きな物語」……………………………………15
　　価値観を共有することの大切さ ……………………………16
　　強制統治か？　教育資源の投入か？ ………………………18
　　地下資源と自然エネルギー …………………………………20
　　太陽光発電の可能性 …………………………………………22
　　海流と地熱発電の可能性 ……………………………………22
　　核融合がうまくいけばエネルギー問題は解決する!? ……24
　　スマートグリッドという方法 ………………………………25
　　必死に働くために生きるという不合理 ……………………26
　　富が集中しすぎず，かつ努力が報われることのバランスをとる …………………………………………………………27

いかに社会の流動性を担保するか……………………28
　　「資幸主義」という視点の機能 …………………………30
　　流動性がありかつ格差がつきすぎないようにする………31
　　資本主義を制御するための価値観の相互承認……………32
　　幸せを担保するための具体的政策 ………………………34
　　子ども手当は愚策の極み …………………………………36
　　小選挙区制の問題点と時限立法 …………………………37
　　人類の未来にむけて ………………………………………38
　　まとめ ………………………………………………………39

第Ⅱ部　論文

Ⅱ-1　[原著論文（研究）] 無痛分娩の実施をめぐって展開される専門領域を
　　　異にする医療者間のポリティクス
　　　　　──医療現場の「信念対立」に対する質的アプローチ………田辺 けい子
　　1節　問題の所在 ……………………………………………44
　　2節　目的と意義 ……………………………………………46
　　3節　方法 ……………………………………………………47
　　4節　無痛分娩の実施をめぐって専門領域の異なる医療者
　　　　　に立ち現れている「現象」…………………………48
　　5節　無痛分娩をめぐる「現象」はいかにして立ち現れる
　　　　　のか …………………………………………………61
　　6節　考察──意義と限界 …………………………………64

Ⅱ-2　[原著論文（研究）] 自己効力理論をめぐる信念対立の克服
　　　　　──存在‐言語‐構造的還元の提起を通して………………山口 裕也
　　1節　問題と目的 ……………………………………………71
　　2節　自己効力理論をめぐる対立とその克服に向けて …76
　　3節　存在‐言語‐構造的還元の提起 ……………………81
　　4節　自己効力理論をめぐる対立の克服 …………………84
　　5節　科学理論をめぐる信念対立と存在‐言語‐構造的還元
　　　　　…………………………………………………………91
　　6節　今後の課題 ……………………………………………95

Ⅱ-3　［原著論文（研究）］構造構成的協同臨床教育法の構築へ向けて
　　　──理学療法臨床実習における実践事例を通して…………池田　耕二
　　1節　問題設定 ……………………………………………104
　　2節　構造構成的協同臨床教育法の提唱 ………………110
　　3節　構造構成的協同臨床教育法における実践事例の提示
　　　　　　………………………………………………………114
　　4節　構造構成的協同臨床教育法の限界と展望 ………128

Ⅱ-4　［原著論文（研究）］契機相関的－構造重複という視点
　　　──構造構成主義における自己－他者関係の基礎づけ…………桐田　敬介
　　1節　問題と目的 …………………………………………131
　　2節　方法 …………………………………………………136
　　3節　契機相関的－構造重複という視点 ………………138
　　4節　契機相関的－構造重複の意義と限界 ……………156

Ⅱ-5　［原著論文（研究）］アサーション（自他を尊重する自己表現）とは何か？
　　　──"さわやか"と"しなやか" 2つのアサーションの共通了解を求めて
　　　……………………………………………………三田村　仰・松見　淳子
　　1節　問題と目的 …………………………………………162
　　2節　本稿前半部の目的 …………………………………165
　　3節　広義のアサーションの定義 ………………………165
　　4節　率直型アサーションの限定性 ……………………166
　　5節　機能的アサーションによる新たな適用場面と機能的
　　　　　アサーションの難問 ………………………………168
　　6節　2つのアサーション間の信念対立と共約不可能性
　　　　　　………………………………………………………169
　　7節　本稿後半部の目的 …………………………………172
　　8節　難問の解消に有効な構造構成主義の理路 ………173
　　9節　記号論的還元によるアサーションの多様性の基礎づけ
　　　　　　………………………………………………………173
　　10節　現象学的還元による共通了解可能性への理路 …175
　　11節　率直理想仮説が確信に至る過程の理解 …………176
　　12節　関心相関性の原理によるアサーションにおける関心
　　　　　の可視化 ……………………………………………179
　　13節　関心相関的アサーションの構成と評価 …………182

    14節　まとめと今後の課題 …………………………186

Ⅱ-6　［原著論文（啓蒙）］心理療法に共通原理はあるのか？ ……………山竹　伸二
    1節　心理療法における理論対立 …………………191
    2節　共通要因の探求 ………………………………193
    3節　心理療法と科学 ………………………………195
    4節　現象学の射程 …………………………………196
    5節　〈無意識〉の現象学——深層心理学的心理療法 …199
    6節　欲望と当為の自己了解 ………………………201
    7節　治療関係における承認 ………………………203
    8節　〈自己実現〉の現象学——実存主義的心理療法 …204
    9節　行動と思考の修正——実証主義的心理療法 ……206
    10節　相互幻想的自己了解の有効性と限界 ………208
    11節　一般的他者の視点 ……………………………209
    12節　原理的考察の可能性 …………………………211

Ⅱ-7　［原著論文（啓蒙）］構造構成主義の視点から展開する職業リハビリ
    テーションでの臨床実践
    　　　——異職種間のより良い連携を目指していくための視点………前原　和明
    1節　はじめに ………………………………………218
    2節　職業リハでの「対象となる人」の理解 …………222
    3節　より良く連携するための構造構成主義の視点 …226
    4節　まとめと今後の課題 …………………………235

第Ⅲ部　書籍紹介

Ⅲ-1　『表現者』……………………………………………240

Ⅲ-2　『感染症は実在しない』……………………………243

    投稿規定……………………………………………249

    編集後記……………………………………………253

第Ⅰ部

特集

持続可能な社会をどう構想するか

鼎談

I 持続可能な社会をどう構想するか

竹田 青嗣・池田 清彦・西條 剛央

▲竹田青嗣氏 　　▲池田清彦氏 　　▲西條剛央氏

◆建設的に社会を構想するための「考え方」

西條 現在，環境問題，資本主義問題，エネルギー資源問題，人口問題，内乱・紛争・テロリズム問題など，世界的，人類的レベルで深刻化する諸問題を抱えています。そして，これらの問題をどう克服し，持続可能な社会を構築するのかという研究は，社会科学・自然科学を問わず，多く行われていますが，決定的な回答は与えられていません。そこでこの鼎談では，それら根本問題はどこにあるのか，それを解決する条件はどういったものなのか，そのための具体的方策にはどういうものがありうるのかといったことを中心に人類が"幸せ"を担保しつつ持

続していくためのシステムについて原理的に考えていきたいと思います。

　実際，これらの問題のポイントはどこにあって，どういうふうになると幸せに近づくことができて，そのためにはどういうルール設定をし，どのような具体的な方策が必要なのかといった原理的な議論はあまりみられないように思います。

竹田　批判はあれこれ山ほどあるけどね。展望はほとんどない。

西條　竹田先生が出された『人間の未来』の冒頭で，すごく印象的な表現だなと思ったのが，ポストモダンは「近代」の"克服"に向かうのではなく，その諸理念の"打ち消し"をめがけたため，直視する代わりに否認する反動思想になってしまった，というようなことが書かれていましたよね。まさに，そうだなと思いました。学問でも論文でも同じですけど，過去のものを単に否認したり，批判するのではなく，それを踏まえて，より機能的で有効なものを提案していくことが重要ですよね。

池田　どんなものだって絶対的な考えなんてものはないから，悪口言おうと思えばいくらでも言える。ここはおかしいとか，ここは間違っているとかなら，誰でも言える。じゃあ，お前はどうするかって聞いたときに，代替案を示すことができなければ，思想としてはなにものでもない。そこが一番重要なんだよね。

西條　あと，批判した人が偉いとか，偉い人が言ったから正しいとならないように，関心相関的な考え方を共有していくことも大切ですよね。常に目的（関心）に照らして，より有効な考えを提示するという営み（ゲーム）として学問を捉える。またときには教育哲学者の苫野一徳さんが言っているように，どちらの関心が妥当なのか，関心それ自体の妥当性を問いあうことも重要になります。こうしたことは当たり前のことのようですが，人文系の学問においては一部のポストモダン思想のような批判思想がまかり通っていることからもわかるように，この当たり前のことが見失われて十分に機能してこなかったわけですからね。

竹田　さしあたり重要なことは，目的を実現する構想をいかに打ち立てられるかってことだね。

西條　はい。ここではさしあたり「人類の"幸せ"を担保しつつ持続可能な社会の実現」を共通目的として設定したいと思います。その共通目的に照らして，現実的制約を踏まえつつ関心の妥当性を問い，有効な制度や政策，ルール，システム（構造）を構想（構成）していくこと，これを「関心相関的社会構想法」とよんでおきます。すでに竹田先生や池田先生は自然に実践されていると思いますが，こうした「社会構想のメタ方法論」が共通ルール（グランドルール）として広く共有されていけば，議論が空転せずに，建設的に問題を進めていきやすくなると思います。

　ということで今回は，竹田先生と池田先生に，それぞれ哲学者と科学者の観点から，人類の"幸せ"を担保しつつ持続可能な社会を実現するために，どのような環境や経済構造を構築していけばよい

かについての構想をお話ししていただきたいと考えています。今回は前回の構造構成主義シンポジウムの鼎談（注：『信念対立の克服をどう考えるか──構造構成主義研究2』に収録）とは違ってクローズドな鼎談ということで、率直な意見交換をしながら問題を先に進めていけたらと思っています。僕は主に進行役をつとめながら、適宜意見を言っていくようにしますが、おふたりでご自由に話を進めていただいてかまいませんのでよろしくお願いします。

◆資本主義の矛盾と修正のための合意

竹田 今回『人間の未来』という本を出して、そこでこのところ考えていることをまとめました。柱をあげると3つです。ひとつは哲学的な概算としては「2050年くらいまでには地球はパンクしてしまう」ということ。資源的にもパンクするし、その前に資源の絶対的な希少性が生じて、大きな戦争が起こる可能性が高い。その大きな原因として、資本主義はいろいろと矛盾があるが、最も中心の矛盾は格差が拡大していく本性、つまり格差原理があること。このまま大量消費と大量廃棄を続けていくと、必ず環境と資源を蕩尽するところまで行く。それをできるだけ広い視野で考えるにはどうすればよいかということです。ただし、資本主義にいいところ、正当性があるとすると、次のようなことになる。今まで人類は、近代社会以前は、ほぼいつも15％前後の人が支配階級で、85％ほどが被支配階級だった。そして構造的に、被支配階級の人はいつもギリギリの、カツカツの生存を強いられてきた。それで、人間の増加に対して、さほど財の増大がなくても社会はもっていたわけ。ところが、資本主義はじつは独自の経済システムで、その本質は、古典支配社会のように強制の経済ではなく競争の経済です。つまり社会のすべての成員が互いに競争することで分業を持続的に高めていくという画期的な経済システムになっている。「分業」の進歩は今で言うとテクノロジーとエネルギーの進歩に帰着する。ともあれ、資本主義は競争で社会の生産性をどんどん上げていくシステムとして機能している。じつはこれは人間の生活を豊かにするという点では、画期的なシステムで、もともとは自由市場経済とよばれた。大事なのは、この経済システムによって、万人の自由が確保される近代社会がはじめて可能になったということ。この意味でじつに偉大な発明だったんだが、同時に資本主義は、先に言ったように格差拡大という決定的な原理を持っていた。

　資本主義は社会生産を持続的に上昇させるシステムなので、一方で多くの人間が消費に与るということがでてきた。象徴的に言うと、普遍消費社会、大衆消費社会は、アメリカで第1次世界大戦前後から起こって、2つの大戦後に世界の先進国でどんどん広がっていった。それまでは、先進国とはいっても、貧しい人はギリギリの生活をしていたんだね。その理由は第2次大戦後、先進国同士が戦争をしないようにルールを組み替えたから

です。つまり，20世紀のはじめまでは，どの先進国も生産の増大のほとんどを軍事力にかけてきた。負けると国家が没落するから。ところが大戦後，はじめて世界大で生産力を戦争に回さない体制が可能になった。それではじめて先進国には「普遍消費」が現われたわけです。もちろんここにもいろいろ矛盾があるけれど，それまでほとんど労働だけで生きてきた人々が，消費生活に与るようになった。一般的に，より広範な人間が消費に与るということは，自由の領域が徐々に拡大していくことであって，評価せざるを得ない。

戦後，戦争をやめて経済競争にはげんだ先進国では，だいたい7％前後で経済成長が続いた。ところが問題は，人口です。世界の人口はここ30, 40年の間に倍以上になり，あと40年くらいで90億ほどになるとみられている。象徴的な例を言えば，中国は今12億ぐらい人口があるんだが，これがもし経済成長を順調にのばして日本並みの生活水準になると，それだけで地球がもう1つ必要になるというデータがある。人口問題は，主に中国とインドと南アフリカ，南アメリカが一番深刻な状況です。中国は少し抑制をはじめたが，インドと南アフリカ，ラテンアメリカではまだ方向性がみえない。

今世界大の信用危機が起きて，資本主義への反省が少し起こっているけれど，それでも総体としては資本主義は普遍消費を推し進めていく。世界の消費水準が少しずつ上がっていく。もし人口増加を徐々に抑制していく原理と合意が見いだせなければ，必ずどこかで資源と環境の限界が来て，絶対的希少性が生じることになる。そうなれば先進国が戦争をしたくなくても，中進国が核を持ち出してくると先進国も応戦せざるを得ない。もうひとつ，絶望型の核のテロという可能性もきわめて高い。どこで核の技術が漏れ出すかだが，まず時間の問題だと思う。単純に言えば資源がどこかで尽きてしまうのだが，その前にひどい戦争状態に陥る可能性が一番高い。哲学的なスパンでいうと，これが人間の未来の最も蓋然性の高い可能性だということになる。

資源や環境の限界ということはだいぶ前から言われていて，資本主義，およびそれを担っている近代国家に対する批判・思想は，もちろんこれまでにも根強く続いていた。その最大のものがマルクス主義とポストモダン思想ですね。しかし近代哲学をたどり直してみると，この2つの大きな批判思想はほとんど無効になっています。そこには原理的に可能性がない。一言で言うと，じつはわれわれの世代はずっと，できれば国家と資本主義を廃棄して，別のオプションが可能ではないかと考え続けてきた。けれど，これも哲学的スパンでいうと，結論的には，近代国家と資本主義はまったく代替不可能だということになる。

大きくみれば，近代国家というのは基本的に多くの人間に自由を解放するためのはじめての社会システムです。原理的には人民主権です。つまり，戦いによって覇権者を作り出し，その覇権者に統治させるというやり方をやめて，人民の政

府を作る。自由経済で社会生産を持続的に上げて、これまで政治権力が独占していた財を普遍配分する。そういうはじめての国家システムだった。マルクス主義は、自由競争と私的所有が富の格差と支配を生み出すので、これをやめようというアイデアです。しかし、根本的に錯覚があった。資本主義は競争の経済によって持続的に生産性を上げるシステムだというだけでなく、一定の仕方で財と自由を普遍配分している。マルクス主義はそのことに気づかなかった。この普遍配分のシステムがない場合、労働と分業を持続的に作り出すために、権力的支配でそれを確保するしかない。社会主義国家は例外なくそうなった。私はなにも近代国家や資本主義がとてもよいものだからこれを擁護するというのではない。そこには大きな矛盾がある。しかし近代の人間的自由というものを公準にするかぎり、これに代わりうるオプションが存在しないことを認めるべきです。理想的な「正義」を公準にしてやみくもに国家と資本主義を批判するより、そのメリットとデメリットを確定して、根本的な問題に対処するのでなければ、そもそも思想の意味は知識人のロマン主義に終わってしまうと思います。

つけ加えると、資本主義が代替不可能であるという思想は新しい世代には多少自明の前提になりつつあるけれど、じつはわれわれの世代から上は、資本主義や国家に対して根本的な違和感があって、資本主義絶対悪の感度が根強い。マルクス主義がはじめにその感覚を支え、次に

ポストモダン思想が支えた。今やはやくそれらを卒業して、次の考え方を作らないといけない。日本ではまだポストモダン思想のしっぽがけっこう残っているけどね。むしろ今世界大で一番重要なのは、資本主義に代わりうるオプションはなく、これを正しく修正していく必要がある、というはっきりした合意を形成することだと私は思う。その合意が形成されれば、はじめて次の一歩が始まる。今のところその合意はなかなか出ていない。そのためには、まだだいぶ議論を重ねないといけないわけ。これが私の提案の大きな前提です。

そこで、これは環境問題では池田さんとは違う立場になると思うけれど、社会科学者で、最近『「炭素会計」入門』を出した橋爪大三郎と、このところ地球文明研究会という研究会を作って、経済と金融と人口と環境の専門家を呼んで、少しずつデータを調べている。私は哲学的構想の社会学的転移と言っています。この問題では、多少池田さんと意見が違うかもしれない。

◆先進国と発展途上国が支配階級と
　被支配階級に対応している

池田　竹田さんの『人間の未来』を読んで、はじめの4分の3くらいはだいたいその通りだと思って、最後の橋爪さんの話がでてきたところは、僕はちょっと異論があるけれども、基本的な分析としてはその通りなんだよね。財がどれだけ生産されて、それをどうやって分けるかっ

てことが一番の問題なんだけれども、1万2000年前ぐらいまでは、人間は狩猟採集民だったわけだから、財を貯めることができなかった。財を貯めることのできないところでは、階級も糸瓜もなくて、全部みんな平等なんだよね。その意味では、そのへんの動物と同じだった。

農耕をやって、少しでも財を貯めることができるようになると、どうしたって格差が出てきて、マクロに見れば今もその続きをやっているんだから、格差っていうのはある程度なくならないんだよね。それをなくすためには、人工的なシステムを入れて、ルールを作って、うまいこと財を分配していかないといけない。でも、人間って欲望があるから、人よりちょっとでも多くとか、そういう細かいところでごちゃごちゃしているから、完全に自由で平等ということはありえない。それは、しょうがないことなんだよね。

だから、まあこのへんだったらそこそこ我慢できそうだというルールをいかに作るかがポイントになるんだけど、そのときに、ルソーが言った「一般意志」みたいなものが非常に重要になるんだよね。普通の人が合理的に考えて、このへんでやったらいいんじゃないかということがあれば、それを実現するような社会を作ればいいだけなんだけど、それがなかなか難しい。ルソーの一般意志をどうやって担保するかといったときに、民主主義以上の現実的な審級はないんだよね。しかし、民主主義っていうのは、結局多数決だから、多数の横暴とか、金持ちが政治家を買収してうまいことやるとかね、いくらでもそういうことができて、なかなか一般意志が実現されない。

けどそれは、マクロにみると些末な問題なのかもしれない。財が人口に対して増えていかないところでは、ほんの少数の専制と、80％から90％の隷属状態というのはやむを得ない状態としては起こるわけ。歴史的にみれば、ほんの200年前まではずっとそうだったわけだよね。現在は財の増加率が人口の増加率を上回りグローバリゼーションも進んだおかげで、物質の流通が簡単になって、財の移動も簡単になった。細かいところはあるけれど、先進国では民主主義と資本主義でだいたいうまくいく。

そのツケがどこに回っているのかというと、結局第三世界なんだよね。だから、さっきの竹田さんの話でいうと、昔は国のレベルで、支配階級と被支配階級があったけれども、現在は、先進国と発展途上国が、支配階級と被支配階級という構図になってしまっている。人口的にみても、先進国で物質的な豊かさを享受して、自由を謳歌している人たちと、アフリカや中国の農村なんかで大変な暮らしをしている人たちを比べると、昔の支配・被支配の階級比率と大して変わんないんだよね。

ほんとのことを言うと、国家を全部廃絶して、世界国家にしてしまえばいい。でも、これはいろんな条件できわめて難しい。それは、人間の成り立ちからいって、地球規模でコミュニケーションが自由にとれて、同じ幻想を抱いて、同じような考えを持つなんてことはできていな

かったわけで，今後も簡単にはできそうもない。もし，今よりさらにインターネットが普及して，グローバルになって，世界統一言語になったという理想的な初期条件から始めれば，世界国家ができるかもしれないけれど，今のままのローカルな文化がたくさん共存する条件では結局無理なんだよね。だから，国家間のバトルみたいなものがある。それをどうやって調停するかが重要なポイントになる。そのときに，橋爪さんが言うような地球温暖化の阻止を軸にしてルールみたいなものを作るというのは難しいと思うね。

◆**持続的発展はエネルギーに支えられている**

池田 一番の問題はエネルギー問題なんだよ。竹田さんが言った分業テクノロジーというのはエネルギーを効率的に使う方法で，昔は人が分業することで生産性が増えた。そのときは，エネルギーは木炭しかなかった。18世紀，19世紀になって，石炭，石油が出てきた。人口増加率は，使用エネルギー量とパラレルになっている。それまでは，人間の労働によって森林を切り開いたりしていた。18世紀の頭ぐらいまでは人口の増加率は，0.07％ぐらいだった。それがいきなり10倍ぐらいに増え，産業革命以降は0.8％になった。20世紀の頭に石油を使うことができるようになると，平均で1.3〜1.4％ぐらいまでに跳ね上がった。20世紀の頭に16億5000万しかいなかった人口が，今では68億だからね。ものすごく増えたわけだね。それは完全に石油文明に依存していて，今では食べ物だって何だって石油で作っているわけだからね。農業も，漁業も，全部，石油エネルギーに依存している。エネルギーが完全に人間の文化的生活だとか生産性だとかを支えているわけ。エネルギーは持続的発展のための非常に大きな条件なんだよ。

石油の生産量がガタ減りして，石炭もなくなって，化石エネルギーが完全になくなってしまうと，これは大変な問題。そのときに，民主主義と資本主義の体制で社会がうまく運営できるかっていったら，これはなかなか難しい問題だよね。民主主義と資本主義は，それ自体は非常に安定したシステムなんだけれど，その安定性を支えているのは，使用可能エネルギーの持続的増大であり，生産性の持続的発展なんだよ。その生産性の持続的発展がないところで，民主主義を維持するためにどういったシステムを作れるかってことは，誰もわかっていない。できるのなら，それに越したことはないんだけれど，僕は無理だと思うんだよね。

人間というのは欲望を持っているから，未来は今よりよくなるという希望を持って生きている。それがないと生きられない。だから，さっき竹田さんが言ったようにむちゃくちゃなことをやるやつが出てくる。テクノロジーだけが進んで，個人が核を作れるようになったりすると，核を使ったテロが起こったり，面倒なことになる。だから，生産性を徐々に増やすことを担保しないと，人類の未来は大変なことになる。

◆最大の課題は新エネルギーを開発しつつ人口を抑制すること

池田 それで、僕がいつも言っているのは、人類の未来にとっては、CO_2削減とか些末なことはどうでもよくて、いかにエネルギーを作って、それで発展性をちょっとずつでもいいから担保するかが本質的に大事なことなんだよね。ただ、難しい問題は、いかにうまくエネルギーを確保したとしても、それに見合う以上の人口が増えてしまうと、1人当たりのパイが小さくなってしまうから、結局エネルギーが足りなくなってしまう。だから、そこをどうするかなんだよね。

先進国では人口が減っていて、これはマクロにみればいいことなんだよ。ただミクロにみれば、アフリカの南部とか、インドとか中国などではどうしようもなく人口が増えている。中国が13億5000万で、インドが11億5000万で、合わせると25億ぐらいになる。それにアフリカ南部を合わせれば、全人口の半分ぐらいでしょ。そこのところをどうやって減らすか。これは大変なんだよ。子供を作ることも、人間の根本的な欲望みたいなところがあるから、作るなって強制的にやるのは難しい。

アフリカに財や福祉をつぎ込むと、まず人口が先に増えちゃうんだよね。それが一番の問題なんだよ。エネルギーを開発して、徐々に生産性を高めながら、人口を増やさないというシステムをどうやって作るかが、めちゃくちゃ重要で最大の難問なんだよ。

僕はテクノロジーに対しては楽観視していて、新エネルギーとかも、遅かれ早かれ一生懸命やれば開発できるんじゃないかって思ってる。あまり後ろ向きな考えをしないほうがいいと思うんだよね。炭酸ガスを削減したからって新エネルギーが開発されるわけでもないし、どっちにしたって石油は全部使うんだから、最終的に出るCO_2の量は同じなんだよね。どんなことをやったって、ゆっくり使うか早く使うかの違いで。

もちろん、ゆっくり使うことができれば、新エネルギーを開発するタイムスパンは長くなるから、その間にうまくやろう、そしてもし新しいエネルギー源が開発できたら、それでグローバルにやろうということになる。で、それがやっぱりダメだったということになると、軌道修正が必要になる。でも、それはミクロレベルではできるんだけれど、マクロのレベルではいったん立ち上げたシステムを修正するのは大変なんだよね。だから、もう少し未来を見据えて、どういったシステムを作るかってことを、拙速にやるんじゃなくて、目処がついてからにしたほうがいい。

科学的には地球の気候変動の最大の原因がCO_2にあるかどうかもほんとはわかっていない。もし、CO_2が原因だとして信じてやっていったときに、その科学的根拠がつぶれてしまったら、そのときに作ったシステムは絶対にうまくいかない。クラッシュを起こす。だから、そうならないようなやり方をしたほうがいい。僕

竹田 そのことについて言うと、私の考えはこうです。炭酸ガス犯人論と犯人じゃない論の両方を読むと、今のところ炭酸ガス非犯人説のほうがやや説得力がある。これは池田さん説に近い。ただ橋爪大三郎は、この議論はまだ最終決着はついていないけれども、可能性をみてみんなで制御するほうが理性的という考えだね。私が評価する点は、イギリスなんかが特にそうだし、最近はオバマでアメリカまでそれなりに国際的な合意を作ろうと思って動いている。私の考えは、温暖化が仮に杞憂であったとしても、その合意や同意を作り出すノウハウや方向性は、やっぱり意義があると思う。炭酸ガス犯人説にはたしかにかなりあやしい面がある。しかしそういう世界大の問題を特に先進国家でルール作りをしようという方向は、きわめて大事だと思うわけです。そこは、池田さんとは少し違うところだと思う。

池田 かなり違いますね。

竹田 ただ、問題の根本は、環境問題ではなくて、資本主義が今進んでいる全体の方向を向け替えること、特に人口問題とエネルギー問題が大事だということは、池田さんとかなり一致がある。これは何度も言っているけど、画期的なエネルギー革命が起これば、環境問題も希少性の問題も解決する可能性がある。昔、革命的エネルギーの開発で、地球は300億の人間を養えるであろうと言った科学者がいたけど、想像力がまったく欠けている。エネルギー革命で、一時的に他の問題が解決しても、人口増加を抑制する考えがなければ、エネルギー消費はますます幾何級数的に増大する。これは悪無限なんだね。人間の将来の問題は解決しないどころか、まったく先がない。エネルギーの開発と環境問題の解決と人口抑制ということを1つのものとして組み合わせないかぎり、地球の未来という点ではまったく意味がない。特に、人口問題は、今、池田さんが言っていた中国とインド、そしてアフリカ。国連の統計だと、2050年までに90億ぐらいまでいくというわけね。これには上限と下限の予想があって、下限の可能性は70億ぐらい。私のイメージはピークをなんとか70億ぐらいに抑えて、その後数世紀かけて全人口を半分、あるいは3分の1ぐらいまで減らしていくような目標を世界大で立てる必要がある。もう一方では、エネルギー問題。これは、今太陽熱が一番可能性があると言われている。最もよい可能性では、四国程度の面積に設備を敷き詰めると、現在の世界のエネルギーが供給できる。太陽熱発電のプロジェクトは、ヨーロッパではドイツなどを中心に進められている。ともあれ、その2つが明確に組み合わされないといけない。もしこのことの合意が進めば、人類の未来はかなり明るい。逆に、それがうまくいかないと、相当ひどい状態になる。私と池田さんは、あと20年生きるかどうかわからないのでまず悲惨な目には遭わずにすむかもしれないが（笑）、今の若い人にとっては20年、30年、40年先は現実の話なので、もう、しっかり考えるほかはない。資本主義が

根本的に悪いんだとか言っている場合では，とうていないんだね。

◆合意システムの中心をCO_2から
　新エネルギー開発へ移行させる

西條　おふたりの考えが違う部分について論点を整理すると，竹田先生の意見はこういうことですよね。世界レベルでの合意形成システムを具体的な環境問題を通して作っていかないと，今後人口問題にしても何にしても，なかなかクリアするのも難しいだろうと。ですからCO_2の問題そのものが重要というより，それを通してでき上がるシステムやノウハウは役立ちうるから，そこを評価しようという立場ですよね。

　僕は世界レベルでの合意システムの構築という点は賛成なのですが，ただそのシステムをCO_2削減による温暖化防止キャンペーンを通して構築しようというのは，合意システムの構築が重要課題であるからこそ，あまりにリスクが大きいように思います。池田先生が『環境問題のウソ』や『ほんとうの環境問題』などで書かれているようにCO_2が原因かどうかもわからないうえに，仮にCO_2温暖化仮説が妥当だったとしても，日本が京都議定書を完全に遵守しても，1年に1兆円，100年で100兆円かけても，100年後の到達温度を0.004度しか下げられないんですよね。まさに焼け石に水にもならないわけです。

　そもそもCO_2の問題の根本は，いくら燃やしたかではなくて，いくら掘ったかですよね。地中に埋まっている化石燃料を掘り起こして燃やすからCO_2が増加するのですから。先ほど池田先生も言っておられましたが，石油がなくなったら困るとみんなが言っていることからわかるように，地下にある石油は全部使う気満々なわけですよね。CO_2削減とかいいながら，他方で石油をもっと掘ってくれとお願いしているわけで，CO_2を本気で削減しようとしてないのは明らかですし，CO_2排出権取引やそれに基づく炭素会計という考えは，環境問題という形をとった経済の問題であって，根本的な環境問題の解決にはまったくなっていないですよね。

　こうした主張に対して，「こういうゲームが始まった以上それは止められないのだから，それに乗って経済的な利益を上げていったほうがよい」という議論もありますが，CO_2排出量取引というEUの戦略に乗ることで日本は何兆という経済的な損失が生じるわけですよね。

池田　そうだよ。日本の政治家はいい子になりたがっているだけで，日本のことも世界のことも何も考えてないとしか思えないけどね。

◆気候が長期予測不可能であるかぎり
　予防原則は機能しない

西條　あと20世紀の複雑系科学，特にその中のカオス理論で明らかになったことは，気候の長期予測不可能性なんですよね。バタフライ効果といって蝶が羽ばたいたぐらいの微量な変化が，1週間後の

遠く大陸を隔てた都市の上空の気流を大きく変えてしまうということが明らかになった。だから天気や気候のような複雑なシステムは長期予測不可能なんですね。ですから，100年後の気温云々ということ自体，科学的に考えるかぎり，僕はかなり信頼できないと思っています。

それに地球の熱源はほとんどが太陽活動によっているわけですから，太陽の活動が変わってしまえば，寒冷化だって起こりうるわけです。CO_2削減による温暖化防止を声高に叫んでいたのに，じつは全然たいした問題じゃなかった，むしろ寒冷化してしまったといったことになって，世界中で合意システムを作っていこうという機運が高まった最初の一歩でこけたら，すごい痛手になると思うんです。リスクがあまりにも大きい。ですからここらへんで，"CO_2問題"や"低炭素社会"といったことから"エネルギー問題"へシフトしたうえで，どう合意システムを作っていくかという方向へ軸足を移していったほうがいいのかなと考えています。

池田 僕もそう思うね。国家間の約束事というのは，それを支える大義名分が絶対必要なわけ。ルールを作るということは，このルールで得する国と損する国が必ず生じるわけで，ルールに大義があれば，損した国もルールを離脱することは難しい。しかし，ルールを支える大義が間違っていたということになれば，損している国は離脱するから，ルールも必然的に破綻する。CO_2の排出権取引のもとになっているのは，CO_2の人為的排出が気候変動の最大原因だという科学的大義

だから，これが間違っているとなると，これに基づくすべての合意システムは瓦解してしまう。間違っている前提で作ったルールがそれでも有効なのは，それを守らせる絶対権力がある場合だけだけど，個々の国家を超越する絶対権力がないから，合意システムなわけでね。科学的にあやしい根拠に基づいてグローバルな合意システムを作って，それを走らせることほど政治的に危険なことはないんだよ。むしろ新エネルギーの開発をどうするかで合意システムを作れば，これは前提となる大儀は破綻しないので，このほうがはるかに賢い。

橋爪さんが言っているように，CO_2が増えてカタストロフィーが起こるなら，それは予防原則としてやったほうがいいというのがある。一方で，CO_2を軸に合意形成のシステムを作ったあとに，それが科学的に間違いだったということがわかったときに，そのシステムのノウハウが役に立つと普通の人が思うのかってことだよね。ノウハウだけ生き残ることはありえない。混乱するだけだ。

竹田 そこはね，たとえば，どうやって税金を課していくのかとか，国際的なルールのキャップの算定方式とか，単に炭酸ガス問題だけでなく，他の環境保護のためのさまざまなノウハウもあって，私が『「炭素会計」入門』を読んだかぎり，活かせるアイデアがたくさんあると思う。今，科学が一方はあやしい，一方はあやしくないと言っている。これはね，すぐには絶対的な合意が出ないよね。どっかの時点でだんだんはっきりしてくる

と思う。池田さんたちの意見は私はほぼ理解できる。そこで余計なコストをかけることになるとか、利権や不純な取り巻きが集まるということもすぐわかる。でも今、国家の首脳レベルでできるだけ協力しようというところまできているが、私はそれはもうOKだと思うんだよ。今のところ、これは絶対に犯人ではないと言い切ることもできないから国家協力が行われている。ただ、まったく別の説が出てきたら、パッと大きな変換が起こると思うけれど、そこでも国際協調のノウハウは必ず使えると思うんだね。

西條 僕らは国家首脳レベルの政治に直接関与することはもちろんできないわけですが、われわれ学者の役割は、多数決や権威による決定ということに振り回されずに、厳密に考えて、妥当な考えを提示していくことにあるんじゃないでしょうか。もし、確実に予測できる現象ならば、予防原則で進めていいと思うんです。しかしこの気候の問題は長期予測不可能という前提に立つ必要がある。

前提自体を問い直すことが哲学の役割だとすると、予防原則が機能するための前提が覆ってしまう場合、温暖化と寒冷化どちらに転んでも対応できるようにするためにも新エネルギーの開発を基軸として合意システムを構築していき、その過程でノウハウを蓄積していったほうがはるかに有効ではないでしょうか。

竹田 それもとてもよくわかるけれど、哲学的に言えば、どういうふうに一般の人々の合意がでるかが問題なんだ。どっちの学説かということは、まだしばらく議論が続く。どっちかの学説が決定的に説得力を持てば、そのときに変わる。そのときに、つまりどっちに転んでも大丈夫なようにこれが国際的な課題であって、国家協調のルールが必要であるという体制を準備しておくことが、哲学的には重要だと思う。どっちかに結論を決めようとしても、今のところまず無理で、まだCO_2はダメだと思っている人もたくさんいるし、あやしんでいる人もいる。科学の説の合理性と、社会的な合意がどう出るかは別の問題なので、哲学的には、社会的合意の方向性を考えることに意味があるということになる。

西條 CO_2犯人説に対する諸学説の対立は、表面的な問題なんですよね。ですから、ポイントは気候の長期予測不可能性を前提としたうえで、温暖化と寒冷化のどちらに転んでもいいようなシステムをどういうふうに作っていくかということですよね。

竹田 長い目で見るとそういうことだと思う。

◆科学が機能しなくなる社会構造

池田 僕らみたいな懐疑論が最近日本で流行っていて、世界的にも増えてきているけれど、その前は、CO_2悪玉説みたいなものは、1990年代末ぐらいから強くて、倫理的な科学者たちが大変なことになると思って働きかけてやっていった。そういうのに一定の力があったわけだ。アメリカはあまり作りたくなかったみたいだけど、EUあたりで排出権取引みたいな

制度を作っていくと，それに依拠している人たちが結構出てきて，それが政府の部内に食い込んだりした。日本では，CO_2犯人説を信じている人が9割以上だと思うけれど，そういう流れに乗っかってやったほうが，政治家も企業も儲かるという話になると，これをやめるのはなかなか難しい。そのレベルで走ってしまうと，それがほんとは間違っていたときに，国家レベルでの合意システム云々よりも，それを支えている人たちが科学者の言っていたことはすべて嘘だったんじゃないかという失望感とか，科学に対する信頼性の欠如がすごくでかくなる。だから，CO_2に関する科学的言説には政治的には触れないで，ニュートラルなところでやったほうがいいと思う。

竹田 それはその通りだね。今の報道のされ方は，あまりにも悪くなるということを自明と考えている。それは非常にまずいと思う。学説としても半分だし，長期予測でもこういった説があるということを言ったうえで，一般の人が判断するという方向でいかないといけない。でないと，この問題自体に対する人々の共感力がしぼんでしまう。なんやかや言ってるけど，結局，どうするのがいいのかよくわからないんだ，という感度が一番やっかい。でももっと大事なのは，炭酸ガスが犯人かどうかの背後に，地球大の問題があって，それを市民がはっきり考えないとまずいところまできているということを，われわれが届けることができるかどうかだよね。

西條 僕は環境問題は専門じゃありませんが，とある公式のシンポジウムで，そういうテーマになったときに，国のそういった機関の研究者と少し議論したことがあります。CO_2地球温暖化に都合のよいデータばかりあげて，反証するようなデータは完全に無視しているんですね。そのことを指摘したら，その研究者は小さな声で「それはそうです」と隣で言ってました（笑）。

温暖化対策としてお金をもらっている機関は，CO_2の増加によって温暖化が促進されているという前提を覆すようなデータは無視するわけです。どんなに精緻な研究をしても，すべてその前提の上に乗っているわけですから，その前提がひっくり返るとお金がもらえなくなるし，組織としての存在意義もなくなってしまうから認めるわけにはいかないんですね。だからそういう国の機関の研究者は本当のことを言わない。でも，丸山茂徳さんの『科学者の9割は地球温暖化CO_2犯人説はウソだと知っている』という本も出ていますが，たぶん多くの科学者は心の

底では CO_2 云々は本質的な問題じゃないとわかっているんですよね。

今は，科学が制度化された結果，経済に取り込まれてその検証機能が健全に機能しなくなっているように思います。そこには科学が資本主義社会の中で，制度として駆動することによって，骨抜きにされていく構造がある。これは科学の存在意義を揺るがすような根本的な問題です。

エネルギー開発などについては直接的には技術の問題だと思うんですが，それ以前に科学者の心の中のブレーキみたいなものをかけさせる価値観を共有していかないと，この問題は解決しないんじゃないかなとも思っています。現在の資本主義の価値観を素朴にベースにしたままだと，お金がもらえる研究者が偉いということになって，科学は本当の意味で機能していかないと思うんです。

国立大学も独立行政法人化されて，科研費をとってくることがほとんど義務になっているようなので，とにかくお金を持って来る人が偉いというようになっていて，本質的な科学的機能は低下しつつありますよね。

◆これからの「大きな物語」

池田 竹田さんの本にも書いてあるように，20世紀には「大きな物語」がなくなってしまって，ポストモダンみたいな話になってきた。そこで環境問題みたいな大きな物語を作って，統合できるんじゃないかという希望が橋爪さんなんかにはある。僕は，環境問題とか自然保護とかのようなもので，大きな物語を担保するのは，基本的に難しいと思う。人間ってのは個人個人の欲望がバラバラだから，個々人の欲望を同一化するような方向で大きな物語を作ることはできない。民主主義とか資本主義という物語をはずしてしまうと，大変なことが起こるような気がするわけ。

だから，単純に言うと，エネルギー問題だけが大きな問題であって，あとは些末な問題な気がしている。そこを解決しないと。エネルギーはこれ以上増えません，石油もだんだんなくなっていきますといった中で，いくら先進国が CO_2 を削減するとかいっていろいろやっても，結局はうまくいかないと思う。非常に表層的な部分でうまくいっているようにみえるかもしれないけれど，ひとつ事が起こったら戦争が起こるかもしれない。

竹田 つまり，エネルギー問題を解決しないかぎりだめだと。

池田 そう。

竹田 それにはまったく賛成。一人ひとりが少しずつ自由になり，一人ひとりの暮らし向きが少しずつよくなっていき，今まで割を食っていた人も含めて，個人の生き方の自由を追求できるようになっていくというのが近代の理念だった。しかし，実際は全然そうならなかった。でも，ひょっとしたら，ある条件を整えれば，そういう社会ができる可能性があるんだというのが，私の大きな物語です。炭素問題とか環境問題を克服できるかどうかということではないんだね。一番のポイントは，エネルギーと人口です。

　これは，かなり裏腹になっていて，この２つが組み合わされれば，人間のよい未来がかなり可能性としてみえてくる。でも，それに失敗すると相当ひどいことになるかもしれない。ひどいことというのは，単に核戦争が起こるということではなく，もっと具合の悪いことです。一言で言うと，世界にもう一度普遍闘争状態が蔓延するかもしれない，つまりひょっとしたら普遍支配構造がまた戻ってくるかもしれないということです。20世紀の２つの大戦の歴史をみるとすぐに理解できるのは，ひょっとしたらこの世界戦争で全体主義側が勝利していた可能性があるということ。そういうこともなくはなかった。ドイツとソ連が結託して，武力的に先んじていたからね。このとき資本主義社会がぶつかっていたのは，レーニンが予見していた先進国同士の激しい武力闘争の普遍化ということであって，その最終的な帰結は，もう一度覇権の原理がそれを解決するという可能性もあった。幸か不幸か，民主主義と自由主義の体制が勝ち残り，先進国のわれわれは自由な社会に生きている。でも，われわれがエネルギー問題や人口問題を適切に解決できなければ，普遍闘争原理が働き，そこではいつでも世界大で普遍支配構造に入り込む危険がある。ほとんどの国家がそれなりに経済競争に参加でき，その結果として民主主義国家になったときに，世界大での普遍闘争原理は，最終的に終わりうる。いったん終わると，何かのはずみで恐ろしい希少性が起こらないかぎりは，普遍闘争原理には戻らない。それが歴史が示している社会構造の原理です。そういう大きな「物語」から言えば，そうならないためには新しいエネルギー開発と人口抑制が，一番大事な基礎条件となると思う。

◆価値観を共有することの大切さ

池田 僕がもうひとつ大きな問題だと思うのは，先進国の中の人々はずっと民主主義をやって，市場主義をずっとやってきて，社会とか，自分が生きるとか人の価値とか権利とかいうことに対して，それなりの共通了解がある。ところが，中国の一般民衆とかインドとかアフリカもそうだけれど，世界中の７割，８割の人たちには，そういう共通了解がないんだよね。それは，歴史的背景が大きくて，日本なんかは，江戸時代からずっときて明治になったんだけど，江戸と明治では，日本人の頭の中はそんなに変わっていない。明治になった途端に近代国家になっ

たみたいな幻想を持ってしまうけれど，長い準備期間があった。

　アフリカなんかは，古代社会から現代社会にワープしたような感じでしょ。そうすると普通の人の頭の中には，他の部族の人間にも自分と同じような権利があるという考えがない。だから，他の部族を殺してもわりと平気な顔をしていたりする。言ってみれば，少し前のアフリカは今から3000年，4000年前の中国と同じような状態だったわけ。そんなところから，現代社会のような状態になったわけだから，さっき西條君が心の問題みたいなことを言ったけれど，そういうふうな人々が持っている共通の明文化できないような価値観みたいなものをどうするかということを考えないとなかなかうまくいかない。

　日本人の中だけだったら，いろんなやつがいるけど，一応人を殺しちゃいけないなんてことは，ほとんどの人がわかっているわけだ。だけど，アフリカの一部の部族の人々は，自分の部族以外の人間のことを人間じゃないと思っているわけだから，殺してもいいと思っているやつはいるに違いないと思う。それをルールとしていけないと言ったって，本人が納得していなければ，そのルールは必ずどこかで破られてしまう。破ってしまう人が多ければ，ルールなんて何の意味もない。そこのところも，大きな問題としてあるんだよね。

竹田　その通りで，近代の初めは，イギリス人もスペイン人も，アメリカやアフリカの人間のことは考えていなかった。

人間はみな同じ人間であるという考えは，ようやくここ1000年くらいのうちに少しずつ出てきたわけね。そういう観念は歴史的にほとんどどこにもなかったわけだ。必ず誰か強いやつが覇権の原理で支配権をつかむ，そのことではじめて社会の秩序が安定する。その強いやつが言うんだから，もうみんなでルールを守ろうというのが法の意味だったわけね。その法やルールの意味，本質は，この100年のうちに根本的に変わった。人間は平等だという観念，人権の観念がはじめて少しずつ現われてきた。

　哲学では，なにがそういう何千年も変わらなかった人間の観念を変えたのかということを考える。これを追いつめると，結局は，経済システム，自由市場経済と資本主義なんだよね。貨幣経済が発達し，普遍消費が拡大した。その延長線上で，ここ200年の間の過酷な闘争を経ていったん秩序ができると，仕事や宗教を自由に選んでいいとか，自分の好きな生き方をしていいというような観念が，世代がひとつ，もうひとつ変わるうちに，あっという間に広がっていった。

　たとえば，イスラムの社会を考えると，この100年のスパンでは，ヨーロッパの市民的社会とまったく異なった伝統的考えで成り立っているようにもみえる。しかし一方で，もうどんどん変化している。イギリスのユダヤ人知識人が，私に，ユダヤ社会は，一番端に原理主義，次にユダヤ保守主義，中道，改革派，そしてユダヤリベラル，そして無宗教派と分かれている，と教えてくれたことがある。私

の経験では，30年前，在日韓国人もほとんど同じだったし，おそらく，現在少しずつ資本主義化しているイスラム社会でも，同じ構造が生じている。なにが自由な人間という観念を作るのか。新しい生の欲望の「可能性」だというのが哲学の答えになる。それがいったん生じると，どんどん動き出してもう後戻りできない。

池田 それは，そうだよね。人間の脳のパターンなんてものは，みんなだいたい同じなんだから，経験というのがあるから，20代，30代，40代のような，でき上がってしまった人を変えるのは大変かもしれないけれど，若い人は全然平気なわけだ。

竹田 そう，下から押し上げて，ところてん式みたいにね。

池田 アフリカ人だって，小さいときに日本につれてくれば，同じような感性，同じような価値観を持って育つわけだよ。そのために，どのような合理的な方法があるかどうか，メソドロジーとしては重要な問題なわけだから，それは考えなければならない。今のアフリカは，そこのところをうまくやるようなシステムが機能しているようには思えないね。インドなんか見てもね。

◆強制統治か？ 教育資源の投入か？

竹田 その先は，池田さん何か考えていますか？

池田 それは，教育による知的水準の向上でしょう。

竹田 中国は国をあげてやっているから，これからだんだん人口が減っていく。インドはまだほとんどできていない。これからやらないといけない。もうひとつの問題は，ラテンアメリカ，南アフリカはこれからこれまでの仕方で資本を投入すると人口爆発する可能性がある。どうすればよいかというと，人口を抑制するいくつかの基本方針があるんだね。

まず，一定のところまで生活水準をあげないといけない。彼らにとっては，子供をたくさん産むことが唯一のセーフティネットになっている。不安によって子供をたくさん産んでしまう。その不安をどうなくすかが問題なんだけど，ここでは国家統治がきちんと成立していないので，戦乱がずっと続いている。

これは，橋爪大三郎さんたちと話していることなんだけれども，EUによる南アフリカ再統治論という構想がある。大規模な武力を投入して，統治権力を立てる。10〜15年経ったら，民生に返すという形をとる。とりあえず安定した統治権力を作り，経済構造を置き，選挙制度を置き，必要な施策をどんどんやれば，経済発展の土台は敷けるわけです。ともかく今はそこまで行くのが恐ろしく遠い道になっている。

今のままでは，まったく望みのない状態で，貴重資源などがあると，もういろんな勢力が入ってきて，現地の民族対立の背後でそれをバックアップしてしまう。それをコントロールする機関がどこにもないから，これがどこまでも続いていくわけだね。すると，不安はますます縮減できず，これに応じて食料のギリギリの

可能性のところまで人口がむやみに増えていく状態になっている。そこで、モデルになるようないくつかの国を合わせて、いわば強制統治する。その代わりヨーロッパ人のためにやるのではなくて、あくまでアフリカの人間のためにやるということをはっきりと示す。

国家権力でなくて、民生の委員会を作って統治の権限を与えて、モデル的統治を依託する。もしそれがひとつでもうまくいったら、他の国にも希望が出てきます。他にもいい考えがあるのかもしれない。なにか大きなアイデアを出さないかぎり、教育や経済成長のための一定の土台作りがまずできない。一般に、年収3000ドルぐらいを超えると、人口の爆発は終わって減っていくというデータがある。また、女性の教育水準が高まるほど、労働の機会が生じ、共働きになるとセーフティネットが作られて不安から子供を作る必要が低下してくる。ともかく、人口爆発を呼び起こさない仕方でいかにうまくアフリカの経済状態を上げていくかが課題なんですね。

西條 なるほど、それはひとつの解決策かもしれません。ただ直感的には、強制統治は実現可能性という点でかなり難しいだろうと思います。一番スムーズにいくには、向こうの欲望に合う形で教育資源を投入すればいいと思うんですよね。たとえばその国の人々が望む技術を持った人が現地に入っていって、その際に、自由の相互承認、人類はみな原則平等で、民族を越えて有能な人が上につくべきなんだというような基本的な価値観も一緒に教育するのが一番効果的だと思います。20年くらい経てば、そういう教育を受けた人が成人になって次第にそれがスタンダードになってくる。そういうビジョンで動いたほうが現実的で効果的なんじゃないでしょうか。

竹田 たしかに強制統治というのは、名前があんまりよくないよね（笑）。ただ考え方の原理は、政治統治が確立しないと経済システムが働かず、経済が回らないと戦争要因や不安の要因が抑制できないという順序になっているということ。だから強制統治というと普通は利権とか押しつけのイメージもからんで抵抗があるけれど、当事者第一主義が原則で行う。ひとつ成功例ができると必ず後が続くと思うんだよね。

西條 それでうまくいくものでしょうか。

竹田 もちろん他の考えがあればそれでもいいんだけれど、今のところそれが一番効率がいい考えかなと。

池田 効率はいいな。最初から民主主義的な方法で、うまくいけばいいんだけどね。でも、うまくいかないんだよね。選挙そのものがでたらめだし、勝ったところが絶対権力を握ってしまう。だから、難しいんだよ。

竹田 そう、植民地統治をやめて民主的政府の受け皿だけを作って委ねたら、ひとつ選挙に勝つと次は独裁体制作りになっていき、それで対立勢力が現われ、結局武力抗争になっていく傾向がある。

池田 選挙自体が戦争みたいになってしまうからね。しかし強制統治もうまくいくとは思えないけどね。

竹田　ただ，韓国なんかが典型だけれども，独裁政権でも，一定のところまで開発独裁でやるほうが経済的には効率的ということは，スペイン，ポルトガル，フィリピン，タイなど多くの例がある。しばらく専制でやって，経済システムがまず動き出すとだんだん専制政権が必要なくなって，民主的になっていくという道筋をとってきた。そのポイントは，はじめはともあれ強力な統治が必要だということです。

西條　確認なんですが，竹田先生のおっしゃるキョウセイというのは，強いるほうの「強制」ですよね？　ともに生きる意味での「共生」のほうじゃなくて？（笑）

竹田　そうそう，強制のほうね（笑）。でもこの名前はやめたほうがいいね（笑）。

西條　それだとやはり今の国際的な流れに反していますし，アメリカもイラクに対して似たようなことをして失敗していますから，抵抗が強そうですね。言葉のイメージがしっくりこないだけなのかもしれないですが。

竹田　抵抗あるだろうね。言葉のイメージも考えないといけない。

西條　だから，強制されていると相手に思わせない形で，中に入ってどんどん変えていくほうが，現実的なんじゃないでしょうか？

竹田　そうね。まさしく共生統治，coexistence とか，あるいは依託共生統治とかね（笑）。

西條　実質的に影響力を持って，その教育を受けた人たちが増えていって，徐々に社会が変わっていくような感じになればいいわけですよね。

竹田　うん。これは，あくまでプランの一例で，他にもなにかもっといい考えがあるかもしれない。とにかく，人口を縮減するためのいくつかのポイントがある。それをもっとはっきりさせて，それに対する具体的なアイデアを出していく必要がある。そのために，そのことが地球の未来にとって必須だという合意がやはり必要なんだよね。

◆地下資源と自然エネルギー

竹田　エネルギー問題について，これは池田さんに聞きたいんだけれど，石油はいつか使い切ってしまうかもわからないけれど，それを代替するエネルギーとしては他にどういうオプションがありえますか？

池田　日本だったら，日本海にいっぱいあるメタン。

竹田　メタン。

池田　あれは，結構いけるかもしれない。メタンハイドレートといって，半分シャーベット状になっていて海の底にいっぱいあるんだよね。これは相当あるはずだよ。日本がそれを使えば，石油の代わりになるんだよね。だけど，燃やせば CO_2 が出るし，もしメタンが吹き出てきてしまうと，CO_2 よりもはるかに高い温室効果があるから，すごい勢いで温暖化が進む可能性がある。これは，かなりめんどくさいことになるから，いかにそれをコントロールしながら取るかということだよね。でも，地下資源としては，日本で

はそれが一番大きい。

あと，石炭はまだかなりあるんだよね。今は，石炭を液化する技術もだいぶ進んでいるしね。日本の石炭の火力発電所なんかでも，煙はほとんど出ないしね。中国なんかでも石炭がまだあるから，そういった化石燃料の技術が進歩するだろうね。中国は今，完全に資源パラノイアみたいになっていて，あっちこっち行って資源を買いあさっているから，相当危機感があるんだろうね。これから，国を興していくために。

もうひとつは自然エネルギーだよね。自然エネルギーってほとんどすべて太陽エネルギーなんだよね。

竹田 そうだね。

池田 太陽光エネルギーじゃない自然エネルギーというのは，地熱なんだよね。

あとは，風力にしても，水力にしても，太陽光にしても，海流で発電するにしても，全部太陽から来たエネルギーなんだよね。太陽光で地面が暖まって，水蒸気ができて，風が起きてとか，全部太陽なんだよね。太陽のエネルギーをどういう形態で使うかってとこに違いがある。で，小水力，小さい水力発電所を作るというのは，将来的にはかなり見込みがありそうなんだよね。

竹田 小規模水力発電所をいっぱい作るってこと？

池田 そう。大きな水力発電所は，日本にはもう立地がほとんどないけど，日本は急流が多いから，小規模ならいくらでも作れそう。あれのいいところは，重力は減衰しないから，同じ川にいくら作ったって，エネルギーはなくならないんだよね。

ところが，風力っていうのは，ここに風力発電所1基建てると，その後ろは風が少ししか行かなくなっちゃうんだよね。

竹田 そりゃ知らなかった。

池田 そうだよ。ここで風を1回使ってしまうと，減衰してしまう。コンスタントに風が吹く気候と場所が必要なのね。だから，風力発電所は，立地の問題と気候。あと，あれ，うるさいんだよね。低周波が出て，音はさほどしなくても近くにあると，健康被害が出ているみたい。ヨーロッパのほうだと，風力発電所を建てるときは民家の近くに立ててはいけないという法律ができているみたいだね。日本も風力でいろいろやっていて，大変みたいだね。早稲田大学が訴えられたりしてね（笑）。

竹田 何ですかそれは？

池田 つくばで，早稲田とどっかの会社とが作った風力発電が機能しないと言って訴えられているんだよね。風力2メートルでも機能すると言ったんだけど，全然機能しなかったんだよね。日本では，風力発電はどうかなと思うんだよね。日本は普段あんまり風吹かないし，たまに台風も来るしね。ヨーロッパの真似して作ればいいってもんでもない。オランダとかはコンスタントに風が吹いているわけだよ。昔から風車とかを使っていたし。日本で風車が発達しなかったのは，なまじの風車だと台風のときに壊れてしまう。弱い風で回る小さい風車だと飛ばされるし，あんまり大きいと風が弱いと回らな

い。だから，難しいんだよね。台風が来ても倒れずに弱い風でも回る風車を作るのは難しい。

◆太陽光発電の可能性

池田 あとは太陽光。太陽光も難しい問題があって，これを大規模にやると地球の気候が変わるんじゃないかと思っているんだよね。あれ，太陽光のエネルギーを取ってしまうわけでしょ。ここでエネルギーを取って電力に変えちゃうと，その下の地べたに太陽の光が行かないわけだから，当然地べたは冷たくなるよね。
竹田 今，主に砂漠でやろうとしているね。
池田 今のところまだ問題はないよね。規模が小さいからまだ問題はないんだ。ただ本当に大規模にやったら，地べたに太陽光がいかない。だから，砂漠の気候が少し変わるかもしれない。
竹田 さっき少し言ったけど，太陽光を鏡で反射させて集めて使う太陽熱発電。最近EUの国を中心に共同で出資してやっている。あれは，どうですか？
池田 あれは，いくね。太陽の光を反射させて一点に集めるから，ものすごい熱になる。それを常に一定になるようにコンピューター制御でもってコントロールして，熱源にしているんだよね。あれは，いくよね。ただ，かなりでっかい設備がいるだろうけど。
竹田 メリットを先に言うと，砂漠なら周りにあまり迷惑がかからない。で，ヨーロッパはサハラ砂漠が近いからだいぶプロジェクトが進んでいる。アメリカは，南アメリカとやる。アジアは，日本が韓国，中国と組んでアジアでやる。といったふうにやれば，かなり有望ではないかな。

◆海流と地熱発電の可能性

池田 人間はひとつのことですべて解決できればいいなと思いやすい。でも，エネルギー問題は，ひとつのことで全部やろうとすると，CO_2問題みたいなことがまた起こる可能性があるから，分散システムにしたほうがいいんだよね。太陽光もやる，風力もやる。あと，今は海流なんかもいけると思うんだよね。鳴門海峡とか，渦とか巻いているところでやれば結構エネルギーが出る。だけど，変なところでやると，船の運行に差し支えがでて，問題になる。日本はかなりいい技術は持っているんだけど，海上保安庁とかから許可が出ないらしいんだよね。危ないじゃないですか，船がいっぱい通るから。でも，海流なんて，場所によってはかなり早く流れているから，結構可能性あると思うんだよね。
竹田 海流はどう？ プロペラをつけたら，流れが変わったりする？
池田 少しは弱くなるかもしれないけれど，回らなくなるなんてことはないでしょう。風は流れが変わるけど，海流はだいたい一定だしね。もちろん，あまり大がかりにやるとまずいだろうけどね。太陽光でも，いっぱい敷き詰めたら，田んぼがなくなっちゃうしね。地べたは，屋

上とか壁にくらべて，他の利用法がある。でも，東京なんかは，高いビルがたくさんあるから，そういったビルの屋上とか壁面の窓がないところにパネルをつけるような法律ができれば，そのビル1個分のエネルギーは供給できるようになるから，かなりいいと思う。

あと，海の利用はもういくつかあるね。たとえば，波動を利用して発電するとか，海洋のどこかで，クロレラのようなプランクトンを大量に養殖して，バイオエタノールにするとかね。いろんなことをやって種々のエネルギー源を担保していったほうがいいよね。

地熱もかなりいいね。地熱発電はね，レスター・ブラウンが2008年に上智大学にきて演説したけど，理論的には日本の電力の3倍は地熱でいける。ちょっと開発すれば，日本の電力は全部地熱でいくと言っていた。それで，うちの学生に卒論で調べさせているんだけど，どうやら，深層まで全部開発するとそのぐらいいきそうなんだよね。ただ，地熱は難しい問題があってね，作るのも大変だけど，メンテナンスが大変なんだよね。なぜかというと，下から天然の蒸気を吹き出させて，または水を入れてマグマの熱でそれを蒸気にしてタービンを回すんだけど，パイプの中に下からいろんなものが上がってきて，くっついてしまう。で，あっという間に使い物にならなくなってしまうんだよね。それをいかに取るかってことが課題なんだよね。

話が違うけど，バイオフィルムってのがある。これは，何の話かっていうと，人間の体の中にバクテリアがくっついて，バイオフィルムになって，たとえば血管の流れが悪くなったりとか，腸に細菌がいっぱいついてしまったりとか，カビが体についたりとかする。表面にいろいろくっつくから，それを上手に取るやり方はないかと研究しているお医者さんたちがいる。地熱発電も，付着物をうまく取る技術を開発して，くっつかないような材質を作るとか，付着物を食べるバクテリアを共生させるとか，いいアイデアがあればいいんだけどね。埋め込み型の人工心臓がうまくいかないのは，そこなんだよね。今のところ，どんな材質で作っても，あっという間にいろんな物がべたべたくっついて流れなくなってしまうんだ。

だから，地熱発電は技術革新に時間がかかりそうだね。でも，日本は火山国だから，地熱発電は有効であることは，確かだね。でも，今，日本は地熱発電とかに税金を投入していなくて，やっているのは太陽光と風力だからね。地熱も，海流も波動も補助金が出ない。

竹田 人類の未来という観点からは，いくつかのものは可能性がありそうだね。ただエネルギー問題で感想を言うと，石炭とメタンは炭酸ガスが悪くないという合意が出るまでは，そんなに進まないと思う。

池田 そうだね。

竹田 悪くないということがはっきりすれば，どんどん使えばよいね。それまでは，今は地熱と太陽熱が一番可能性があるかな。ただ何度も言うけれど，大事な

のは，新しいエネルギーの開発と人口抑制とをしっかり組み合わせるということ。新しい画期的エネルギーが現われれば，じつは資源と環境の問題は解決する可能性がある。しかし現在の大量消費，大量廃棄型資本主義が続くかぎり，格差と人口はますますひどくなっていって，どこかで解決不可能な地点にまでいく。弾性限界を超えてしまう。そのことを社会学者はちゃんとデータを出して示してほしいんだけどね。

西條　人口は，指数関数的に増えていく傾向があるので，それをどうにかしないと，エネルギーを比例して伸ばしたとしても，伸び率が違いすぎますからね。

◆核融合がうまくいけば
　エネルギー問題は解決する!?

池田　エネルギーで言うのを忘れていたけど，核融合が実現すれば，それで全部片付いてしまうけどね。

竹田　核融合もここまではアレルギー問題もあったし，技術的困難もあったけれど，ここをクリアすればいけるというポイントはあるのかな？

池田　核融合は，プラズマの閉じ込めをするわけ。太陽の中で起こっているようなことをやろうとしている。1億度以上のものすごい高温にしなければならない。それを物理的に閉じ込めるというのは，なかなかできない。たとえば，周りを大量のコンクリートで固めたとしても，高温で溶けてしまう。だから，物質ではなくて，周りに磁場を張って，その中でやろうとしている。これは，難しい。技術的にも，コスト的にもね。でも，実現すればとてもステキだ。原料は水だから無尽蔵にあるし，通常の核分裂型の原発のような高レベルで，しかも長寿の放射性廃棄物はでない。たとえば，アジアに2，3基作るだけでいい。核融合の技術がうまくいきそうになったら，いかに国際的に協力してとりまとめてやるか。そういうときに，さっき言っていた協定とかルールとかでうまく調停にもっていくことはできると思うね。

竹田　共同開発というのは，大きな意味を持っていると思うんだ。エネルギーの開発は，今まで基本は国家同士で競争していた。共同開発で進めると，これまでのように競争原理の中でやるのではなくて，分配と協調の原理が入ってくる。そのためのルールの作り方のノウハウもたまるし，いったん協調ルールができるとそう簡単には競合体制に戻らない。世界全体をどういう方向に進めるかという視点が入りやすくなる。エネルギー問題は，結局，競合の原理でいくと，それがまた新しい火種になる。分配の原理を組み込んでやる必要があるんだけど，その点で

西條 代替エネルギーの開発は，国内の経済を安定させるという意味でも重要なことですよね。日本は石油に依存しているから，値段を上げられるだけで，経済が混乱したりして，安定しないですよね。個別の経済政策をどんなにがんばってみても，結局のところ石油の値段を上げられるだけで，すぐに景気は悪くなる。エネルギーはあらゆるものを作る源泉ですから，可能性のあるエネルギーに資金や人材といった資源を投入して，開発を進めていくことは経済の安定という意味でも最優先課題ということになりますよね。そうすることで，石油という不安定要素から開放されて，日本の内部でエネルギーの安定供給ができるわけですから。

◆スマートグリッドという方法

西條 小水力とビルの壁を利用した太陽光発電は，送電ロスが少ないというのもポイントですよね。たとえば中国かどこかの砂漠で大規模に発電したとしても，日本に送電する間に放電してしまうのでロスが大きいという側面もある。

竹田 ただ，民生，一般家庭で使う電気と，産業で使う電気は，少しカテゴリーが違う面がある。私はうんと詳しいわけではないが，分散エネルギーは，基本家庭で使うほうに向いているけど，産業用の電力は，規模的にきわめて大きな量になる。そちらは，どこかで大規模に発電して送電するほうが効率的なので，そういう住み分けも重要になってくるね。

池田 アメリカは，スマートグリッドをやろうとしているね。ちっちゃな電力を売るシステムができるといいね。

日本の電線は，電力会社の電線でしょ。一方的に，むこうから流されている。一般の家庭でも太陽光のパネルを買うのがエコだって話があるけど，補助金が出ても200万円もする。しかも，30年も経たないとペイしないといわれたら，僕なんて死んじゃってるよ（笑）。年寄りなんて，あんまりエネルギー使わないから，作った電気を売ることができれば助かるよね。たとえば，アパートを建てるのと同じぐらい儲かりますよというんだったら，太陽光のパネルを買う人はもっと増える。そうしたら，小量の電気をいっぱい作れるでしょ。で，それをどうやって売るかというと，電線との間にコンピューターをつけて，電力の消費量と供給量を計算させる。先月はバランスがマイナスだったので，いくらか払ってください。でも，今月は，消費量金よりも発電量金が多かったので，いくらか払い戻します。というようなことをやると，エネルギーを使う人が作ってくれるようになる。今じゃ，作ったってあまってしまう

ともったいないんだよね。アメリカのオバマは，それをグリーン・ニューディールでやろうとしているわけだよ。日本は電力会社が反対しているんだよね。

竹田 それは，電力会社の独占がなくなるから？

池田 そうだね。小水力発電をスマートグリッドで供給すれば，原発1基分ぐらいは浮くという話もあるくらいだしね。たとえば，近くに流れている川に町で水車を作って発電すれば，それを電力会社が買ってくれればいいんだけどね。ドイツなんかはそれをやっているんだよね。買取価格を高くする法律ができているから，電力会社が大変だと思うけど，普及はするよね。ある程度普及したら，その買取価格を徐々に下げていけばいい。だから，そんなふうにモチベーションを掛けて，小規模な分散型のエネルギー施設を作るというのはなかなかいい方法なんだよね。

◆ **必死に働くために生きるという不合理**

竹田 大きな問題に戻ると，資本主義の最大のメリットは社会的富を持続的に増やしていく経済システムだという点。それは1人あたりの生産量が増えるということだから，論理的には，一人ひとりの人間の生活条件が豊かになるはずだね。もちろん格差を全部なくすことはできないが，それでも配分の原理を組み込めば，個々人の「一般福祉」（一般生活条件）は，徐々に上がっていくはず。戦後60年，少なくとも先進国では，徐々にではある

がそうなっていくようにみえていた。

ところがここ20年くらいではっきりしてきたのは，最終的にはこの世界システムはきわめて不合理なことになっているということだね。経済成長が徐々に進んでいくということは，人間の生活が豊かになって余裕が出てくるはずなんだけれども，そうならない。少しでも成長の手をゆるめると，競争から落ちこぼれて没落してしまうという不安が働いている。それは，じつは普遍闘争原理と同じなんだね。近代国家は，武力による競合原理を何とか廃棄したけれど，そのあとは，経済成長を最優先しなければならないという競合原理の中に，1世紀半近く置かれている。

近代国家は，長いスパンでは民主主義も少しずつ進んでいくので，もちろん資本成長のことばかりケアしているわけにはいかない。どこの政府も，はじめはまず自国の経済成長に全力をあげる。しかしある時点から人々の一般福祉にも配慮せざるを得なくなる。民主主義が定着してくる度合いに応じて，そうしないと政府は支持されなくなるから。二党制ではそういう経済成長と一般福祉のバランスが表現されやすい。たとえば日本の場合は，細川政権のあたりから，消費税を上げるといったら国民が自民党にそっぽを向いて，一般意志がかなりものをいうようになってきた。だからどの国の政府も，一方では一般福祉をケアしながら，もう一方で自国の資本力を強めるというバランスをとって進んできた。ただそれでも先進国が一応経済成長を続けている間は

それでも OK だった。

　これは私の仮説だけど戦後、先進国が経済成長を続けた大きな理由は、第一に石油というエネルギーが少し前に発見されたこと、第二に19世紀末からの電気電磁気技術革命、第三に先進国同士の戦争の終焉。これが弾み車になって、持続的経済成長が可能になっていた。でもその弾み車はもう終わりで、この20年はどの先進国も成長率がどんどん下がってくる。すると経済競合の原理はひどくなる。先進国の人間は生活水準だけみると豊かなはずなのに、生産性を上げるためにすべてのエネルギーを注入しないといけない。そこで生きている人間は全然生活が豊かになっている気がしない。不安によって競争原理だけが強くなっていく。不安による競合だね。こういう傾向がどの先進国にも起こっている。国家同士の不安による競合関係は、世界の経済成長が下り坂になると必ず出てくる。経済競争の原理が強くなるほど格差もひどくなるわけだね。

　実際、戦後20年くらいは少しずつゆるんできていた格差が、ここ20年くらい先進国でまた広がりつつある。各国とも最大効率で経済成長をしていかないと、いつ没落するかわからないので、各国が自分だけは経済成長を上げようと、金融にどんどん頼るようになった。今回の金融危機はその帰結だと思う。要するに、これまではいろんな矛盾があっても経済成長が結局万能薬になっていたのが、もうマクロではそれは効かない。新しい世界システムの考え方が必要で、その最大のポイントがエネルギー革新を進めることと人口の抑制、その中にはもちろん再配分の問題も入っている。そういう合意が出てくれば今の人間社会には多少未来があるかもしれない。

西條　このままだと持続はするかもしれないけど、幸せ感がない、ということですね。

竹田　そうだね。持続可能ということだけでいえば、資本主義は可能かもしれない。でも正当性も問題で、多くの人間がこれなら何とか肯定できるという資本主義のシステムを構想する必要があるんじゃないかと思うね。

◆富が集中しすぎず、かつ努力が報われることのバランスをとる

池田　民主主義だからどんどん法律作っていろいろと決めるわけだけどね。僕は、リバタリアニズム的な考え方をするから法律なんて少ないほうがいいと思うんだよね。人間の自由を侵害するような法律はどんどん潰したほうがいいと思っている。

　でも、ひとつだけ重要なのが経済への規制。これだけは必要なんだよね。なぜかと言うと、自由そのものを追求するためには金が必要なんだよね。だから、ある程度の金をうまく分配できるようなシステムを法律として社会に入れる必要があるんだよね。でも、その他の法律はなくしちゃったほうがいいと思うんだよね。しかし、実際はそうなっていなくて、経済のほうは原則自由みたいな形になって

しまって，それ以外の些末な法律がどんどんできる。それが，今の民主主義社会のひとつの大きな問題なんだと思う。

いかに再分配をするかということも大事だけれど，重要なのは，富が集中しないような下部構造をどうやって構築するかということなんだよ。さっき，竹田さんが言っていたように，日本国内でも，国と国との競争があるから，ある程度富が集中するような仕組みにしておかないと，没落してしまう。そこは大きな問題だから，先進国同士が協調して，いろいろやっているけどね。

アメリカなんかは，今回のリーマン・ショックに懲りて，今度は反対に働く可能性がある。アメリカって極端な国だから，こっちがダメならあっちみたいに，やたらと規制が厳しくなるかもしれない。つい最近まで，アメリカの一番トップと一般の収入の格差が，400倍近くあった。日本ではだいたい40倍。1970年代のアメリカがそのぐらいだった。アメリカはここ30年くらいで，40倍から400倍に開いてしまった。40倍でもすごいけど，400倍なんてめちゃくちゃだよね。どっかの企業のトップの年収が10億円とか20億円とか50億円とか，一般の人が一生かけても使い切れないような金をバンバンため込む一方で，馬車馬のように働いてもギリギリの生活しかできないような人もいっぱいいるわけだ。

あまった金をどうするかっていうと，50億円とか60億円とかは個人では使い切れないから，どっかに投資してぐるぐる回すわけ。そうすると，必ずどこかでクラッシュしてバブルがはじける。そうならないような経済システムにいかにして変えるかということなんだよね。で，あまりに平等を追求して努力してもしなくても年収は同じだとなると，普通の人間は働かなくなってしまうしね。難しい問題だよ。

◆いかに社会の流動性を担保するか

竹田 平等にという原理を立てると，もうどう考えても無理なので絶望するしかない。キーワードとしては「流動性」だと思う。競争によって成長している経済なわけだから，平等はありえない。それぞれががんばって工夫すれば稼ぐことができる。この原理が持続的な生産の拡大を支えている。だから経済システムとしては，絶対支配＝絶対平等か，競争格差の経済＝生産性の拡大かのどちらかしか今のところ存在しない。それでいい。でも，格差が広がる一方だと，富の生産のためにすべての人間が一切のエネルギーを注ぎ込む不安競合の世界になって，そもそも市民社会の意味がなくなってしまう。格差はあるけれど，一番下の人間でも，努力次第で一番上まで行ける可能性がいつも開かれている。これが第一。次に，特定の人間がずっと一人勝ちしている状態がないこと。トップの座がいつも入れ替わっていること。これが社会「流動性」の原理だね。社会の中に固定的階層や階級ができると，市民社会の本質がなくなってしまう。当然不満と絶望がいろんな形で噴出してくる。今までの経済

学は最適の生産効率と配分を考えているというタテマエだったけど，これはもう誰もがあやしいと思っている。いかに流動性を確保するか，いかに不合理な生産競合を制御するかを視野に入れるような新しい形の経済学がありうるのではないかと今思っている。

池田 税金の問題もやっぱり大きいよね。税金をどうやって取るかとかね。日本は相続税がちょっとずつゆるくなっているんだよね。で，相続税をあんまり取らないと，富裕層に流動性がなくなってしまうんだよね。相続税をあまりに取るというのも問題がある。だから，死ぬ前の何年間かに使った金額の半分だけ控除ができるような仕組みにする。

竹田 それはいいね。

池田 死ぬ10年前から使った金を全部帳簿につけておいて，その半分を相続財産から全部控除できる。そうすれば，相続税が80％で，10億円ある人が生前10年間にまったくお金を使わないと8億円取られて2億円しか残らない。しかし6億6000万円使えば相続財産は3億4000万円で，6億6000万円の半分3億3000万円がここから控除されるので，実質1000万円にしか税金がかからず，相続税は800万円で3億3200万円が子に相続されるわけだ。お金を使ったほうが相続財産が増えれば，財産のある年寄りはお金を使う。税金は消費税を20％ぐらいにしてそれで取ればよい。金持ちが死ぬ前に，そろそろ死にそうだって金を使ってくれれば，消費効果も高いし，お金が回るわけだよね。それでなおかつ流動性が高くなって，格差が固定化されないと。そんなことをやったらどうかなと，『他人と深く関わらずに生きるには』に書いたんだよね。さしあたり「死亡前経費相続税控除制度」とでも名づけておこうかな。

西條 これは本当に名案ですよね。

竹田 アメリカでも日本でも，20年くらい前までは累進課税制度で，80％ぐらい取っていた。

池田 所得税の累進課税は35年前は最大で75％，住民税が最大で18％で合わせて93％だったね。今は最大で40％，住民税が最大10％，合わせて最大50％。相続税も今は最大50％だね。

竹田 それは資本主義の再配分のシステムだった。ところがその後，さっき言ったように，先進国の経済成長率がどんどん下がってきた。戦後の20年は軒並み7％前後の成長率だった。でも今は3％を確保するのがやっと。日本なんかはマイナスだよね。

　そこで経済を活性化するために，累進課税は効率的でないという説が出てきた。成長が落ちてきたために，どうもケインズ説が，つまり再分配説が効かないんじゃないかとね。お金を稼いだ分だけ利得があるようにしてモチベーションを上げたほうがいいという仮説のもとに，新しい新自由主義の経済というのが出てきた。そのときはそれが本当に悪いかどうかわからなかった。経済の仮説は，基本的に40，50年くらい経たないと，なかなかわからない。

　結局，この仮説は深刻な金融危機で終わった。各国が経済成長を確保しようと

して投資資金を集める競争になった。アメリカが一番手だった。その結果，経済がファンダメンタルズを離れて，金融経済だけがあまりに膨れ上がるとパンクしてしまうということが，今回かなりはっきりした。保守的なアメリカ人ですら多少そのことに気がついて，一応オバマを支持したわけだよね。池田さんが言うように，これでまた調子が悪くなったら，どうなるかわからないけどね（笑）。それは，非常にまずいね。

◆「資幸主義」という視点の機能

西條 ちょっと話はずれますが，資本主義を前提としたうえで，かつ幸せ度を高めていけるような枠組みが必要ということで，すでに政策研究分野では福祉資本主義，公益資本主義やグローバル資本主義をはじめとした試みが，また経済や経営の領域でもそうした案が出されていますが，そうした試みを総称として「資幸主義」というシンボルがあると便利なんじゃないかと考えたことがあります。このモチーフはとてもシンプルで，関心相関的観点を導入して，「個々人の幸せを目的として，そのための方法システムとして資本主義をコントロールする」ということですね。

資本主義も増加する人口を支えるシステムだったわけで，もともとは個人の幸せにつながっていた側面はあった。ただ，それが暴走してしまったことで，さまざまな矛盾が生じて，幸せからはほど遠い不合理な状態になってしまった。今までの資本主義は，資本を拡大する手段としては，法に抵触しないかぎり，いわば何でもありだったわけですよね。法律すれすれのことをして，相手を不幸にしてしまうようなことをしても，資本が増大して株主に配当できればよいという風潮が広がっていた。その意味では，ホリエモンは象徴的な存在だったのかもしれませんが，その際，資本主義に対して，自覚的に人間の幸せにつながるような価値観を組み込んでいくということがポイントになると思うんです。

たとえば，他人が喜ぶことだとか，自分がうれしいことだとか，そういったことに投資したり，そういったものを買うようになれば，そういった製品を作ったり，サービスを提供したりすることを志向するようになります。そういう価値観を共有する人々の中で資本主義を方法システムとして機能させていくといった合意を広げていくということです。

資幸主義の観点から，経済についてひとつだけ言うと，幸せとは意味ですから，経済活動にも「意味」という視点を持ち込む。お金を稼ぐことは，社会的な承認の意味もあったと思うんですよ。あなたは，社会的にこれだけの価値がありますよということの象徴でもあった。だからたとえば，働いていた女性が主婦になって，いくら子育てしてもお金も稼げない，家族以外の人から感謝されない，社会とつながっている感触がない，というつらさを感じる人もいるようです。そうした場合，専業主婦に育児代として，毎日数千円渡すだけで違ってくると思うん

です。もちろん金額はそれぞれの家庭の収入によると思うので，妥当な金額を設定すればいいと思います。また，銀行の通帳の印字が変化するだけより，稼いできたお金を直接渡されるほうが実感が湧きますから，働いてくるのが当たり前だというようにもならず，感謝の気持ちも生じやすいかもしれません。

家庭内でお金を渡すのは，家庭という意味では同じシステムの中で流動しているだけなので，トータルの金額は変わっていない。でも幸福観の増加という目的に照らすと，隣の人にお金を渡す，という行為そのものが有効な方法になりうるわけです。これはちょっとした工夫ですが，関心相関的観点を働かせて，経済にも心理学的な視点を導入して社会的承認感，幸せ感みたいなものを高めるような発想も大事になってくるかもしれません。

◆**流動性がありかつ格差がつきすぎないようにする**

池田 経済の問題と，人間の生き方とか，生き様とか，どういうものに幸せを感じるかとかの問題は別の問題だからね。人間なにに幸せを感じるかなんて個々人それぞれだからね。子育てしていて，お金がなくても幸せな人とか結構いるしね。やはり大きな問題として，格差をあまり広げないで，どうやって回していくかだよね。

取締役の給料というのは株主総会で決まるんだけれども，僕は取締役の給料と一般社員の給料がある一定の差以上になったら，法人税を高くする法律を作ればいいと思うんだよね。そうすれば，取締役の給料が高いと株主総会で承認されない。あと他には，最低賃金をある程度高くした会社には法人税を安くするとかね。税金払うよりかは，従業員にあげたほうがいいとかね。そういったモチベーションがかかる法律を作ったらいい。税制でうまくコントロールすることは，やっぱり重要なことなんだよね。

竹田 今，そういういろんなよいプランを出す必要があるよね。近代社会でなぜ王国ではなく市民国家が強くなったかというと，自由を解放するという理念の正しさ以上に，市民国家が経済的に強い原理を持ったからなんだね。イギリス・フランス・アメリカでまず近代市民国家ができたのだけど，市場経済がそれを支えた。そして，こういう国がどんどん強くなると，他の王国が，それまで神聖同盟とかで圧力をかけていたけれど，それではもう太刀打ちできないことを悟って上から市民化を進めることになった。ナポレオンに侵略されてショックを受けたドイツが好例です。これと同じで，格差を無理やり縮めようとしても，結局経済効率が悪くなる方法だと現実性がない。理念的に格差がないほうがいいというだけでは，可能性の原理が出てこない。今ある固定的な格差を上手に流動性に変えて，経済的な効率と両立するようなプランが必要なんだね。

池田 格差はなくすわけにはいかないんだけれど，ある程度縮まらないと，流動性が増さないと思うんだよね。なぜかと

言うと，上のやつだけがいっぱい持っていても，金が回らないんだよね。
竹田 その通り。結局大きな部分投資で海外に流出すると国内消費がますます悪くなる。ケインズが言うように，ため込み部分が大きくなるほど資本主義は回らない。
池田 1人が500億円稼ぐよりも，1万人が500万円稼いだほうが当然お金がぐるぐる回るんだよね。
竹田 一国の経済の中で，流動性が高まり，かつ，格差が大きくなりすぎないために，相続税などの税制の合理的なプランを考えたほうがいい。
西條 それが一番機能する，ほどよい具合のクリティカルポイントがあるんでしょうね。基本的にはそこに調整していけばよいわけですね。
竹田 うん。
池田 僕は今，累進消費税にしろと言っているんだけど，これもなかなかいいアイデアだと思うんだよね。たとえばさ，1000万円の自動車に40％ぐらい消費税かけたって問題ないんだよ。金持ちが買うんだからさ。所得税はあまり増やさないほうがいいね。消費税ってのは，楽しみを買うときに払う税だから，いいシステムなんだよね。
竹田 累進消費税，おもしろいね。
池田 そう。生活必需品は，消費税1％にするとかね。住宅も2000万円以下は安くてもいいけど，1億円のマンションなんて高くたっていいんだよ。
西條 僕もおもしろいアイデアだと思います。

◆**資本主義を制御するための価値観の相互承認**

西條 やはり流動性があり，格差がつきすぎない社会システムの構築はきわめて重要な課題ですね。ただそれがうまくいったとしても，竹田先生がおっしゃっていた生産機械や競争機械みたいな幸せを奪う不合理さといった問題は，解決できないと思うんです。

そこを解決するには，やはり価値観の構築，共有といったことしかないんじゃないかなと。一国だけでやっていては，他国に対して競争力がなくなってしまうので実現できないと思いますが，世界的にそこそこがんばってお互いwin-winになるようにしていこうという価値観を広げていかないと，世界レベルでの幸せ感の向上にはつながらないように思います。
竹田 私もそう思う。国の中で経済を流動性の原理を軸に考えるというのがひとつ。でも，それだけだと，流動性があるほうが経済効率が高いだけということで終わってしまう。国家間同士の競合原理が変わらないと同じことなんだよね。国家間で，こんな効率競争は結局お互いの首を絞めているだけだから，もっと合理的に考えようという方向に進まないといけない。いくつかブロックを決めて，成長率のルールを作るなんていうのはどうだろう。昔，列強が戦艦の持ち分を決めたよね。不安による無限競合が進んでパンクしそうになったので，ようやくルールを決めようとした。要するに，経済の

効率だけで考えてもやはり先が見えない。どこかで，無限競合原理を抑制しないといけない。

西條 資本主義は基本的に増大を目指すシステムなので，それとは異なる原理，ブレーキを働かせる価値観やルール，制度といったものを構築してそこに埋め込んでいかないと，持続はしたけれど全員不幸せといった結果になってしまいかねないわけですよね。

竹田 ゲーム理論で互いに自分に有利な証言をすると，結果は互いにとって最悪の状態になるというのがあるけど，これとほとんど同じだね，今の資本主義の競合原理は。お互いが少しでも上に行こうとしてがんばってみんなが不幸になっているわけだね。

　哲学的には，なぜ経済性を上げるかというと，第一に，万人の自由の解放ということがある。これは伝統的な社会の生産力を何百倍の規模で上げないととうてい不可能だった。何せそれまで消費しなかった85％の人間がすべて消費できるような基礎を作らないといけなかったから。次に，近代社会では何が幸せかは各人みな違う。そこで社会の目的は，各人がそれぞれ自分の幸せをそれなりに追求できるような一般条件を上げてゆくということになる。この場合，生活の一般条件が，一挙にたくさん上がるということより，ゆるやかでもいいから持続的に上がっていくということが重要なんだね。まさしく，資本主義だけが経済システムとしてこの要件を可能性としてそなえていた。この考えの行き着く先は，常に生産性が持続的に上がるので，常に生活条件は少しずつでもよくなり，つまり生活の余裕が大きくなり，そのことで常に各人が自分の幸福を追求できる可能性と希望が存在している社会という理念です。でも大きな落とし穴があった。

　経済学で合成の誤謬というけど，みんな不安なので，不況のときはお金を貯めようとする。するとますます消費が落ち込んで不況が深刻になり，みんなが不幸になる。この理屈自体きわめて合理的な理論だね。各国が自分の国の経済効率を最大にしようとして必死になる。結果は，世界大で一番経済効率も悪く，格差も広がる。そういう形で戦後からここまで世界経済は進んできた。必ずもっと合理的で，個々の人間の生活水準が全体として徐々に上がり，格差もさほどひどくならず，流動性も全体として確保できるような経済学的最適効率の考え方が見つけ出せるはずです。そうだとすると，なにが残るかというと，まず持続的に経済は成長するという状態が残る。それから不況好況の波がもっとなだらかになって，全体として持続的に上向きになっていく。お金を儲けたい人は儲けるゲームに参加すればいい。そうでない人は，社会生産のシステム自体を持続的に高めてゆくことで，最低限の生活が保障される。そういうことを相互に承認しあう。まず条件のよい国が先行するけど，それが世界大に広がってゆく，というイメージかな。

西條 なるほど。このままだと結局競争原理が働いてしまうので，条件としてエネルギー問題や人口問題をクリアしたう

えで，国家間で過度な競争にならないように，経済成長のルールを決めて相互承認したり，たとえば国家間の経済成長率に応じて資本を再分配するシステムを構築するなどルール設定していくことで，みんながある程度の幸せを担保できるかもしれませんね。それは資幸主義，つまり個々人の幸せを実現するという目的のもとで資本主義を制御するための具体的なビジョンということもできるかもしれません。

◆**幸せを担保するための具体的政策**

池田　働くことが幸せだというシステムは作れないよね。多くの人にとって働くことは幸せじゃないんだよ。だから，働かないほうがいいんだよ。働くのは金を稼ぐためで，幸せはそれで買えというのが近代社会。働くのが幸せみたいなことが一部で言われているけど，がんばって働いても幸せじゃない状態がある。そんなの当たり前なんだよ。基本的に働くのは幸せじゃない。

竹田　たしかにそう。「働くことはよいことだ」は，18世紀以降の近代社会の基本価値観で，人間の本性からはあやしい。ただ，働くことには，承認という要素があるから。

池田　それは，もちろんある。自分にその仕事があっていて，がんばって働いて幸せを感じている人ももちろんいる。だけど，嫌で嫌で働いている人もいる。人のために働くのは幸せなんだなんて言われてもさ，オレは幸せじゃないということもあるよね。

竹田　ある仕事の組織があると，働いて承認されるのはその3割ぐらいの人だから，7割の人は働くことに積極的な動機は見いだせない。いわば上昇志向の人だけが，承認されてうれしいわけだよね。

池田　それでもかまわなくて，働くのが嫌な人はなるべく少ない時間でとりあえずお金稼ぎであとは自分の好きなようにすると。そういうふうに社会がうまく回ればそれでいいわけ。上昇志向の人はがんばって働いて社会の生産性に寄与して，他の半分はパラサイトみたいな感じでもいいんだよ。

西條　そうすると，個々人の幸せを担保できることになりますよね。

池田　1日8時間から10時間も働いて，食うのに精一杯で，趣味に使う金もないみたいな状態は幸せじゃないから，最低限の賃金はやっぱり担保しないといけない。

竹田　だから，年収セーフティネットみたいなものが出てきてもいいと思う。

池田　そうだよ。

竹田　すぐにはできないけどね。社会生産性の問題だから。まさしくエネルギー革命が鍵になる。もっと言うと人口生産力対比だね。それがうんとよくなると，ミニマムルールで最低でこのぐらい社会に貢献すれば，このくらいは所得を保障されると，その人は一定の生活できる水準はもらえると。儲けたい人は，どんどん儲けるといい。これだと自分のために儲けるのではなくて，純粋に社会貢献になるので，承認と尊敬を受けるに値する

ようになる。

西條 やりたくない仕事で酷使されるというのは幸せから遠い気がしますが，どんなに好きな食べ物でも過剰に食べさせられたら幸せではなくなってしまうように，好きな仕事がやれていたとしても，やはり過度なオーバーワークは人を幸せから遠ざけますよね。

竹田 私の明るい社会のビジョンは「最低年収セーフティネット」と「週休3日制」ね。

西條 すばらしい（笑）。

竹田 論理的には，本当に経済成長が高まるとそういうことが可能になるはずなんだ。週休3日だと，4日は稼ぐために働くが，働くことへのストレスは半分になると思うね。働きたい人はもっと働けばよい。ただ，休みが3日間あると，自分の好きな生き方ができるんだよね。稼ぐ才能のない人は，別のところで能力をみつけて承認を得る可能性がでてくる。要点は，できるだけ多くの人ができるだけ多様な場面で相互に承認をつかむオプションが大きくなるということです。私が20歳のころは，週休2日制は，まだ誰も夢にも考えなかった。私の家は大阪で鉄工所をやっていて，毎日10時くらいまで残業，残業の連続だった。でもそのうちいつの間にかヨーロッパ先進国で週休2日という話が出てきて，おどろくべきことにほんとに日本でも実現してきた。こんなことは，戦後の高度成長が可能にしたんだね。週休2日と3日の壁は大きいが，もう1つか2つエネルギー革新が起これば必ず可能なはず。先進国の週休2日制は，石油と電気電磁気革命の所産だからね。ともあれ，週休3日が実現すれば，人間生活の文化的な意味が決定的に変わると思う。

池田 それから，雇用の形態だよね。日本は正社員がどんどん減って，派遣とバイトだけになった。それは効率を追求していくとね，派遣とかバイトとかはいらなくなったら，すぐに切ることができるから，企業の効率としては非常にいいわけだよね。ジャスト・イン・タイムとかいうことを昔トヨタがやっていたけど，それを人間にまで適用したんだよね。しょうがない部分もあるんだけど，バイトとか派遣とかの最低賃金を上げないとしょうがない。

僕は，はっきり言って正社員なんかは減ってしまってもいいと思うんだよね。上昇志向のうんとあるやつだけ正社員になって，あとの9割は派遣だっていいわけだよ。そうすると，派遣がほとんどになるから，民主主義だから派遣を優遇しない政府は潰れてしまうわけだよ。最低賃金が時給2000円とか3000円とかになると，自分が好きなときだけ働いて，自由に暮らせるようになる。時給3000円で1日8時間なら2万4000円でしょ。で，4日働けば結構な金になるから，そうすればいいと思う。

竹田 正社員は，社会のためにしっかり働く気持ちと能力のある人がなればいい。都会で，正社員でなくても，それなりに食べられて，共稼ぎすれば，子供が1人は育てられるような一般条件ができると，若者に希望が出てくる。それは，マネー

ゲームの場所ではなく，文化的なゲームで承認の場面を作り出す可能性の原理だから。人間が一番必要としているのは哲学的には承認欲望なんだね。普通は，会社の中で仕事で功績を上げて認められる。あるいは特別の分野で才能を発揮して社会的承認を受ける。これって承認の覇権ゲームだね。稼ぐことと承認とがぴったりくっついているとそうなるほかはない。昔，権力のゲームと配分のゲームとが完全にひとつだったのと似ている。今の資本主義では，成功者にならないと承認の場面がほとんどない。これが多様な自由ということを決定的にスポイルしているね。でも，2人で一緒になって，ともかく子供は育てることができると。子供が優秀だったら，また違うゲームに参加できる可能性がある。でも，自分たちはあんまりばりばり働きたくないので，これでいきますということが許容される社会じゃないと希望がない。そういうことが許容されると生きる希望が出てくる。

池田 趣味のサークルなんかは自分の承認欲望を満たしてくれる。僕の回りで言うと虫取りがすごくうまいやつは，どんな職業であっても尊敬されるわけだよ。そういうのって大きいわけだよ。趣味ってそれでやっているやつが多いんだよね。

竹田 趣味ってそういうところがあって，別にこれでうまくいかなかったら，リセットして他のところへ行けるよね。あと，年齢によって徐々にセーフティネットの最低賃金を上げていくような仕組みもないと，老人に暗い世の中になるね。

◆子ども手当は愚策の極み

竹田 だいぶ年もとってきたので，好きなことを言うと（笑），私は，民主党にはちゃんと方向転換の道すじを示してほしいと思うけど，民主党はどうもその指針をはっきりとは持ってないね。

池田 全然持ってないね。

西條 ただ，今（注：鼎談を収録した2009年7月，衆院選前の時点）の時代の空気は，自民党に対してあきらめてますよね。このままではどうしようもないし，とりあえず変わるしかないかな，といった風潮に満ちているように思います。変わってみて，余計悪くなって，民主党のやり方ではダメだということが明らかになったときに，はじめて次のステージにいけるのかなと思っています。民主党のマニフェストは予算や借金といった現実的な制約をまったく考慮しているように思えないですが，一回大きく失敗しないとわからない。やらせてみて，失敗したときにはじめて，現実的な制約を踏まえたうえで，目的に照らして有効な政策を打ち出していくという本質的な政治ゲームに移行できるのかもしれないなと。

池田 民主党の子ども手当とかやめてもらいたいよね。なにが問題かというと，中学校以降は出なくなっちゃうでしょ。金がかかるのって大学なんだよね。あれだけの金があるんだったら，奨学金めちゃくちゃ出して，貧乏人でも大学行けますよってして，奨学金の半分は返さなくていいってことにしたほうがよっぽどい

い。なぜ貧乏な人が子育てしないかというと，大学に行かせる金がないから。子ども手当は，貧民の拡大再生産みたいになってしまう。今の政策やったら，金がないから子供作るってやつが必ず出てくる。それは，完全に貧民の群れを作るみたいなものだから，5人の子供作ったら年に160万円くらいもらえる。それで，足りなくなったらもっと子供作ろうとなる。

竹田 そう，これから世界規模で人口の縮減が大きな問題なのに，完全に逆行しているね。

西條 教育水準を上げることが大事なのに。

池田 そう，水準を上げることが大事。高校の授業料を出すのもいいと思う。でも，優れた大学生に奨学金を出すことが基本だよね。

竹田 そう，優れた教育のシステムを作って，それで新しい構想を考える人材を作り出すのは日本のような国では必須だね。

西條 人数を増やそうって，発展途上国の発想ですよね。日本は先進国の進んできた道と逆のことをしようとしているんですよね。

池田 どうしようもないよね。あれ，5兆何千億円ってすべての国家公務員の年間の給料とほぼ同じなんだよ。それだけの金を子ども手当に出そうってんだから，財源どうすんだって話だよ。

竹田 これ大問題だな。反動だね，めちゃくちゃだよ。

池田 めちゃくちゃ大問題だよ。

竹田 人口が減ってきているのをどうにかしようとしているのかな。

池田 これから先は，人口が減ってきている状況に適応したシステムを作らないとダメなんだよ。

竹田 まったくその通り。人口がだんだん下がるのは不可避のことで，それを組み込んで考えるほかないんだから。

池田 結局いい人材がいないとダメなんだよね。高等教育をいかに充実するかが本質的なことなんだよ。

◆小選挙区制の問題点と時限立法

池田 衆議院をね，小選挙区制にしたでしょ。そうすると，どうしても地域代表になってしまうんだよね。衆議院に参議院みたいな全国区を作って，3分の1ぐらいそこに定員を割り振れば，日本のことだけを考えるやつが出てくるからね。そういうのが必要だね。

　小選挙区制にすると，そこの有権者のことしか考えないからね。やっぱり，そうじゃない。議会がしっかりしないと日本は変わらないからね。そういう提言をする必要があって，3分の1でも，4分の1でもいいけど，全国区で票を取れと。そういうことを言うとポピュリズムとか言われるけど。

竹田 ポピュリズムでも，悪い面といい面があるからね。

池田 そう。完全に悪いわけではないからね。

竹田 一般意志という観点からは，むしろ意味があると思う。

池田　はっきりビジョンを示して，国民がわかる言葉で説明してやれば，かなりいけると思うんだよね。そういうやつが乗り込んでいかないと，なかなか変わらないよ。

竹田　そういうことを言う人間が，さっそうと出てきて首相になると，古い体質は大きく変わる。

池田　あと，さっき言った税制とか経済システムとか，とりあえずやってうまくいきそうもなかったらやめるという発想も大事だよね。法律って一回決めちゃうとだめなんだよね。僕はいつも言っているんだけどね，法律は全部時限立法にしたほうがいいと思うんだよね。期限が来たときに，うまくいっていないなら延長しなければいい。そうすれば，消える。うまくいって，はじめて延長というふうにしないといけない。10年間やってうまくいけば，恒久法にするとかね。そういうことも考えたほうがいいんだよね。ダイオキシン法とかもそうだけど，いったん走り出すとずっと無駄な金が出たり，補助金が出たりするからね。なくてもいい法律がいつまで経ってもなくならない。この10年間で法律は200本以上純増したんだよね。法律作りすぎなんだよ。基本的に補助のために法律作っているんだから，法律がないと補助金出せないでしょ。だから，法律作るのって，結局利権なんだよね。そういうことも考えたほうがいい。

◆人類の未来にむけて

西條　竹田先生は『人間の未来』の「はじめに」の最後に，「人間社会は，一つの方向に踏み出すための新しい"意志"と"合意"を必要としているのであって，そのためには何らかの明確な『仮説』が必要なのだ。ちょうど近代社会のはじまりがそうであったように」と書かれていましたが，今回の鼎談を通してそうした仮説的なビジョンをよりはっきりした形で示すことができたのではないでしょうか。

　これらを指針とすることで，問題を先に進めやすくなりますし，この鼎談で提示された仮説群の有効性や限界を，「世界的課題をクリアし，人類が"幸せ"を担保しつつ持続していく社会を構築する」といった目的に照らして吟味したり，足りないところがあれば補完したり，修正したり，より有効な考え方を提示することも可能になるわけですよね。

　人類の明るい未来のためにもそうした営みが必要になってくると思いますので，ぜひこれを「たたき台」（ステップ）として問題を先に進めてくれる人が出てきてくれるとよいですね。

竹田　基本は，なるべく大きなスパンで合意を作り出してゆっくり変えていくしかない。

　私たちはここで威勢のいいことを言っているけど（笑），これまでの政治思想とか，政治評論家から出ていないようなできるだけ根本的な考え方を若い世代が

出すチャンスだと思う。ほんとに先の展望が出ていないわけだから。私たちがここで言っていることは，ひとつの方向性のプランを示しているので，絶対的に正しいわけではない。ただ，社会のことについて考えるなら，使いふるされた「批判」をアレンジして新しく見せるのではなくて，未来にむかうはっきりした「構想」を出さないと何の意味もないということだね。西條くんは別として，私たちはもう終末期だから（笑），30, 40代ぐらいの人たちがどんどんこういう構想やプランを出してくれるのを，心待ちにしています。

西條 そうですね。それでは，竹田先生，池田先生，貴重な提言の数々ありがとうございました。

◆まとめ

以下にまとめとして，本鼎談で議論された内容を整理し，そこから導き出した人類の幸せな社会を構築するための基本構造を提示する（文責：西條）。

【社会構想のメタ方法論】
① 多くの人に了解される強度の高い共通目的を設定し（ここでは人類の"幸せ"を担保しつつ持続可能な社会の実現），その共通目的に照らして，現実的制約を踏まえつつ関心の妥当性を問い（CO_2削減と新エネルギーの開発のどちらが妥当な関心か），関心相関的に有効な構造（制度，政策，ルール，システム）を構想（構成）していくこと，これが建設的に社会を構想していくための「社会構想のメタ方法論」である（関心相関的社会構想法）。

【基本条件となる人口増加の抑制と新エネルギーの開発】
① 関心相関的社会構想法の視座に立てば，昨今流行しているCO_2削減運動に乗って京都議定書を遵守することは，気候の長期予測不可能性（寒冷化する可能性もある）やコストパフォーマンス（日本だけで100年で100兆円つぎ込んで100年後の到達温度を0.004度しか下げられない），国益を損なう（日本は数兆円規模で損失する）ことから環境，経済，政治といったあらゆる観点から妥当な方略（関心）とは言えない。
② 現代社会は，農業も漁業も生産性もすべて石油エネルギーに依存していることからもわかるように，エネルギーは持続的発展のための非常に大きな条件となる。
③ また人口の急激な増加が，食料や材木，地下資源といったさまざまなリソース（資源）の枯渇や環境破壊などをもたらしている。したがって人口増加を抑制することは，他のさまざまな問題を解決するための基礎条件となる。
④ すなわち，環境問題の根本は人口問題とエネルギー問題にあり，それを解決しなければエネルギーをはじめとする資源の奪い合いが避けられず，戦争が起きる。
⑤ したがって，メタンや石炭といった地下資源の活用，風力，水力，海流，地

熱，太陽光，核融合といった可能性のある代替エネルギーを各国共同のもとで開発していくことは最優先課題のひとつとなる。
⑥それと同時に，人口を抑制するための実効性のある方策を打ち出していく必要がある。特に，社会が成熟すると人口は減少する傾向があることから，たとえば，発展途上国の知的水準が向上し，ライフスタイルが多様化するような情報を提供したり，自由の相互承認，人類は原則平等といった価値観を広めていくことで社会の成熟化を促進させるという方法がありうる。
⑦エネルギー開発や人口抑制を進めるプロセスを通じて，世界的な合意形成や共同開発のノウハウを蓄積していくことが重要となる。

【資幸主義的な価値観の浸透と資本主義の暴走を防ぐ制御システムの構築】
①資本を増大させるシステムである資本主義は，人口の増加を支える機能を持つものであり，それ以上の代案がないかぎり，基本的には資本主義を前提に進めるほかはない。
②しかし，資本の増大を志向するシステムである資本主義は，それにブレーキを働かせる価値観やルール，制度といったものを構築しないと，持続はしたもののみんなが不幸せになるという不合理が起きてしまう。
③したがって，資本主義に振り回されないために，あくまでも資本主義は個々人の幸せを実現するための方法，システムであるという価値観を広げ，そうした価値観を共有する人々のもとで資本主義をコントロールするための工夫（制度）が必要になる（資幸主義）。
④とはいえ，最終的には国家間の競争があるかぎり，経済競争は加熱せざるを得ず，みんなが必死に仕事するが誰も幸せではないという不合理は避けられないことになる。
⑤したがって，将来的には，過度な競争が生じないように，いくつかのブロックごとに分けて毎年それぞれの経済成長率を相互に承認したり，国家間の経済成長率に応じて資本を再分配するといったシステム（ルール）を構築することが有効な解決策となると考えられる。そのためにも，限られたエネルギーの奪い合いが起きないようにすることが必要となるため，人口増大の抑制と新エネルギーの開発は基礎条件となる。
⑥それによって週休3日制が実現すれば，趣味などに時間を割くことができ，生きること自体に文化的意味が生じて，各人の幸福度は上がると考えられる。

【流動性と発展性と安定性を備えた社会システムの構築】
①社会に固定的な階級ができ，流動性がなくなると，絶望が溜まり，不満が噴出するようになり，テロや犯罪などが増加し，社会は不安定になる。
②また平等を追求して努力してもしなくても年収は同じだとなると，人間は働かなくなってしまう（社会主義はこれにより破綻した）。

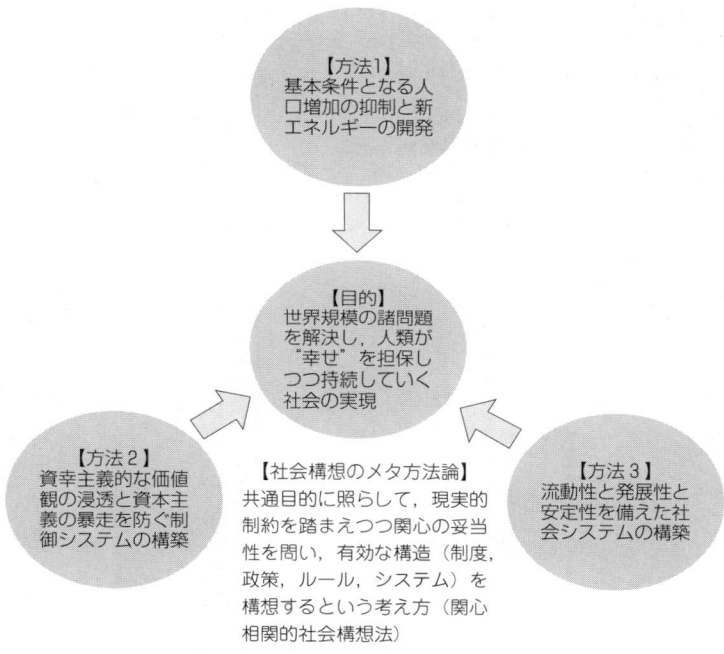

図 人類の幸せな社会を構築するための基本構造

【方法1】基本条件となる人口増加の抑制と新エネルギーの開発

【目的】世界規模の諸問題を解決し，人類が"幸せ"を担保しつつ持続していく社会の実現

【方法2】資幸主義的な価値観の浸透と資本主義の暴走を防ぐ制御システムの構築

【方法3】流動性と発展性と安定性を備えた社会システムの構築

【社会構想のメタ方法論】共通目的に照らして，現実的制約を踏まえつつ関心の妥当性を問い，有効な構造（制度，政策，ルール，システム）を構想するという考え方（関心相関的社会構想法）

③したがって，働くモチベーションを上げるために，社会に流動性を持たせながら，がんばった人が経済的に報われるようにすると同時に，最低年収等を保障するセーフティネットを構築することで，発展性と安定性を両立した社会システムを構築することが重要となる。

④社会の流動性を高め，かつ資本（貨幣）の循環が促進するようにするための具体策としては，死亡する前の何年間かに使った金額の半分だけ相続財産から控除ができるような仕組みが考えられる（死亡前経費相続税控除制度）。

これらをもとに作成した，世界的課題をクリアし，人類が"幸せ"を担保しつつ持続していく社会を構築するための基本構造が上の図である。今後の社会構想の方法的指針として活用していただければ大変うれしい。

〈参考文献〉
池田清彦　2006　環境問題のウソ　筑摩書房
池田清彦　2006　他人と深く関わらずに生きるには　新潮社
池田清彦・養老孟司　2008　ほんとうの環境問題　新潮社
西條剛央・京極　真・池田清彦（編）　2008　信

念対立の克服をどう考えるか―構造構成主義研究2　北大路書房
竹田青嗣　2009　人間の未来―ヘーゲル哲学と現代資本主義　筑摩書房
橋爪大三郎　2008　「炭素会計」入門　洋泉社
丸山茂徳　2008　科学者の9割は地球温暖化CO_2犯人説はウソだと知っている　宝島社

第Ⅱ部

論文

原著論文（研究）

II-1 無痛分娩の実施をめぐって展開される専門領域を異にする医療者間のポリティクス
――医療現場の「信念対立」に対する質的アプローチ

田辺 けい子

1節
問題の所在

1．構造構成主義における「信念対立」研究が言及し得なかったもの

　構造構成主義において「信念対立」は「正当性をめぐる争い」あるいは「自らの正当性を妄信した者同士が繰り広げる構造上終わりのない争い」と定義されている[1]。こうした信念対立を低減する道筋については，これまで，京極や家島らに代表される，構造構成主義に依拠する多くの研究者たちが模索し，その可能性を拓いてきた[2]。とりわけ，京極においては医療における「信念対立」を医療の核心的課題と位置づけ[3]，この課題を解くため，構造構成主義を理論的根拠に据えた医療理論の構築，およびその方法論の開発に取り組んでいる[4]。たとえば，京極は自身が考案した構造構成的医療[5]の立場から，産科領域に従事する医療者の職種の違いに起因する「信念対立」を取り上げ，医療者の対立の結果，医療の受け手である妊産婦が何らかの被害を受ける可能性が生じていることを指摘した上で，「立場の違いを超えた連携」のあり方について言及している[6]。当該論考のなかで，京極は西條[7]の理路を発展的に継承し，まず，医療者間に「わかりあえない」構造が生起する条件を「（当事者が）自分の考え方とは異なる考え方を理解できない（括弧内は筆者加筆）」状態と論じ，これを解消するための理論的方途として，個々人の多様性を積極的に許容する「現象の尊重」の有効性を説いた[8]。

ところで，京極の言う，産科領域に従事する医療者たち個々人の「現象」とはいかなるものか。この点について，京極は具体的な説明を行っていない。むろん，理論的議論に主眼を置く先行研究においては，研究の目的に照らせばこの点への言及は不可欠とは言えない。だが，産科医療に従事する医療者たちの関係性を「信念対立」として論じ，その対立の解消方法を「現象の尊重」に見出す以上，当事者たちの「現象」についての詳細な記述＝構造化は構造構成的医療に依拠した先行研究の後方視的検討として，さらには，構造構成主義における「信念対立」概念の深化にとって，重要かつ不可避の課題である。

そこで本稿では，先行研究において「信念対立」の解消に「現象の尊重」が有効とされているにも関わらず，当事者たちにどのような「現象」が立ち現われているのか，さらには，そうした「現象」がどのように立ち現われているのかが明らかでない現状を踏まえ，当事者への聞き取り調査に基づき，これを詳細に記述＝構造化することを試みる。そして，この試みによって，先行研究が医療者の「信念対立」と論じる構造の一端を明らかにすることを目指す。

2．無痛分娩への着目

本稿では，京極[9]に照らして，産科医療に従事する医療者たちの「現象」から「信念対立」の様相に迫りたい。したがって，産科医療のなかでも，異職種の医療者たちによるチーム医療が欠かせず，そのため，職種の違いに起因する「信念対立」を生じやすいと考えられる無痛分娩を取り上げる。

無痛分娩とは，薬剤により分娩時の疼痛を緩和あるいは除去し，出来る限り無痛下に分娩を完了させることを目的とした分娩法[10]のことをいい，医療水準の向上に伴って，いわゆる医療先進国では今日までに主要な出産方法の一つとなっている[11]。しかしながら，日本では無痛分娩を実施する医療施設は依然として少なく，出産に伴う痛みを医療の介入によって除去するという考え方や出産方法が定着しているとはいえない[12]。

無痛分娩の普及が抑制される要因の一つに，医療者のマンパワー不足や，出産を取り扱う医療施設の減少に代表される周産期医療体制の不備などの医療的な諸条件があると指摘されている[13]。近年，周産期医療の崩壊の危機が叫ばれるなか，出産に携わる医師の慢性的な不足はもとより，麻酔科医の不足もまた深刻な状況にある[14]。さらに，出産を取り扱う医療施設自体が著しい減少傾向にある今日では，先行研究[15]が指摘するように，無痛分娩が普及しない要因を，医療的な諸条件に焦点化して論じる視点は重要かつ有効である。だが，医療的条件もまた当該社会の文化的条件によって決定されると考えるとき，医療的条件は最も根底にあるとはいえない。

なぜ無痛分娩は普及しないのか。この問いは単に，無痛分娩の安全性の議論にとどめることは出来ない重層的な位相をもつものである。こうした視座のもと，これまで筆者は，出産の当事者である女性たちへの聞き取り調査を重ねてきた。田辺[16][17]では，彼らの身体観や生殖観，自然観が複層的に付与された出産像が「自然な出産」という言葉で表象され，結果として無痛分娩が選好されない日本の文化的背景を描き出してきた。さらに調査の過程で，無痛分娩が普及しない要因には，出産する女性たちの考え方だけではなく，チーム医療で無痛分娩にあたる産科医，麻酔科医，助産師など，異なる専門領域を背景に持つ医療者たちの考え方もまた，色濃く影を落としている様が見て取れた。

このように無痛分娩が普及しない背景には，まさに京極が指摘するような，異職種の医療者たちの考え方の違いに起因する何らかの問題が潜んでいるといえよう。そこで，本稿では無痛分娩の場を取り上げ，出産や無痛分娩をめぐる医療者の考え方に迫りつつ，先行研究が明らかにし得なかった当事者たちの「現象」の記述＝構造化を試みる。そして，当事者たちの「現象」を出発点として，先行研究が「信念対立」と論じてきた医療者の関係性の内実を質的（実証的）に描き出したい。

なお，本稿は，無痛分娩の是非を問うたり，普及を期待するものではない。無痛分娩の実施をめぐって専門領域を異にする医療者たちの間に立ち現れている「現象」に着目し，その記述を通して「信念対立」の様相の一端を示す試みである。

2節
目的と意義

これまで構造構成主義が理論的側面から論じてきた「信念対立」，とりわけ，医療の現場に生じている「信念対立」を，当事者たちが体験している「現象」に基づき，質的に描き出すことを目的とする。そして，当事者たちの「現象」を出発点として，先行研究が「信念対立」と論じてきた医療者の関係性の内実を質的に描き出すことが本稿の最終的な目的である。

また，従来の構造構成主義をめぐる研究，および構造構成主義を視点とした研究に「信念対立」を質的に構造化した論究はない。したがって，本研究の試みは，本稿が医療に限定した議論であるものの，構造構成主義研究に新たな展開をもたらす可能性があると考えられ，そうした点でも一定以上の意義があると思われる。

3節
方法

　上記に見た目的を達成するために，本稿では，1．チーム医療で無痛分娩に携わっている産科医，助産師，麻酔科医を対象に据えた聞き取り調査，および2．各医療者集団の職能を規定する法的根拠や歴史的背景などの文献調査で得られたデータを質的に分析した[18]。

1．聞き取り調査の概要

　A医療センターに勤務し，医療チームとして無痛分娩に携わっている産科医2名，助産師3名，麻酔科医3名への聞き取り調査を行った。調査は，調査対象施設の規定に従い，倫理的手続きを行った上で，2004年11月から2005年2月に行った。

（1）調査対象となった医療施設の選定理由

　無痛分娩が普及しない要因は，前述の通り，医療者のマンパワー不足や医療体制の不備など，医療的条件の問題に回収される傾向にある[19]。こうした先行研究に対し本稿では，医療的条件ではなく，チーム医療で無痛分娩にあたる医療者たちの考え方の違いに着目している。したがって，医療的条件が比較的整っているA医療センターを調査の対象施設とした。

　調査時点におけるA医療センターの特徴は，周産期医療における高度先進医療を提供するなど，極めて高い医療水準のなかで年間あたり200～250例程度の無痛分娩を実施していた。さらに，麻酔科医の確保が困難な昨今の麻酔科医不足のさなかにあって，麻酔科医を加えた医療体制をとり，24時間いつでも産科医，助産師，麻酔科医によるチーム医療で無痛分娩が実施できる体制を敷くなど，マンパワー充足性の観点および無痛分娩の安全性の確保においても高水準にある医療施設であった。

　このように，A医療センターは，医療的条件が満たされた状況下に立ち現れている「現象」を記述し，異職種の医療者の間にある何らかの問題を実証的に描き出すという本研究の目的に照らして，適切な調査対象施設と判断した[20]。

（2）調査対象となった医療者たちの属性

　調査対象となった医療者たちを男女別にみると，産科医（男性のみ2名），麻酔科医（男性2名，女性1名），助産師（女性のみ3名）で，総インタビュー時間は延べ531分，一人平均66分であった。

　調査対象者における年齢は，産科医が30歳と28歳，麻酔科医が59歳，47歳，35歳，助産師が36歳，26歳，25歳である。産科医2名はいずれも臨床経験4年と6年のレジデント医師で，麻酔科医3名のうち1名は麻酔科部長で，臨床経験はそれぞれ36

年，23年，11年である。助産師3名のうち1名は副助産師長で，臨床経験は15年，4年，3年である。出産の経験のある者は，麻酔科医1名，助産師1名の計2名であるが，いずれも無痛分娩の経験はない。

(3) 調査内容と質問項目

主に出産やそれに伴う痛み，無痛分娩に対する考え方を語って頂いた。本研究の主眼は，無痛分娩を実施する医療チーム内部に立ち現れる「現象」を，当事者自身の「語り」に基づき探究することにある。したがって，当事者が語りたい内容を最大限に尊重するため，敢えて詳細な質問項目は設定せずインフォーマントが語ったエピソードを展開する方法で聞き取りを行った。そのため，結果的に非構造化面接による調査法となった。

(4) 分析方法

分析対象は，聞き取り調査で得られた資料（無痛分娩を実施するための医療チームを組む産科医，麻酔科，助産師の「語り」データ，およびフィールドノートに記載された内容）である。

具体的な手続きは以下の通りである。面接内容は①インフォーマントの了解を得てすべて録音し，②逐語文字化したのち，③インフォーマントごとのデータベースを作成した。データベース上の④語りデータは文脈に即して分類し，⑤「何について語っているのか」を端的に表すキーワードを付した。その際，複数のキーワードが適当な場合にはそれを許した。これは一つの語りを複眼的に分析するだけでなく，データに残余をつくらずインフォーマントの全体像をより詳細に描けると考えたからである。⑥個々のインフォーマントの語りの傾向（特徴）と，職種ごとの語りの傾向（特徴）を踏まえた上で⑦SCQRM（構造構成的質的研究法）で言うところの「分析ワークシート」作成過程をデータベース上で行った。

なお，分析はインフォーマントの語りを中心とするが，単なるテクスト（あるいはコトバ）の分析に陥らないよう，語りの背景となる全体状況についての目配りが不可欠とされる民族誌的手法を採用し，各種統計資料，国内外の産婦人科学および麻酔科学関連の学術団体が発表するデータおよび各種医学雑誌も分析対象とした。

4節
無痛分娩の実施をめぐって
専門領域の異なる医療者に立ち現れている「現象」

本節では，無痛分娩をめぐって専門領域の異なる医療者に立ち現れている「現象」を当事者の語りに基づき，記述（構造化）する。

1．専門領域ごとに異なる出産や（出産の痛み）に対する考え方

　無痛分娩の医療チーム内部には，無痛分娩の遂行という共通目的のもとに集っているにもかかわらず，各医療者集団が専門とする学問領域の知見を根拠に，無痛分娩の実施をめぐって互いにけん制しあう関係を伺わせる多くの語りが確認された。

　その典型的な例を挙げると，出産に伴う痛みに対して，産科医は「分娩機序において不可欠なもの」と語り，麻酔科医は「コントロールすべき対象」と語り，助産師は「母親となる為の痛み」「出産の痛みの体験を〈肯定的な意味のあるもの〉にすることが，助産師の責務である」と語る。こうして三者三様に意味づけされた出産の痛みというものを根拠に，互いにけん制し合う関係が展開されていた。

　また，無痛分娩の安全性に言及する多くの語りにもまた，語り手の専門領域やそれを背景とした医療者間の関係が伺えた。すなわち無痛分娩に対して，産科医は「無痛分娩は母子の安全を阻害するもの」と語り，麻酔科医は「全身管理が徹底された，むしろ安全性の高い出産方法」と語り，助産師は「安全性を阻害するだけでなく，産婦の〈主体的な出産〉体験を阻害するもの」と語る。ここにもまた，三者三様の考え方とその違いが表れている。

　とはいえ，これらの語り口の特徴は必ずしも特定の医療者集団だけに見られたわけではない。語られている内容の重みづけの違いから「微妙な重なり」が確認されている。

　以下では，本稿の「（異職種の医療者たちで構成される，無痛分娩を実施する医療チーム内部の関係性に着目し）彼らが体験している〈現象〉を出発点として，医療における〈信念対立〉を実証的に描き出す」という目的に照らして，医療者の関係の在り様を示す「語り」を厳選し，その一部を提示しながら，それらの語りが意味する内容を考察する。

2．所与のものとしてとらえられた上で再帰的に語られる〈出産の痛み〉

　まず，無痛分娩のための医療チーム内部に，出産に伴う痛みに対する考え方をめぐって，異なる態度をとる医療者たちのあり様が如実に示されている典型的な語りをいくつか提示してみる。

　　　　　痛みを伴うような強い陣痛ならば有効な陣痛なんだなっていう予測が立つんですよ。少なくとも痛みがないような陣痛のときには生まれないんです。
　　　　　【産科医】

　　　　　本当の自然分娩を考えた時に無痛分娩は「自然」ではないと思います。陣痛本来の痛みを弱めてしまうのは「自然」ではないかな，と思う。そういう

> 意味では贅沢な方法だと思いますね，先進国だけの。痛みがなければ子ども
> は生まれませんし，産科医療の全体的な流れとして「自然分娩」を進めてい
> ますから。【産科医】

> 痛みって言いますね，陣痛のこと。その方が説明するときに分かりやすい
> んじゃないかと思って。分娩経過とか説明するときに「陣痛が始まる」って
> 言うよりも「痛みが始まる」って言う。【助産師】

> たとえば，無痛分娩で薬剤を使用して痛みを軽減することに対して「薬を
> 使った」という言葉ではなくて，「薬に頼った」とか「薬に逃げた」という
> 表現の方が私の気持ちをよく表しているように思います。これは「負けた」
> とでも言えると思います。「あ，負けたな」って。悪気はないのですが。【助
> 産師】

これら「痛みは正常な分娩経過を示す一つの兆候である」や「痛みは正常な分娩に必要不可欠な要素である」といった内容の語りは，助産師と，とりわけ産科医によって示された。ここには産科医や助産師が〈出産の痛み〉の存在が絶対に揺るがないものであり，かつ，出産における必要不可欠な要素と捉えていることがみてとれる。
　一方，こうした内容は麻酔科医の語りには一切確認されていない点も興味深い。

> 痛みは取るという方向に，今の医療は流れていますよ。そういう流れから
> 取り残されているのがお産の痛みですね。お腹を痛めたかわいい我が子って
> いうけど，本当にそうなんですかね。そんなに単純じゃないと思いますけど。
> 【麻酔科医】

このように，麻酔科医は，むしろ「痛みは取り除く対象である」というように，産科医や助産師とは全く異なる考え方を示している。そして，「お腹を痛めたかわいい我が子」という謂いを挙げ，痛みの経験と子どもに対する愛情との関係には懐疑的な態度を示す。
　ところで，産科医と助産師の出産に伴う痛みに対する考え方は，自らの医療における専門性だけを根拠に形成されているわけではない。
　周産期医療では分娩の進行状態を客観的に測る方法として，子宮の収縮の度合いを計測し記録する分娩監視装置が広く一般的に用いられる。そしてモニター画面上に波形として描き出された子宮の収縮を，産科医や助産師は「痛み」という言葉で

表現することがある[21]。これは，先に見た助産師の「陣痛を〈痛み〉と言い換えることがある」という助産師の語りにも通じる傾向である。すなわち，本来痛みとは体験している者だけが感じる，極めて主観的なものであるにもかかわらず，産科医と助産師は，産婦が体験している痛みだけではなく，産婦自身が感じているか否かはともかく，分娩監視装置や触診による子宮の収縮もまた「痛み」と呼ぶ。このように，産科医と助産師の出産の「痛み」の捉え方は矛盾を抱え込んでいた。むろん多くの場合，分娩経過中の産婦が苦悶表情にあったり，身体をよじらせたり，腹や腰をさするなど痛みに対処をする姿をみて，胎児の娩出に有効な陣痛（子宮筋の収縮）があると判断する。だが，産婦の体験ではない客観的測定値をも「痛み」と表現するところに，産科医と助産師の「出産には必ず痛みが伴う」という考え方が如実に表れている。

このように陣痛が，「痛み」という言葉にすり替えられて表現され，これが分娩機序に不可欠な「陣痛」の意味で用いられる。こうして所与のものとしての「出産の痛み」が，定期妊婦健康診査や母親学級などの出産教育プログラムの中で意図的にあるいは非意図的に繰返し妊婦へ向けて用いられている。出産をめぐる場面でしばしば用いられる「産痛」という言葉が示すように，「〈正常〉な〈出産〉は〈痛み〉を伴う」といった考え方が，出産する人々及びその周囲にいる人々へ向けて再帰的に語られている。そして，その背景には，産科医や助産師は出産に伴う痛みに対して，周産期医学に基づいた考え方だけでなく，何らかの，そして複数の意味を付与していることが見え隠れしていた。

3．無痛分娩は自然ではない

本項では，麻酔科医の語りにはまったく確認されないが，産科医と助産師の語りには頻繁に現れる「無痛分娩は自然ではない」という内容の語りをいくつか例示しながら考察を進める。これにより，前項に見た，出産やそれに伴う痛みに対する意味付与の内実をあぶりだすとともに，医療者の考え方の違いにも迫りたい。

> 出産は本来的に自然なものだけど，無痛分娩は自然の摂理に反しているような気がします。【助産師】

> 無痛分娩は「自然」ではないですよね。出産は一生に一度か二度しかないもの，貴重なチャンスなのにそれを放棄するのには賛成できない。自分かわいさだけで安易に無痛分娩をするのは間違っているように思います。【産科医】

> 女性の身体は，自然の摂理にしたがって産めるんですよ。それを壊してはいけない。【助産師】

　これら「無痛分娩は自然の摂理から外れている」「痛みを取り除いた出産は自然ではない」「出産の痛みは出産に当然付随する痛みである」「女性の身体は，自然に産めるようにできている」といった内容の語りは，産科医と，とりわけ助産師によって示された。さらに，こうした内容の語りは，麻酔科医の語りには一切見られず，ここに医療者の考え方の違いをみることができる。
　陣痛促進剤の使用や会陰切開術などが高頻度に行われている今日の出産をめぐる状況にあって，産科医と，とりわけ助産師が無痛分娩を語る語り口には，自らの医療行為と矛盾するにもかかわらず，出産が自然であることに価値を置く考え方を見ることが出来る。これは，「人間の身体とは本来〈自然〉なままでなくてはならない」，そして「〈出産〉とは人間にとって〈自然〉なものである」；「その〈自然〉な〈出産〉とは〈出産の痛み〉を伴うものである」；したがって「〈出産の痛み〉を経験することは人間本来の姿である」というような，出産を経験した女性たちの語り[22][23]にも通じる考え方である。こうした出産をめぐる「自然観」や「身体観」が「痛み」という言葉に重ねられて用いられていることが，示唆されている。

4．出産における安全性と無痛分娩

　では，「自然な出産」を考えたときに，安全性の担保について，医療技術の提供者である語り手たちはどのような語り口をみせるのか。この問いは，医療の介入と自然性の担保を引き合いに出すことで，出産における安全性という観点をめぐって，上記に見てきたような医療者の職種による考え方の違いを浮き彫りにする。そこで，無痛分娩の安全性についての語りをいくつか示し，医療者の考え方や立場の違いをみてみる。

> 痛みを満足すればね，少々痛くても問題ないと思います。結果がうまくいくことが重要ですよ。まずは赤ちゃんから。赤ちゃんがいい状態で生まれてくること。次にお産のときのお母さんがどうだったかが重要と考えます。【産科医】

> 産科医はみな「無痛分娩を始めたら陣痛がなくなる」と思っているんです。ただ，産科が麻酔科にお願いしている都合上，口に出すことはできない。ですから，「無痛分娩をしたい」と患者さんが希望した段階で「陣痛促進剤を使うことが必発になる」ということを予め患者に話しておくことで対応して

いるんです。【産科医】

　　　　最近は随分，麻酔科の先生もお産のことを勉強して下さるようになりました。お産にも必ず立ち会って下さったり，分娩中に定期的に診に来て下さるのですが，以前は「麻酔科的に痛みが取れればOK！」のような感じでしたので，麻酔が長時間にわたって。すると分娩も遷延しますし，分娩後の出血も多くなりますし，…大変でした。【助産師】

　　　　無痛分娩は結局，異常分娩になることが多いですから。吸引分娩になったり，出血が多くなったり。でも，お母さん方は，痛みがなくて産めるから麻酔科の先生に対してはすごく感謝しますよ。ですが，実は大変なお産になっていたということを知らないんですよね。ま，そういうことをこちらからお母さんにわざわざ言うのも変ですし…。【助産師】

　産科医と助産師の語りから見てとれる理想の出産像とは，母子の健康と安全が確保されることとして示されている。とりわけ，産科医は，胎児の生命が危険に脅かされることなく生まれ出てくることこそ理想の出産であると語る。そして，無痛分娩は，こうした出産の安全性を阻害するものとして語られた。出産に手を加えず，「自然」なままにあることに価値を置く産科医と助産師の考え方は，「本来，〈自然〉であるべき出産に麻酔という人為的処置を加えると必ず問題が生じる」という語りによく表れている。ここから，無痛分娩においては中心的役割を果たす麻酔科医と，産科医と助産師の緊張関係が見えてくる。
　一方，麻酔科医もまた，麻酔科医の立場から出産の安全性について言及する。

　　　　僕の切り口は母親の痛みを取ることより，無痛分娩をやることによって，「分娩に麻酔科の医者がかかわる」，これが非常に大きいと思っています。あまり知られていませんが，日本は母体死亡率が高いんです。ですから「麻酔科の医者がちゃんといてやらなくちゃいけないんだ」と考えたんです。そのために無痛分娩がいいかなと思って，始めたわけです。【麻酔科医】

　分娩の安全性をはかる指標のひとつに，妊産婦死亡率(出生10万対)がある。1950年には176.1，1965年87.6，1985年15.8，2002年7.3と次第に低下しているものの，乳児死亡率など他の母子保健指標の改善速度に比べその低下の速度は遅く，いわゆる医療先進国との比較において若干高率にある。データは若干古いが，厚生省研究班が1991〜1992年の妊産婦死亡230例の実態調査を行った結果，全委員がある程度

救命可能とした19例，70％以上の委員がある程度救命可能とした53例の，計73例の救命可能例の存在を明らかにしている[24]。麻酔科医はこうした比較的高い妊産婦死亡率を根拠として，全身管理を可能にする麻酔科医の関与する分娩の増加こそが，妊産婦死亡率の改善に寄与し得ると語り，その方策の1つとして無痛分娩を推進する立場をとると語る。

さらに，無痛分娩に代表される産科麻酔の施行者は，産科医ではなく，麻酔の専門家である麻酔科医であるべきだという麻酔科医の語りは，日本では産科医の麻酔による無痛分娩が多くを占めている[25]ことを反映し，これを危惧した語りであると考えられる。ここにも麻酔科が求める麻酔の安全性は，麻酔科医によってのみ確保されるとの考え方が表れており，この点で出産の安全性に対する産科医と麻酔科医の見解の相違が如実に示されているといえよう。また，こうした安全性の議論の背後には，無痛分娩の現場から麻酔科医が外されることが少なくない現状に対する，麻酔科医の医療上の不安と不満の気持ちが表されていると思われる。

実際，産婦が出産のために入院するとまずは産科医の管理下に置かれる。多くの医療施設におけるこうした医療体制上の仕組みとも関連しているようだが，麻酔科医の語り口は，助産師や産科医に対する不満を隠さない。このように無痛分娩を行う医療施設においても，麻酔科医の立場はあくまでも併用科である。そして麻酔科医であるインフォーマントが勤務する医療施設が母子保健の中核医療施設という特性から，医療の対象がすべて母子に限られることなどに関連した語りであることに着目すると，ここには無痛分娩を通して麻酔科医の存在価値を高めようとする意図が読み取れる。

たとえば，次の語りはこうした麻酔科医の意図を如実に示している。

> 助産婦さんはだめですね。無痛分娩にはとても抵抗しますね。産科の先生は「自分たちでできるから麻酔科はお産に来なくて結構です」という考えのようですね。なかには「無痛分娩自体はいいけど，自分の患者さんには自分で麻酔をかける」と言う産科の先生もいらっしゃいます。だけど，やはりきちんと蘇生や全身状態の管理などすべてが出来ないと麻酔は出来ないと思います。産科の先生たちは帝王切開も何も，産科麻酔は産科医がやる，というお考えがあるように見えますが，それでは安全性は確保できないと思います。
> 【麻酔科医】

一方，産科医もまた，その出産の主導権をめぐって，麻酔科医との競合にジレンマを感じている。

> 硬膜外麻酔分娩はもう，麻酔科医任せになっちゃってますから。主科が麻酔科になってしまうんです。産科医はそのお産の何を診るかというと，陣痛の強さとかを産科が診ているような感じでね。麻酔の量のコントロールなどは麻酔科一任になってしまっているんです。麻酔科は，麻酔科の考えで動いているところがあると思いますが。やはり，ちょっと主科と併用科の差があって動きにくいです。【産科医】

このように，出産の主導権をめぐって産科医と麻酔科医は相容れない考え方に基づきつつ，医療チームを成していることがわかる。

5．無痛分娩推進者としての麻酔科医のジレンマ

以上に見てきた三者の関係性を踏まえて，本項では，無痛分娩を推進する立場を取る者として，麻酔科医が抱えるジレンマに焦点をあて，これを典型的に示している語りをいくつか取り上げ，考察を進める。

> （無痛分娩を紹介するパンフレットを振りかざしながら）これは「麻酔科の悪徳商法だ！」って言われたんだよ。これを見た助産師さんと産科の医者の一部から。「麻酔科が妊婦に無痛分娩をやらせようとしてる」と。で，僕は「明らかにやらせようとしてますよ」と言ったんですよね。これは病院の援助なしに印刷してるんです。病院が「悪徳商法だ」って言うし，「麻酔科が勝手にやっていることだから」ということで（笑）。麻酔科の研究費，僕の研究費から出してやってるんです。【麻酔科医】

> 僕たちが無痛分娩を導入した当初は「お産が始まる前に麻酔のカテーテルを入れるなんて！」と，産科の先生が猛反対したんです。「カテーテル入れて，お産が始まらなくて，お産にならなかったらどうするのか」っていう理屈はわかります。でもお産が始まる前に準備しておくことで有効な麻酔効果が得られるわけですよ。それに，一旦お産が始まったら，産科も助産師さんも，麻酔科を呼んでくれないんですよ。それでどんどんお産は進んでしまって，もう麻酔をかけ始めてもタイミングを逸してしまう。そんなことが何度も何度も，というかずっと続いているんですよ。【麻酔科医】

> 麻酔科がね，これだけエネルギーを使って一生懸命やって動いているのに…。通常の麻酔科の仕事も忙しいですから，こんなことしなくても，別に産科麻酔なんか…。助産婦さんもやる気がないし，産科の先生もね「まぁやっ

たらいいですよ。ほとんどの人は麻酔なんか使わなくても普通に生まれてますから～」っていう雰囲気の中ではね…。産科も助産婦も「無痛分娩はやらない」と言うし，大きなバリアーですよ。【麻酔科医】

　麻酔科医の無痛分娩を推進したいという立場からは，助産師は無痛分娩を普及する際の阻害因子であり，産科医は無痛分娩の推進をためらう者として語られている。つまり，自らは推進したい立場をとるものの，それを阻む最大の障壁として語られるのが，安全な出産をめざすために結成されている，同じ医療チームを組む助産師であり，さらに産科医の存在であり，これに対して限りないジレンマやもどかしさを抱えているさまが如実に表れている。

6．助産師の職能と〈出産の痛み〉に対する意味付与
　他方，助産師は以下の語りから理解できるように，出産に際して産婦が抱く漠然とした不安感を軽減することで，出産に伴う痛みを「乗り越え」られるように支援することを自らの職務と考えている[26]。

　　　出産の痛みの経験が育児のスタートというか原点になると思います。産婦さんにとって痛みを乗り越えたという経験が子どもへの愛情を深めると思うので。育児へとつながる貴重な痛みだと考えています。【助産師】

　　　無痛分娩を選択するか迷っている産婦さんがいらした場合，できるだけ「自然」の方向へ行くように私たちは努力しているところがあります。産婦さんの痛みに対する恐怖心や不安感は看護の部分で軽減できる部分だと思っているからです。それに，私たちや家族が一緒になってそうした恐怖心をカバーしてあげられたら，産婦さんにとっては痛みを乗り越えて育児という出産の次のステップへと進めるようになると思いますし，そうした役割を助産師は担っていると思います。【助産師】

　このように，助産師の実践は，産婦の心身両面への働きかけ[27]を含んでおり，時に産婦の家族を巻き込んで提供するなど，産婦を取り巻くあらゆる環境を整えることを意味していた。また，出産後の育児に言及しながら，産婦たちがよりスムースに母親役割を獲得し，よりスムースに育児行動をとるようになるための通過儀礼[28]としての意味を，痛みの経験に見出していた。
　また，次に示す語りのように，痛みの経験は母親役割の獲得という文脈で語られるだけでなく，女性の身体機能，あるいは，あたかも成熟した女性身体とはいかな

るものなのか，といった観点から語られることもあった。

> 自分の力で産んだんだっていう実感というか，そういったものを感じてもらいたいです。それで，母親としての自信というか自覚というか，それから，女性として，っていうのもあると思うんです。一概には言えないけど，無痛分娩だと，そういうのをあまり感じられない気がするんで。【助産師】

さらに以下の語りには，助産師は無痛分娩に関する情報提供を自らの職務とは見なさず，あたかも，医療チームのメンバーとしての振る舞いを意図的に拒むかのような様が見て取れる。

> 母親学級とかでは無痛分娩の説明はしていません。本当はした方がいいのでしょうけど，話題がそっち（無痛分娩）に引っ張られてしまって，皆さんが「無痛分娩で」「無痛分娩で」ってなってしまったことがあるので。私はその母親学級の担当ではなかったのですが，そういう話があったらしいです。その時はちょっとだけ説明して打ち切ったんですけど。それで今は，無痛分娩の説明をするというプログラムは作っていない状況です。【助産師】

> 妊婦さんに無痛分娩のことを聞かれた場合にも，基本的に助産師は関わらないというか，説明しないことにしてるんです。誤解が生じても困りますし，聞いたとか聞いてないとか。「助産師から自然分娩を勧められた」といって，後から麻酔科とトラブルになったこともあるので。師長から「誤解が生じるといけないので助産師は無痛分娩について関わらないように」と言われているんです。【助産師】

ここには，たとえ産婦が質問しても，医師へ相談するように促したり，なぜ無痛分娩を希望するのかを確認した上で，出産に伴う痛みを経験する意義を説明するなどして，可能な限り「自然出産」を選択するように方向づけるという助産師の考え方が表れている。むろん，無痛分娩の医学的な適応や要約など，医学・医療的な側面に関する情報提供は，医師の役割であろう。かといって，無痛分娩が医療行為のみによって遂行されるわけではない。通常の出産に対する看護と同様にして，分娩経過中の身体や生活それ自体の変化に産婦が対応できるよう，とりわけ，無痛分娩という出産方法に対して，産婦が心身ともに適応できるよう，助産師は支援をする。したがって，こうした側面に関する情報提供は，出産の形態が「自然出産」か「無痛分娩」かにかかわらず，当然，助産師の役割であろう。しかし，「無痛分娩は医

師の管轄なので，助産師は説明しません。関わらないようにと師長に言われています」という助産師の語りが示すように，助産師が無痛分娩に関する情報提供を行わないとする方針は，助産師長の指導によって徹底されている。

このように，助産師グループの代表としての師長がこうした見解を提示していることは，助産師の〈出産の痛み〉に対する意味づけや価値づけ，さらには無痛分娩の医療チーム内における助産師の立ち位置をきわめて明確に示すものと考えられる。

7．他者の語りを引用して，自らの立場を正当化したり，存在をアピールする

以上に示してきたように，医療者の立場は様々な葛藤やジレンマのうちにある。では，どのようにして医療者は自らの立場を正当化するのであろうか。

結論から言えば，本研究の対象となった語り手たちは，医療者としての立場や自らの人生経験に重ねて語るだけでなく，以下でみるようにしばしば産婦の言葉という「他者の語り」を引用して語ることによって，自らの立場を正当化し，かつ，自らの存在をアピールしていた。

> やはりお母さん方は痛いのも経験したいっていうのがあるのではないでしょうか。みているとそんな感じです。私自身はお産は経験したことないのですが，私も経験してみたいです。【助産師】

> 私たちはやっぱり，お母さんがどのように思っているのか，それを一番に考えたいと思っています。ですが，「無痛分娩をしたい」となったときには，無痛分娩をすれば異常（分娩）になりやすいですから，難しいところです。【助産師】

> 外来で積極的にこちらから「無痛分娩がありますよ。どうしますか？」とは言わない。というのは，忘れているというか（笑），悪いんですけど，別にそこまで考えていないっていうか，産婦さんにそういう希望があったら向こう（産婦）から言ってくるだろうっていう感じでね。だいたいうちの病院にくるお母さん方は，みなさん自分で調べてきますから，敢えてこちらからは聞かないですね。無関心というか。それに，お母さんたちも自然分娩をしたいっていうのも少しはあるんじゃないかな。ほら，母性にいいとか言いますよね。【産科医】

> 助産婦さんの悪口言ったり，看護婦さんの悪口を言うことになってしまうのですが，基本的には，助産婦さんの方から「痛がっててかわいそうだから，

是非，何とかしてください！」ということではなくて，いわば，麻酔科の方から「やります！」という風に言ったんです。「無痛分娩やって欲しい」って僕らのもとに来る患者さんもいるので。産科に「お願いします」と言っても，実際，無痛分娩をやるまでには，ものすごくバリアーがあって。バリアーがあるんですよ。お産が始まってからも「いや，もうちょっと我慢した方がいいんじゃないの？」と産婦に云うんですよ。ほんのちょっとの一言が少しずつ無痛分娩を開始する時期が遅くなっていって，結局，有効に痛みが取れるような麻酔の開始時期を逃してしまうんです。「そうね，あなた無痛分娩でやりたいんだったよね。じゃあ早くやりましょうね」っていう雰囲気が全くできていないんです。【麻酔科医】

お産を終えたら，かわいい赤ちゃんがいて幸せですから，そんなときに「本当は無痛分娩で産みたかったのに，どうしてしてくれなかったんだ！」というような文句は言えない，というか言うような気持ちにはならないですよね。無事に生まれてよかったという気持ちでいっぱいでしょうから，それで産科も助産婦さんも，お母さんたちの不満には気付くことがないんですよ。【麻酔科医】

お母さんたちにとっては，やはり安全にお産が終わるっていうことが一番なんではないでしょうか。【麻酔科医】

むろん，語り手となった医療者自身も産婦の立場を経験したり，妻や友人など，自らの愛する者の経験を通して痛みの追体験をしている。だが，痛みは極めて個人的で主観的な体験である。しかも出産の痛みは慢性疾患に伴う痛みとは異なり，出産のときにだけ生じる極めて短期的な，しかも終りのあることが確約されている痛みである。

にもかかわらず，「産婦が〈それ（＝語り手の立場によって，痛みを経験したり，取り除くことを意味する内容となる）〉を望んでいるから」と前置きをして自らの専門領域の存在価値を示そうとする。産婦の語りを尊重することで産婦を主体者と位置づけているかのように見えるが，これはまさに痛みのただなかにいる産婦を囲んで種々の駆け引きを繰り拡げるような，産婦の身体や経験をいわば「人質，あるいは盾」にとるかのような態度にもみえる。そこに出産の主体者としての産婦の存在は見出せない。

〔小括〕

　以上にみてきた産科医，麻酔科医，助産師たちの出産やそれに伴う痛みに関する語りが照射するのは，無痛分娩の実施をめぐって緊張関係を生起する，医療チーム内部の医療者の関係性の在り様である。つまり，彼らの語り口は，先行研究のいう「互いにわかりあえない」関係が医療チーム内に存在していることを示すが，その関係性に焦点化した上で改めてその内実を見てみると，それはとりもなおさず，互いの専門職としての位置取りやポリティクスを展開している関係性といえる。そして，その関係性は以下の3点に集約できよう。

〈無痛分娩の実施をめぐる三すくみの関係〉

　無痛分娩においては「分娩」に関する部分の主科は産婦人科が担い，そして「無痛」に関する部分は麻酔科が主たる診療科になる。つまり，無痛分娩には二つの診療科が同時に主科としてかかわるといった交錯した状況が生まれる。さらに，こうした医師間の交錯した状況だけでなく，「出産の医療化」をめぐっては，無痛分娩の実施は，医師（産科医，麻酔科医）と助産師の間にもまた錯綜した状況をもたらす。つまり，医師が医療の担い手であるのに対して，助産師は，できるだけ医療的な介入を排除した出産にこそ，自らの職能を発揮するという立場をとるためである。

　この三すくみの関係は，さらに，産科医と麻酔科医という専門領域の異なる医師たちの無痛分娩に対する態度の違いによって，より緊張した関係性を作り出す。産科医は，出産の医療の中心的な担い手でありながらも，出産に麻酔が加わることには，ためらいの気持ちを隠さない。一方，麻酔科医もまた，無痛分娩を自らの専門性を発揮できる場ととらえ，そして，この場の拡大の機会を脅かされることに反発するためである。

〈女性の身体への関わり方の違いと三者の緊張関係〉

　こうした状況は，専門領域ごとに女性身体への関わり方が，提供する医療技術だけでなく関わる時期や期間についても，異なることによってさらに複雑化する。産科医は妊娠期から分娩期までを中心に母体と胎児の健康状態を管理し，助産師は周産期だけにとどまらず広く育児期から老年期を含めた女性のライフサイクル全般において女性の心身両面に関わる。このように産科医や助産師は母子の健康を，中長期的かつ将来的な次の出産を見据えて関わる。

　他方，麻酔科医は主に分娩期に集中して，母体の，しかもその痛みに特化した関わり方をする。とりわけ，麻酔科医の〈出産の痛み〉の捉え方は，それを所与のものであるとする考え方において産科医や助産師と変わらない立場をとるものの，自らの果たすべき役割を痛みの除去であると主張する点において，産科医及び助産師

とはまったく異なっている。こうした女性身体への関わり方の違いが、〈出産の痛み〉や無痛分娩に対する考え方の違いとしてはっきりと現れている。

〈産婦の経験する痛みを介して展開される緊張関係〉

　こうした状況にあって、本稿が論じてきた無痛分娩における医療専門職の三者関係をみると、一見、出産する身体を取り巻く人的要素が増えた結果、産婦はより手厚い医療と看護の対象となっているかに思われるが、実は、出産の痛みを軸として駆け引きを行う関係が医療者間に成立しているとみることができる。あるいはまた、出産する身体を取り巻く人的要素が増えた結果に生じる利害関係というように、時に個人的なものに見えたり、単に専門領域の違いに起因する関係に見えたりするが、実は〈出産の痛み〉を軸とした極めてポリティカルな関係とみることができる。そしてこの関係は、十月十日（トツキトオカ）の妊娠期間を経て、さらに十数時間にわたる分娩期という時間軸のなかで、否応なしに変化する産婦の心身に対応しつつ、出産の痛みを軸に駆け引きを展開する動的な関係性である。だが、この関係性は、出産の痛みを軸として展開されるにもかかわらず、それぞれの言説を生成する者は、その痛みのただなかにいる産婦自身ではない。彼らは産婦が経験している痛みを道具として、医療専門職間の新たな位置づけを行おうとしている様相が見て取れる。

　このように三者三様の産婦や新生児の身体、そして出産の痛みについての異なる言説は、これまで見てきたような、それぞれの学問的な専門領域を背景に生成されるだけではない。ここに、出産は自然であるべきという出産観や自然観、さらには生殖する身体に対する考え方が重なることで、三者の緊張関係はより強固となる。

5節

無痛分娩をめぐる「現象」はいかにして立ち現れるのか

　本節では、前節に見た、無痛分娩をめぐって医療者たちに立ち現れている「現象」に目を向け、各医療者の職能を規定する法的根拠や歴史的背景などを参照しつつ述べる。

　当事者たちに立ち現れる「現象」とは、まさに当事者が生きる社会の文化的背景（あるいは制度的背景と言ってもいいだろう）と不可分であり、これへの言及は避けられない。一方、無痛分娩の人的要素へ目を転じれば、無痛分娩の医療チームは産科医と助産師で構成されていた従来の出産のための医療チームに、麻酔科医が新たに加わって編成されている。そのため無痛分娩の医療チーム内部には、従来の二者関係の上にさらに、それとは異なる三者関係が生じる。こうした現行の医療チームに内在する三者関係のあり様を映して、前項までに見てきたような「現象」が医

療者たちに立ち現れていることにも目配りする必要があると考えるからである。
　そこで，本節では，職能を規定する法的根拠や歴史的背景をみつつ，三者関係の基盤にある従来の二者関係に焦点化し，無痛分娩をめぐる「現象」がいかにして立ち現れるのかを探る。

1．産科医−助産師間の二者関係

　戦後日本の保健医療の近代化政策はGHQ（General Headquarters：連合国軍最高司令官総司令部）主導のもとで推進され，さらにいわゆる近代医療の興隆の時期とあいまって1950年代を境に，出産に関しては，出産の場は自宅から医療施設内へと徐々に移行した[29]。これを機に出産は医療の対象となり，いわゆる「出産の医療化」が急速に進行した。産科医の少ない地方では母子健康センターが設立され，助産師による施設分娩が行われたが，都市では産科医の常駐する医院や病院での分娩が行われる件数が急速に増えていった[30]。こうして，産科医は産科医療の中心的担い手としての役割を得ることになり，自宅出産を取り扱っていた助産師には産科医療においては周辺的役割を与えられるようになった[31]。
　産科医には許されるが，助産師には禁じられている陣痛促進剤の使用や会陰切開術などの医療行為が高頻度に加えられる状況が生まれると，男性医師によって女性の身体性が奪われることを危惧したフェミニストらを中心に，医療的介入をできるだけ排除した「自然出産」への回帰運動が盛んになり，医療化以前に行われていた助産師の介助による出産を実現しようとする運動が展開された[32]。こうして女性である助産師は，「産科医の支配下にある出産，すなわち医療化されている出産」という状況にあって，産む女性の側の支持を受け，女性が望む出産の形態を女性たち自身の手に取り戻そうとする運動のアイコン的存在となっていった[33]。
　一方，医師不足など，産科医をとりまく昨今の産科医療の危機的状況は，正常分娩は助産師にまかせるべきという，戦後一貫して助産師を周辺化してきた動向を一変させるかのような，新たな考え方を派生させるなど，出産の医療をめぐる動向はきわめて流動的である。だが，その場合でも分娩における「正常」と「異常」の線引き自体が曖昧で，依然として「出産の医療化」においては，産科医と助産師は二項対立的な関係を保っているといえる[34]。
　本稿では，無痛分娩の実施を中心に論じることによって，この関係がより先鋭化した形で示された。すなわち，無痛分娩は「出産の医療化」をさらにすすめて具体化した出産方法である。それゆえ，無痛分娩の実施は，産科医と助産師にとって，それぞれが自らの職能に自覚的にならざるを得ない緊張した状況を作り出す。さらには，専門職としての自らの立ち位置を，より顕在化し明確化する必要性に迫られる状況を生み出すと考えられるからである。

2. 産科医－麻酔科医間の二者関係

後述するように，助産師の職能が保健師助産師看護師法（昭和23年7月30日法律203号：最終改正：平成18年6月21日法律第84号）により規定されるのに対し，産科医と麻酔科医の二者はいずれも医師法（昭和23年制定　法律第201号：最終改正：平成19年6月27日7月30日法律第96号）と医療法（昭和23年7月30日法律第205号：最終改正：平成20年5月2日法律第30号）に規定された「医師」である。だが，診療科の組織構成上，産科医が産科（あるいは周産期医療）に特化した診療部門に属するのに対して，麻酔科医は麻酔科という診療科目はあるものの，提供する医療の内容は常に他科との協働診療を求められる部門に属するという点において，両者の間には決定的な相違がある。たとえば，周術期医療[35]の麻酔では外科部門との協働，緩和医療では原発がんを診療する部門との協働が求められる。このように，麻酔科は単科の診療科であるにもかかわらず，他の診療科との比較においてその独立性が低いという診療科の特徴がある。産科医療においても，産科医が医療の中心的な担い手であるのに対し，麻酔科医は，産科医療のなかでも手術や分娩に伴う麻酔にのみ職能を発揮する。

3. 助産師－麻酔科医間の二者関係

助産師と麻酔科医の二者関係を論じるとき，両者の医療における権限について言及しなければならない。助産師の職能は，保健師助産師看護師法第3条および第37条，第38条により規定されている。この法律によって助産師に医療行為は許されない。具体的には，緊急時の臨時応急の手当て以外には，いかなる場合でも，診療器械の使用や，医薬品の投与など，衛生上の危害を生じる恐れのある行為は医療行為とみなされ，助産師は医師の指示に基づかなければ行えない。したがって，今日の出産の状況において極めて高頻度に行われ，助産師が行う分娩介助にも付随するような会陰裂傷に対する縫合術などの医療行為ですら，現行の法律の下では助産師には許されない。すなわち，助産師は当該法律にしたがえば，医療行為をまったく必要としない出産に対する助産行為にだけしかその職能を発揮できない。

ところで，出産の臨床においては，その出産に正常な経過が見込まれる場合には，産科医が積極的に医療行為を加えることはない[36]。しかし，その出産が無痛分娩の場合には，例外なく麻酔という医療行為を伴い，麻酔科医の管理下に置かれる。そして麻酔処置が施されると，通常であれば行われることのない点滴や導尿処置，持続モニタリングなどの医療行為が加わることになる。つまり，無痛分娩の実施は，出産の医療の担い手である産科医の役割拡大だけでなく，他の診療科に比べて独立性の低い麻酔科医にとっては，医療行為の場の新規開拓および産科医療への新規参

入を可能にする。

他方，助産師にとっては，無痛分娩の普及は，出産が「正常」か「異常」かの区別なく，自らの職能を発揮できる「医療行為を必要としない出産」自体を失うことに他ならない。以上を踏まえると，無痛分娩においては，麻酔科医と助産師の間には，産科医と助産師の二者関係以上に，自らの職能の独自性が揺るがされる事態が生じ，従来とは異なるかたちの，極めて現実的な関係性が生じることになるといえよう。

6節
考察——意義と限界

本稿では，専門職の職能を規定する法的資料や各種の文献資料を渉猟した上で，無痛分娩を実施する医療チームに属する産科医，助産師，麻酔科医への聞き取り調査で得られた資料に基づき，これら三種の医療職の間に立ち現れている「現象」の記述＝構造化を試みた。

その結果，無痛分娩の是非は，出産する女性個々人の身体的，精神的な利益とリスクの問題ではなく，あたかも，各医療者集団が医療チーム内で獲得する，その医療者集団にとっての利益とリスクの側面から語られているかのようであった。そして，こうした医療チーム内部に生起している医療者間の関係性を示す多くの語りを分析したところ，無痛分娩の実施は，それぞれの医療者が自らの職能に自覚的になり，専門職としての自らの立ち位置をより顕在化し，明確化する必要性に迫られる状況を作り出していることが確認された。さらにこの状況は，各医療者の学問的専門性を根拠とするだけではなく，産婦や新生児の身体，そして産婦が経験する出産の痛み，あるいは自然観や生殖観，身体観についての三者三様の言説を生成した上で，他者との関係のなかで自らの専門性を優位に位置づけ，牽制しあい，権力関係といえるような緊張関係を作り出していた。

以上を受けて本節では，本稿が明らかにした医療者の関係性を，先行研究が論じてきた医療の場における「信念対立」の議論に位置づけつつ，若干の考察を加えたい。

1．医療の場に生起する「信念対立」の内実

本稿が焦点化してきたような医療の場に生じる「信念対立」に関して言えば，構造構成主義が理論的考察を通して定義している「正当性をめぐる争い」や「自らの正当性を妄信した者同士が繰り広げる構造上終わりのない争い」というコトバには回収できない広がりと複雑さを見せているといえそうである。つまり，医療の現場

に生起する「信念対立」の内実は，どちらが正しいかの争いではなく，とりもなおさず，医療者集団がチーム内で繰り広げる専門職としての位置取りや，そのための駆け引きを展開している関係という，きわめてポリティカルな側面を包含した関係性である，といえる。

また，本稿が見てきた無痛分娩の場をなぞるまでもなく，医療の現場に生じる「信念対立」は，いわば，各医療者集団が背負ってきた歴史的な経緯を総括する場として立ち現われている。しかも，その立ち現われには，身体観や生殖観，自然観，あるいは女性性や母性とは何かといった各種の言説が再帰的に付与され，さらには，そうした言説によって各人の信念は強化されるという循環を繰り返しているようにみえる。

いずれにせよ明らかなのは，医療の場に生起する「信念対立」が，きわめて多元的，かつ複層的な構造の上にあるということである。そして，この関係性が，医療者集団の存在を根底から揺るがしかねないものとして機能するため，それそのものが位置どりを展開するポリティカルな関係にならざるを得ないということは確かであろう。

2．「信念対立」研究における質的アプローチ（民族誌的手法）の意義

本稿は，医療における「信念対立」を当事者の語りに基づき，医療者集団の歴史的な系譜に位置づけ，かつ，そのなかで医療者たちが自らの正当性や自分たち以外の専門職集団をどう意識し，それらとどう交渉したのかという視点から，医療者たちに立ち現われている「現象」を質的に検討してきた。その結果，前項に見たような，理論的考察では明らかにできなかった「信念対立」の新たな一側面が浮き彫りになったわけだが，さらに重要なのは，本稿が質的アプローチを，とりわけ語りの背景となる全体状況への言及を不可欠とする民族誌的手法を採用する有効性の一端を示したことにある。

民族誌的手法の特徴を端的に述べれば，ある集団における考え方や価値観，世界観などを描き出すことを最も得意とする分析手法といえる。したがって，「信念対立」がある集団間に生起する何らかの関係性である限りにおいて，民族誌的手法は対象となる集団そのものに対する理解や，集団を構成する個々人に立ち現れている「現象」への接近を可能にする[37]。このような民族誌的手法の特性が従来の理論的考察だけでは見ることのできなかった，当事者に立ち現われる「信念対立」に迫れたといえよう。

すなわち，理論的考察は「信念対立」という枠組みを設定したり，研究者の目には明らかに「信念対立」の様相（特徴）をもつと思われる関係性を「信念対立」の外延として組み込んでいくことに対しては威力を発揮できよう。だが，この作業だ

けでは，当事者がそれを「信念対立」としてとらえているかは不問とされる。さらには，当事者が「信念対立」とされる関係性をどのように生きているかはまるで見えてこない[38]。こうした理論的考察の成果を補完する意味において，本稿の試みは一定の成果を示したといえよう。なぜならば「信念対立」はまさに人間の営為そのものであり，その意味で「信念対立」研究には具体的な個人の存在が不可欠だからである。

とはいえ，本稿では民族誌的手法を採用しているものの，この有効性を実証することに目的を設定していない。いわば，本項の指摘は副次的成果にすぎない。したがって，ここでは示唆するにとどめ，検証については新たな研究課題としたい。

3．知見の射程と課題

本稿が残した課題は，一つには，異職種間の「信念対立」を，医療における異なる文脈に置き直した場合に立ち現れる諸様相を分析することである。本稿では，無痛分娩を実施する医療チーム内部で展開されるポリティカルな関係性については，ある程度明らかにできたと考えているが，無痛分娩の場から離れたところでの医療の場における異職種間の「信念対立」については，触れることができなかった。今後，本稿が提示した視点の有効性を検証するためにも，無痛分娩の場に限らず，多岐にわたる医療領域をはじめとして，専門的かつ実践的な対人援助を追求するゆえに異職種間の連携が不可欠な保健や福祉，教育といった領域における同種の問題についても具体的に検討していく必要があるだろう[39]。

二つには，本稿が導いた視点を医療者個々人が導入した際に，各人の無痛分娩をめぐる「現象」の意味がどのように変容するのかを考察することである。本稿では，各人にどのような「現象」がどのように立ち現われるのかについては，ある程度明らかにできたと考えているが，そこから得られた視点を当事者が導入した際の諸相に言及することはできなかった。言うまでもなく，この問いに答えることは，京極[40]が理論的に示した「現象の尊重」による「信念対立」の解消可能性を実践的に検討することに他ならない。「信念対立」を解消するための「現象の尊重」とは，具体的にはどのような「方法＝技術」なのか，そして，各人がどのように用いれば有効性を発揮し得るのか。これらを具体的な個人の実践に即して明らかにすることが，今後の大きな課題である。

【註および文献】

[１] 厳密にいえば，構造構成主義において，「信念対立」に定義は与えられていない。たとえば，構造構成主義を最初に体系化した理論書「西條剛央　2005　構造構成主義とは何か―次世代人間科学の

原理　北大路書房」でも定義づけを行っていない。本稿が用いた「正当性をめぐる争い」や「自らの正当性を妄信した者同士が繰り広げる構造上終わりのない争い」という言い方は，のちに，西條自身や構造構成主義研究者の一人である京極真によって，「信念対立」を示すような文脈で多用され，これが構造構成主義における信念対立の定義として定着しているに過ぎない。だが筆者は，定義が明確でないことを非難しない。むしろ，単一のコトバで示してしまうことに対する懐疑がこうした状況を生じさせているという，極めて構造構成主義的な在り様をここに見て取るからである。すなわち，「信念対立」は，構造構成主義がそうであるように，常に構成され続ける構造そのものなのである。

[2] たとえば以下。

家島明彦　2007　「不毛な議論」を「建設的議論」にするための方法論　構造構成主義研究，1, 42-68.

加藤温　2008　構造構成主義の視点からみた精神医療の一考察―構造構成的精神医療の提唱　構造構成主義研究，2, 134-153.

京極真　2009　現代医療の根本問題の終焉に向けて　看護学雑誌，73(5)，86-91.

甲田烈　2009　関心相関的妖怪論による妖怪学における信念対立の解消―当該領域の総合的な研究方法論の構築に向けて　構造構成主義研究，3, 137-158.

吉崎一・苫野一徳　2009　構造構成主義によるブルデュー理論の問題の克服試論―社会学における信念対立の解消に向けて　構造構成主義研究，3, 212-227.

[3] 京極真　2008　現代医療で克服すべき課題とは？　看護学雑誌，72(4)，340-344.

[4] たとえば，京極真　2008-2009　医療の零度―次世代医療の省察　看護学雑誌，72(4)から73(5)まで連載された一連の論考。

[5] 京極真　2007　構造構成的医療論の構想―次世代医療の原理　構造構成主義研究，1, 104-127.

京極真　2007　構造構成的医療論（SCHC）とその実践―構造構成主義で未来の医療はこう変わる　看護学雑誌，71(8)，698-704.

京極真　2009　「よい医療」とは何か―構造構成主義的見解　看護学雑誌，73(4)，78-83.

[6] 京極真　2008　職種の間の「壁」の超え方―「立場の違いを超えた連携」とはどういうことか　助産雑誌，62, 20-24.

[7] 西條剛央　2005　構造構成主義とは何か―次世代人間科学の原理　北大路書房

[8] 構造構成主義における「現象」とは「立ち現れたすべての経験のこと」をいう。西條剛央　2008　ライブ講義　質的研究とは何か　SCQRMアドバンス編　新曜社　pp.129.

[9] [6] に同じ。

[10]「鎮痛剤または鎮静剤の全身投与，硬膜外麻酔，サドル麻酔，陰部神経麻酔，吸入麻酔，静脈麻酔などの局所または全身麻酔が行われる。麻酔が深くなるほど娩出力，とくに腹圧が抑制され，分娩が遷延するため，鉗子分娩や吸引分娩などの産科手術が併用されることが多い。無痛分娩の操作を行っても，分娩全期を通じて完全に無痛にすることは技術上困難なので，和痛分娩という言葉を用いる者もいる。」日本産科婦人科学会（編）　2008　日本産科婦人科用語集・用語解説集　改定第2版　金原出版　p.290.

[11] たとえば，米国では59%（2003年），英国では約30%（2004年），仏国では60～70%（2003年）の人々が無痛分娩による出産を選好したといわれている。

＊主な出典：米国に関しては，米国産科麻酔学会（SOAP : Society of Obstetric Anesthesia and Perinatology）2003年 *NEWSLETTER, winter* および Hawkins, J. L., Gibbs, C. P., Orleans, M., Martin-Salvaj, G., & Beaty, B. 1997 Obstetric anesthesia work force survey, 1981 versus 1992. *Anesthesiology*, 87(1), 135-143., 英国に関しては，英国麻酔医協会の機関誌 *Anaesthesiahe* 編集長 David Bogod 氏談（2004年4月）より，仏国に関しては，Didierjean Cecile 2003　文化人類学からみた日本の産婦人科　埼玉医科大学雑誌，(30) 1 および INSERM（Institut national de la santé et de la recherche médicale：国立衛生医学研究所），DGS（Direction générale de la santé：保健総局），DREES（Direction de la recherche, des études, de l'évaluation et des statistiques　調査・研究・

評価・統計調査研究所：厚生連帯省）が発表した *Etudes et Resultats 2003*（2003年周産期全国調査）による。

[12] 田辺（西野）けい子 2006 〈出産の痛み〉に付与される文化的意味づけ―「自然出産」を選好した人々の民族誌(エスノグラフィー) 日本保健医療行動科学会年報，21, 94-109.

[13] たとえば以下などに詳しい。

奥富俊之・皆川麻希子 2000 日本において硬膜外麻酔下経膣分娩が普及しない理由について――一般女性の硬膜外麻酔下経膣分娩に対する認知度と第一児出産形態からの考察 分娩と麻酔，79, 9-17.

奥富俊之 2000 急務としての産科麻酔科医の養成 分娩と麻酔，79, 58.

奥富俊之 2002 産科麻酔の現在と将来 分娩と麻酔，82, 9-13.

無痛分娩が普及しない要因は以下の4点に回収される傾向がある。すなわち，①産科医，麻酔科医あるいは助産婦などのマンパワー不足や産科医療体制の不備，②無痛分娩よりも自然分娩がいかなる場合でも安全であるという言説，③麻酔法や麻酔薬が原因の医療過誤に対して適切な情報がない社会だけに漠然とそれらを恐れる風潮，④出産の瞬間に配偶者ですら立ち会えない日本の医療の閉鎖性などである。

なお，分娩中の麻酔の安全性やプロトコルに関しては，Hawkins, J. L., Chang J., Palmer, S. K., Callaghan, W. M., & Gibbs, C. P. 2008 Anesthesia-related maternal mortality in the United States 1997-2002. *ASA Annual Meeting Abstracts*: American Society of Anesthesiologists. や Hawkins, J. L. What's New in Obstetric Anesthesia from 2007? http://cucrash.com/Handouts08/Hawkins%20Whats%20New%20from%202007.pdf（最終アクセス2009.6.10）に詳しい。

[14] 社団法人日本麻酔科学会は「麻酔科医マンパワー不足に対する日本麻酔科学会の提言（2005年2月9日付）」のなかで，大学病院と一般病院における麻酔科医不足の実態を報告し，とりわけ，一般病院で行われている全身麻酔の約30%は（麻酔科医ではなく）外科系医師によって行われている現状を明らかにした。他方，同提言では，麻酔科医の業務の忙しさや社会的評価の低さが麻酔科医の意欲をそぎ，麻酔科医の増加を抑制していることを指摘している。ここにみる麻酔科医が置かれている状況を踏まえると，出産に携わる医療者の人員配置の観点から無痛分娩をめぐる状況を考察する奥富の主張は，産科および麻酔科臨床の実態を反映させた的確な指摘といえる。

[15] [13] に同じ。
[16] [12] に同じ。
[17] 田辺けい子 2008 「自然な出産」の医療人類学的考察 日本保健医療行動科学会年報，23, 89-105.
[18] 質的研究に対する典型的な批判，すなわち，データの取捨選択および解釈が恣意的，主観的であるという批判を出来る限り回避するため，本稿では，SCQRM（構造構成的質的研究法）の関心相関的論文構成法を視点として論文を構成した。なお，「恣意性問題」をめぐる議論については，西條剛央 2008 ライブ講義 質的研究とはなにか―SCQRMアドバンス編 新曜社 p.67. を参照。
[19] [13] に同じ。
[20] さらに当該施設は，先進諸国に準じた麻酔科医による硬膜外麻酔を主たる麻酔方法とした無痛分娩を採用していること，調査対象者の麻酔科医および助産師は，無痛分娩に関する研究論文あるいは学会発表をしており，無痛分娩を積極的に推進しようとする医療施設と考えられることも考慮した。これら2点から，無痛分娩を推進している医療施設において，専門領域を異にする医療職が，いかなる関係性において無痛分娩にかかわっているのかを検討するに適するものと判断した。
[21] [12] に同じ。
[22] [12] に同じ。
[23] [17] に同じ。
[24] Nagaya, K., Fetters, M., Ishikawa, M., Kubo, T., Koyanagi, T., Saito, Y., Sameshima, H., Sugimoto, M., Takagi, K., Chiba, Y., Honda, H., Mukubo, M., Kawamura, M., Satoh, S., & Neki, R. 2000 Causes of maternal mortality in Japan. *Journal of the American Medical Association*, 283, 2661-2667.

[25] 無痛分娩は麻酔によって痛みの除去あるいは軽減を図る出産方法であることから，当然麻酔の専門家である麻酔科医による無痛処置が行われていると思われがちであるが，実は日本においては麻酔科医よりもむしろ産婦人科医が施行する麻酔による無痛分娩が多くを占めている。たとえば，1995年の無痛分娩の麻酔を行う医師に関する調査（黒須不二男・天野　完・西島正博・鈴木健治　1995　わが国における無痛分娩の現状　分娩と麻酔，75，6-14.）によると，麻酔科医が行う無痛分娩は全体の5.7%にすぎず産婦人科医によるものが全体の81%を占め，残りの13.3%はそのどちらかによる無痛分娩であった。なお，当該調査は，データ収集時期は古いものの，今日の麻酔科医不足の状況を鑑み，状況に大きな変化はないものと考え，参考データとして用いた。
[26] 助産師は，出産の痛みを「軽減」や「緩和」する対象として語るが，「取り除く（除去する）」対象とは語らない。除去せず，残しておくことを前提とした語り口に特徴があった。
[27] 産婦が心身ともにリラックスすることによって，出産の痛みが緩和したり，出産の進行が促進されるという考えに基づき，近年では，さまざまな補完代替医療が出産の臨床に応用されている。鍼灸医学に基づいたツボ指圧，アロマセラピーやリフレクソロジーなどは，助産師教育に用いられるテキストでも紙面が割かれる傾向にある（たとえば，我部山キヨ子・武谷雄二　2008　基礎助産学〈3〉母子の健康科学　第5章　母子と補完代替医療　医学書院　pp.122-141.など）。
[28] 通過儀礼（rite of passage）：文化人類学者アルノルト・ファン・フェネップ（Gennep, A.）が名づけた儀礼の一種で，ある状態から別の状態へ，あるいはある社会的な世界から他の世界への移動に際して行われる儀礼的パターンをいう。本稿ではとくに，出産を生物学的な出来事であるとともに，当事者の社会的役割や立場を変える出来事ととらえている。そして，そうした役割や立場を変容（あるいは獲得）させる文化的装置として，出産の痛みの体験が用いられていることを「通過儀礼」という言葉で説明している。
[29] 1950年には，自宅出産が総出生数の95.4%を占めていたのに対し，1955年には82.4%，1960年では49.9%と出生数全体の半数へと漸減し，これが1970年になると3.9%と1桁の割合にまで減少していった。これに呼応して，施設内出産は1950年に4.6%であったものが，1955年には17.6%，1960年では50.1%，さらに，1970年になると96.1%と，出産の場は自宅から医療施設内へとほぼ完全に移行した。
　　（財）母子衛生研究会（編）　2008　母子保健の主なる統計　平成19年度　母子保健事業団
　　（財）母子衛生研究会（編）　2008　わが国の母子保健　平成20年　母子保健事業団
[30] 中山まき子　2001　身体をめぐる政策と個人―母子健康センター事業の研究　勁草書房
[31] 大林道子　1989　助産婦の戦後　勁草書房
[32] 杉山次子・堀江優子　1996　自然なお産を求めて―産む側からみた日本ラマーズ法小史　勁草書房
[33] [32]のp.155
[34] 「異常」でなければすべて「正常」か？　というと一概にそうとも言えない。分娩においては「現時点では〈正常〉だが，今後の経過次第では〈異常〉へ移行し得る状態」とでも言えるような，いわばグレーゾーンが常につきまとう。こうしたグレーゾーンの段階では，予防的に，医療の介入を行う場合がある。このように，「正常」と「異常」の線引きは，常に「出産の医療化」と連関した問題を含んでいる。この点からも，産科医と助産師の関係性は，「出産の医療化」とともに，正常と異常の線引きというキーワードを介して，二項対立的な関係にあるといえる。
[35] 診療科にかかわらず，手術前後の時期に展開される医療全般を指す。
[36] むろん，先に述べたように，出産においては「正常」と「異常」の境界が曖昧である。そして出産は，生理的な現象とはいえ，ある一定の割合で，死産や妊産婦死亡を伴う。このように，すべての出産が必ずしも「正常に」経過するとは限らない。したがって，産科医療においては，予防的な医療介入が必要であるとする考え方もまた，一方にある。なお，妊産婦死亡率の具体的な数値，及びその推移については，本文p.53に示した。
[37] 言うまでもなく，構造構成主義は「信念対立」を集団間だけでなく個人間に生起するものも射程に入れている。

[38] とはいえ，こうした質的アプローチを可能としたのは，これまでの理論的考察の研究成果の蓄積によるところが大きい。とりわけ京極は質的アプローチの可能性をすでに指摘している。京極　真　2009　医療における構造構成主義研究の現状と今後の課題　構造構成主義研究，3，92-109.
[39] いまさら言うまでもなく，医療の現場は無痛分娩に限らず，異なる学問領域を背景に持つ複数の医療者がかかわる場である。それは，およそ期待される医療の内容にかかわらず，多職種の医療者が「最善」の医療を提供すべく協働している。とくに，高度先進医療の進展に伴い医療の内容自体が複雑化し，また，2009年7月には改正臓器移植法が成立し，「脳死が人の死」とされ，これまでとはまったく異なる生命観や倫理観のもとで命の選択を迫られるようになるなど，医療の場では，専門性の追求が止むことがないばかりか，当該社会の動向を映した多様な価値や規範が，常に生成し交差している。つまり，本稿が見てきたような医療者の緊張関係は常に生起しうる状況にあるといえる。だが，こうした文脈に置き直した場合に立ち現われる様相についても，本稿が明らかにしてきた構造を視点として用いることで，詳細な分析が可能となり，医療の場における，より信憑性の高い「信念対立」に迫る示唆的な知見を得られるだろう。
[40] [6] に同じ。

【付記】

　本稿は，2005年度お茶の水女子大学大学院人間文化研究科修士論文『〈出産の痛み〉の民族誌：無痛分娩が普及しない背景の分析（全255頁）』の第3章「専門領域の異なる医療者間のポリティクス（pp.88-117）」に構造構成主義的な視点を加え，大幅に改編したものである。

原著論文（研究）

II-2 自己効力理論をめぐる信念対立の克服
——存在・言語・構造的還元の提起を通して

山口 裕也

> われわれの欲望と，われわれの能力とのあいだの不均衡のうちにこそ，われわれの不幸が存する。
> ルソー（Rousseau, J. J.）『エミール，または教育について』[1]より

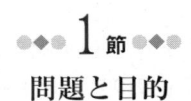

1節
問題と目的

1．自己効力理論をめぐる対立

「自己効力感」（self-efficacy）という概念が心理学史上に登場したのは，「認知科学」の台頭[2]間もない1977年，*Psychological Review* 誌に掲載された『自己効力感——行動変容の統合理論の提起に向けて』と題される論考[3]中においてであった。「1970年代における認知的行動理論の到達点」との指摘[4]もある本論を契機として，バンデュラ（Bandura, A.）は，人間の行動を決定する要因には「先行」「結果」「認知」の三つが存在し，これらが「人」「行動」「環境」という交換相互作用を形成する。彼は，人は単に外界からの刺激に反応して行動するのではなく，刺激を解釈している，言い換えれば，それまでの「行動主義的S-R学習理論」[5]に依拠した人間の活動に対する理解と説明[6]とでは不十分であるとし，刺激と反応を媒介する認知要因としての「予期機能」の重要性を主張した[7]。

バンデュラによれば，予期機能は，①「効力信念」[8]，②「結果予期」[9]，の二つ

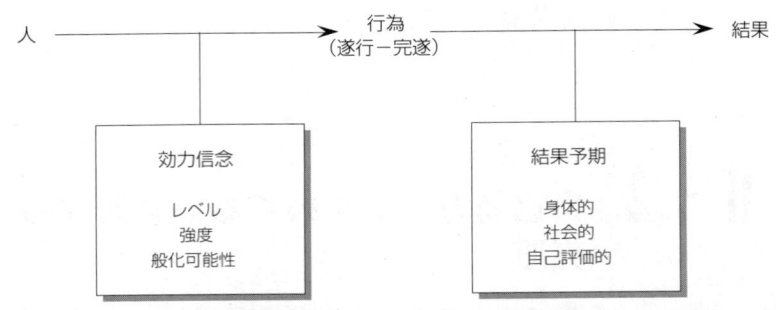

```
人 ──────→ 行為 ──────→ 結果
         (遂行－完遂)

    ┌──────────┐        ┌──────────┐
    │  効力信念  │        │  結果予期  │
    │          │        │          │
    │  レベル   │        │  身体的   │
    │  強度    │        │  社会的   │
    │ 般化可能性 │        │ 自己評価的 │
    └──────────┘        └──────────┘
```

図Ⅱ-2-1　**自己効力理論における「効力信念」と「結果予期」の関係**[10]

の形態が区別できる（図Ⅱ-2-1[10]）。これらはそれぞれ，①課題の遂行に必要な能力＝行為の遂行可能性への判断であり，知覚された自己効力感，②ある行為が，どのような身体‐社会‐自己評価的な事態（結果）を生み出すかということへの予期，と定義されており，彼は，仮にある一連の行為が欲し望む結果（事態）を生むと予期して（結果予期を高く見積もって）いても，その結果を得るために必要な行為を遂行できるかどうかを疑って（効力信念を低く見積もって）いれば，結果の誘引価に関する情報は人間の動機づけを喚起し得なく，行為もまた生起しないとしたのである。それだけでなくバンデュラ[11]は，後年，人間の活動における行為者の能動性を強調した上で，「自己効力感は，人間の活動を認知，動機づけ，情動，選択という四つの側面を通して制御するから，その影響は，一連の行為を形成する予測的思考，自己動機づけの制御，逆境下でのストレスや抑うつの強弱と回復，自己成長を促す環境選択といった広汎な場面に及ぶ。つまり自己効力感は，自己制御を必要とするあらゆる領域において機能するのである」[12]としている。これらのことを，伝統的な達成動機理論との関連の中で体系化したものが「自己効力理論」[13]であるということができ，同理論の中核概念である自己効力感は，その遠大な射程から，バンデュラの提起の後間もなく多様な領域へと継承され，現在までに，膨大な量の応用研究が蓄積されてきている[14]。

　しかしながら，概念提起の祖であるバンデュラ[15]は，例えば次のようにいう。

　　　　ケーヒルらの研究[16]においては，一連の行動に必要な基礎的要素の所有として「能力」の概念を採用する。この見解は能力の構成と合致しなく，知覚された自己効力感の構造を誤って描き出している。さらに彼らは，「恐怖・ベース」「スキル・ベース」の両課題上において，［何かができるという］能力と［何かを為そうとする］意志の評価間の関連についての仮説を検証する

ために，実験協力者を，実験の試行前に自分たちの仮説の方向へと意図的に誘導している。このような手続きは，科学的方法の重大な歪曲である。本稿では，自己効力感の構造を明確に示すとともに，ケーヒルらの実験の欠陥を指摘し，因果的主張を議論する研究の種々の流れについて見直すとともに，意図的バイアスのかかった［本実験の］手続きを，他の活動領域にまで過度に一般化し拡大適用しようとする提案に意見する。[17]

　ここで問題にしたいのは，仮説検証の手続きとしての要因統制実験といった，自然科学的‐実証的方法論[18]に関することではない。上記主張がなされた2007年の論考の表題『自己効力理論に関する数多の騒動——誤った実験手続きに基づく知覚された自己効力感の誤定義をめぐって』[15]が象徴するように，概念の提起から30年余が経過してもなお続く，バンデュラの，自らが打ち立てた理論体系への誤解や批判に対して反批判を繰り返す執拗なまでの姿勢そのものである。ここで，このような誤解・批判—反批判の応酬を詳細に追うことはできないが，恐らくこの問題の核心の一つは，鎌原[19]が指摘する次の点にあるといえよう[20]（なおこの指摘は，バンデュラが意図した結果予期概念に対する単純な誤解を含んでおり，それゆえ妥当な批判とはいえないことを後の3節で明らかにする）。

　　彼は，彼に対する多くの批判者は遂行を結果と誤解しているとくり返し述べ，両者の区別の例として，Ａ（優）の成績をとることは，遂行の完遂であって結果ではないと主張している[7][14]。彼によれば結果とは，成績Ａをとることによってもたらされる賞賛や満足という自己反応である。したがって成績Ａをとることができるという期待は，結果予期ではなくエフィカシー［(効力信念)］だということになる。しかしながら一般には成績Ａをとることは，行動そのものではなくそれによってもたらされる1つの事態であるから「結果」と考えるのが普通である[21]。仮にバンデュラの遂行と結果の区別を受け入れ，成績Ａをとることを「遂行」とよんでもよいが，そうするとエフィカシーと従来からの期待とはなんら異ならないことになる[22]。〔中略〕達成領域で問題になっていた「期待」は，課題を達成すること，よい成績をとることがどの程度できそうかという主観的評価であったからである。[23]

　先に述べたようにバンデュラは，人間の動機づけに影響する予期機能において，効力信念と結果予期を区別する必要性を主張した。しかし，彼の理論体系の根幹を成す両者の区別は，概念定義だけでなく操作定義上も明確にとらえられておらず，

二つを合わせて自己効力感とした研究[24], 他の概念と混同していた研究[25], 両者を逆に考えた研究[26], といった1980年代初頭の系譜から, いまだ共通了解可能な地点を見出せていないのが現状であるといえる。この変遷にかんがみれば, 誤解・批判—反批判の応酬という終わりの見えない対立が生起してきた経緯を, さしあたりの結論として受け入れることしかできなかったのが実状であろう。

2. なぜいま自己効力理論なのか

　本稿では, 上記に例の一つを見た自己効力理論をめぐる対立の克服を試みるが, そもそも,「なぜいま, あえて自己効力理論を取り上げる必要があるのか」, といった疑義が呈されることも予想できる。バンデュラの自己効力理論は, 例えばスキナーら (Skinner, E. A. et al.)[27]によって理論的に発展（展開）を見ているとの指摘[28]もあるし, ハル[29]にはじまる「動因低減説」[30]へのハーロー[31]の批判に祖をもち, ホワイト[32]やマレー[33], ハント[34], バーライン[35]らの議論を経由して, 現在ではデシとライアン (Deci, E. L. & Ryan, R. M.)[36]などを代表とする「内発的動機づけ」[37]の系譜が, 近年の達成動機研究において主流となってきた経緯も認められるからだ（もっともバンデュラは, 次の2節で見るように, 両者についても批判を行っている）。

　このような疑義にあらかじめ答えておくと, 筆者が考える自己効力理論を取り上げることの意義は, 数多の理論‐概念が百花繚乱の状態にある当該領域において, 多くの理論‐概念との関連が体系的に検討されている点にある。後述する本稿の目的とは異なるため詳述することができないものの, 自己効力理論は, 達成動機の三つの理論的‐概念的伝統とされる, ①ハイダー[38]やワイナー[39]を代表とする「帰属理論」‐「原因帰属」, ②アトキンソン[40]やロッター[41]を代表とする「期待‐価値理論」‐「結果予期」, ③ドゥエック[42]やニコルス[43], 彼らの知見を継承発展したエイムズ[44]の系譜に位置付き,「よい友人関係の構築」といった社会的目標をも内包したウェンツェル[45]の「多目標視点」をはじめ多様な形態へと発展している「目標理論」‐「認知された目標」, さらに, ④達成動機の抑制因としての「達成不安」を扱う「不安理論」[46]それぞれの機能を高めるサポート性を有すとともに, これらの統合的枠組みとしても機能することが一定実証されている[47]。すなわち, 自己効力理論をめぐる対立を克服することは, 達成動機の諸側面を理解と説明の対象とすることで細分化していった数多の理論‐概念[48]の体系的整理を図る糧となり, 今後, 当該領域においてより発展的な議論を促進する「底板」の設定に資すると考えられるのだ。

3．達成動機の研究領域におけるより発展的な議論に向けて

それだけでなく，自己効力理論をめぐる対立を克服するその過程からは，対立を克服することだけにとどまることない，もう一つの意義を見出すことができる。そしてそれは，1980年代以降の達成動機研究の領域において「概念のインフレーション」[49]と揶揄された状況にも関連する意義である。この点について以下に，まず，桜井の指摘を見てみよう。

> 多少の誤解を恐れず言ってしまえば，コンピテンス動機づけ，エフェクタンス動機づけ，内発的な学習意欲（心理学の世界では内発的動機づけ）は同意語といってよい。用語の違いは使用者の違いにほぼ等しい。〔中略〕
> 一般にアメリカの研究者は自己主張が強く，すぐに新しい用語を作り出す。大部分の用語は必要性，重要性に乏しくすぐに消えてしまう。しかし，残った用語のなかにもいまお話したとおり類似したものが結構ある。〔中略〕ここで言っても仕様がないが，アメリカの研究者の方々はもう少し責任をもって新語を作ってほしい。[50]

あらためていうまでもなく，「新たな知見」に「新たな名」が必要であることには異論ない。しかし，それはあくまで，先行研究の知見と明らかな差異化ができるという意味での新たな知見に限ったことであろう。安易（で無用）な名付けは，既存の理論や概念の混同を生む契機となり，例えば当該領域の知見を有機的に組み合わせ，より発展的な知見を創発する妨げとなる。そればかりか，当該領域にこれから足を踏み入れようとする後学者を惑わすことにすらなるだろう。よって，差異が曖昧な理論や概念がひしめき，インフレ状況にある研究領域を更に発展させる──本稿末で述べるように，このことこそが本稿を執筆した筆者の根本動機になるのだが──ためには，その第一歩として，先行研究の知見を精査することが必要不可欠になるといえるのだ。

1980年代（以降）は，バンデュラが人間の活動における予期機能の重要性を強調した1970年代（末）の，次の10年間（以降）にあたる。この意味で自己効力理論は，当該領域が理論や概念のインフレ状況へと傾れ込む，史的分岐点において提起されたということもできる。本稿では，このような史的背景のある自己効力理論をめぐる対立を紐解く中で，先にも指摘した[17]自然科学的・実証的方法論から得た理論や概念間に見られる典型的な対立の構造を示すこともまた試みたい。そしてそれを克服する筋道（方法）を示すことは，後に述べるように，当該領域における差異が曖昧な理論や概念の精査に資することにもなるだろう。この点において本稿の試みには，達成動機の研究領域全般にかかわる意義を見出すことができると考えられる

4. 本稿の目的

よって本稿では，達成動機の研究領域におけるより発展的な議論，また後学者の益とするために，自己効力理論をめぐる対立を克服することを目的とする。

2 節
自己効力理論をめぐる対立とその克服に向けて

本節ではまず，自己効力理論をめぐる対立の克服に向けて，「活動理論」（action theory）と「自己決定理論」（self-determination theory）を取り上げるとともに，これらと自己効力理論の対立がどのように生起しているか，その構造を明らかにしていく。そしてこれを起点として，自己効力理論をめぐる対立を克服するためにはどのような方法が必要になるのか，その方向性についても論じることにする。

なお，ここでこれらの理論と自己効力理論の対立を取り上げるのは，以下の理由からである。まず，活動理論との対立は，自己効力理論における効力信念と結果予期の分離，つまりバンデュラ理論の根幹にかかわる批判の構造を浮き彫りにしているからである。次に，自己決定理論との対立については，人間の動機づけは「外発」なのかそれとも「内発」なのか，という，達成動機の研究史上最も大きな理論的対立ともいえる点に深く関連するとともに，この対立が，机上の理論の範疇にとどまることなく，例えば教育現場の実践を左右する可能性を否定できないからである。以下に，見ていこう。

1. 活動理論と自己効力理論――効力信念と結果予期の分離をめぐって
(1) 活動理論

自己効力理論における効力信念と結果予期の分離のアイディアを，（学業）達成の領域において更に展開したと指摘[28]されるのが「活動理論」[27]である。

本理論では，まず，「行為者」「手段／原因」「目的／目標関連的結果」を分類し，相互の関連に着目する。スキナーら[27]は，この分類を視点として達成状況における三つの独立した信念を抽出しており，それらは，①具体的な手段を定義することなしに，行為者本人が望む事態をどの程度生み出すことができると期待しているかを問う「統制信念」，②「努力」「属性」「他者」「運」「不明」という原因それぞれが，望ましい事態を生み出す手段としてどの程度効果的であると思うかを問う「手段‐目的信念」，③行為者本人が各々の手段をどの程度有していると思うかを問う「行為者信念」あるいは「手段保有感」である。要約すれば，効力信念と結果予期

を「統制」「手段‐目的」「行為者」という三つの信念に分離（展開）したものが活動理論ということができよう。
(2) 活動理論と自己効力理論の対立構造
　続いて，活動理論に対するバンデュラの批判の要諦をくくり出してみよう。彼はまず，先の三概念の煩雑さを指摘した上で，本理論を次のように批判する。

　　　　　手段は結果に対して直接的に作用するものではない。より適切にいえば，結果を生み出す確かな遂行行動をもたらすのが手段である。〔中略〕行動は，目的なしには生起しないし実行されもしない。人々は，自らの望む結果を確実に手に入れるために，あるいは望まない結果を抑止したり回避したりするために行動の制御に努めるのである。〔中略〕〔他方，〕三つの概念〔（活動理論）〕においては，肯定的あるいは否定的な目的を，学業成績のレベルの変動の観点から測定しようと試みる。しかし先述したように，学業成績の高低は結果ではなく遂行行動の達成〔（行為の完遂）〕である。同一の学業成績が賞をもたらすのか，それとも罰をもたらすのか，ということは，行為の遂行者とその準拠集団がともに同意する価値体系に依存している。[51]

　活動理論における"目的"（end）が自己効力理論では"結果"（outcome）と概念化されている，あるいは文脈によって使い分けられている点こそ異なれバンデュラの態度は一貫しており，彼[52]によれば，本理論に対する批判の要諦は次の三点に集約できる。第一に，効力信念と同型の行為者信念のみが学業成績の有効な予測因となる。第二に，統制信念は（「統制の所在」[53]概念と同様），当該行為の遂行可能性を問うていない点で有効ではない。第三に，手段‐目的信念は，手段と目的・結果の一般的な「随伴性」（連関）の認知のみを問うており，行為者信念と比較して有効ではない（なおバンデュラ[54]は，このことの証左として，活動理論を適用した二つの自然科学的‐実証研究の結果[55][56]から，行為者信念のみが学業成績の有効な予測因として機能したことを例示している）。
　しかしここで重要なのは，バンデュラ[57]が上記批判の始発点とした結果概念の定義である。先に倣うなら，学業成績の獲得はあくまで行為の完遂であり，他者からの賛辞の獲得，補習授業の回避といった結果ではない。行為の完遂とは，行為者が直接的に作用可能な事態を指し，結果とは，行為の完遂がもたらす身体‐社会‐自己評価的な事態を指すからである。よって，活動理論における学業成績の獲得が"目的・結果"を意味するのなら"行為の完遂"を誤定義しているし，仮に"行為の完遂"を意味するのだとしても，そのとき本理論には"目的・結果"が存在しない。つまり活動理論においては，結果概念の定義，それに基づく効力信念と結果予

期の操作定義（分離）が適切ではない。そう彼はいうのだ。
　こうして活動理論と自己効力理論の対立は，結局のところ効力信念と結果予期の分離に関する対立へと行き着く。そしてこの対立は，実証手続きに先行した概念の定義（言葉）をめぐる問題に起因する以上，自然科学的‐実証手続きを重ねたところで根本的解消は望めないことを，ここでまず確認しておく必要がある。

2．自己決定理論と自己効力理論――動機づけの内的力動源をめぐって
(1) 自己決定理論
　次に，デシとライアン[36]による「自己決定理論」を見ていこう。
　彼ら[58][59]はまず，生来人間には，生理的欲求とともに三つの心理的欲求が備わっていることを理論的前提とする。それらは，①自身の行為に対して自己決定的でありたいといった「自己決定性」あるいは「自律性」への欲求，②行為の完遂可能性を高めたい，また自己の能力を顕示したいといった「有能性」への欲求，③社会と密接な関係をもちたい，他者と友好的な連帯感をもちたいといった「関係性」への欲求[60]，であり，これらが（内発的）動機づけを喚起する「内的力動源」であると前提して体系化されたものが自己決定理論ということができる。
　しかしここでは，自己決定理論の内実にこれ以上目を向ける必要性は高くない。なぜなら本理論と自己効力理論の対立は，以下で述べていくように，上記した動機づけの内的力動源に根があるということができるからである。
(2) 自己決定理論と自己効力理論の対立構造
　結論からいえば，自己決定理論と自己効力理論の対立の根は，動機づけの内的力動源を設定するか否か，あるいはその実在に対する認識の相違にある。まず以下に，デシとライアンからバンデュラに対する批判を取り上げてみよう。

> 　　　理論的にいえば，バンデュラの効力感は道具的もしくは外発的な概念である。〔中略〕わたしたちの見解では，効力感の内的充足を問題にしていない点はバンデュラの理論の主要な問題であり，彼とわたしたちの［理論的］立場の相違を生み出している。　　　　　　　　　　　　　　　〔中略〕
> 　　［上述した］内発的動機づけ概念の誤認識に付言するならば，バンデュラ理論の第二の問題として，〔中略〕自己動機づけの基盤とでもいうことができる内的力動源を問題にしていない点を指摘することもできるだろう。[61]

　しかし，このような批判についてバンデュラは，例えば次のように反批判する。

> 　　　統制の運動と実践：先天的動因か一般的誘因か？――〔中略〕この論点の

主要な問題は，個人の効力感の運動と実践が，統制への先天的動因によって
駆り立てられる［（＝内発的動因が行為を後押しする）］のか，それとも期待
する益によって動機づけられる［（＝外発的誘因が行為を引き出す）］のか，
という点にある。　　　　　　　　　　　　　　　　　　　　〔中略〕
　デシとライアン[36]，ホワイト[32]をはじめとする幾人かの理論家は，統制
への努力を，先天的動因の表出行為と見なす。またある者は，明確な設定な
しに先天的動因の語で表現する。したがってそれは，「生活における内発的
必要性」[62]，「原始的な動機づけ性向」[63]，有機体を駆り立てる「動機づけ
システム」[64]，有能性への普遍的な「先天的欲望」[65]，といったように様々
になる。そのような描写は，統制への動機が，獲得された性向なのか，それ
とも遺伝的に備わった素質なのか，という点で無視できない曖昧さを残す。
［しかし］社会的認知理論［（自己効力理論）］においては，人々は［効力感
＝統制可能性］それ自体を増加させることが有益であるから統制の運動と実
践を行う［という理論的立場を採る］。[66]

　さらにバンデュラ[67]は，「エフェクタンス動機づけ」[32][68]「マスタリー動機づ
け」[64]といった有能性欲求の実在を前提する諸概念が，行為完遂後の自己満足，実
際の能力などとの間に安定的な関連を見出せなかった自然科学的・実証研究の結果
を概観した上で，さしあたり次の結論を置いている。

　　　［この点についての］よりもっともらしい結論として，有能性への努力は，
　　包括的なマスタリー動機によって駆り立てられる（driven）のではなく，む
　　しろ，［個別的な］有能といえる行為がもたらす様々な益［（誘引価）］によ
　　って動機づけられる（motivated），ということである。何が有能であるかは，
　　時代の変遷や社会的・文化的環境，社会的価値基準，活動領域によって異な
　　るのだ。〔中略〕人々は，環境の要請や期待する結果に依存して異なるパター
　　ンの能力を発展させ，それらを選択的に発揮するのである。[69]

　ここまでを以下に概括してみよう。
　まずデシとライアンは，バンデュラの自己効力理論が，動機づけの内的力動源を
設定していない点を主たる批判根拠とする。効力感が動機づけ機能をもつのは，動
機づけの内的力動源として「効力的でありたい」という欲求が実在するからである
というのだ。彼らの批判の根は，この点にあるといってよい[70]。
　一方バンデュラは，動機づけの内的力動源としての有能性，言い換えれば，「効
力的でありたい」＝「統制可能性を高くもちたい」という欲求の実在は，それが後

天的性向なのか遺伝的素質なのかという点で無視できない曖昧さを残すと反批判する。しかも彼によれば，有能性の定義が時間的・文化的状況に依存して様々に変化する，言い換えれば普遍性を同定できない以上，有能性欲求の実在もまた理論的に前提できない。バンデュラは，ある意味ではデシとライアンの指摘どおり，統制の運動と実践は外発的，つまり，統制という行為がもたらす事態（結果）の身体‐社会‐自己評価的な誘因価に動機づけられるとする[71]。

(3) 動機づけの内的力動源をめぐる理論的対立から実践的対立へ

さて，二つの理論間の批判—反批判をここまで追ってくれば，この対立が，人間の動機づけは「外発」かそれとも「内発」か，といった問題[72]へと接近していくことが理解できるだろう。デシやライアンをはじめとする内発的動機づけの理論家は，基本的には内的力動源の実在を前提し，人間を生来「活動的な有機体」[37]と見なす。一方バンデュラは，内的力動源の実在が無条件に前提できないことを考慮してか，後年，「自己動機づけ」[73]という語を用いた点にかんがみることで，外発／内発という二元論の超克を試みていたように受け取ることもできる（あるいは，外発／内発ということ自体を問題にしていない）。そしてこの問題は，以下に述べていくように，例えば子供たちの「内発的な興味」や「内発的な学習意欲」をはぐくむといった場面において，「机上の理論」的対立としては安易に片付けることのできない問題へと発展していくのである。

バンデュラ[74]によれば，人々がやって面白いと思うことの多くは，それ自体はじめはほとんど興味を引き起こすものではない。これと同様に子供たちも，様々な学習内容に対して生得的に興味をもっているわけではない。しかしそれらは，適切な学習経験の中で自分にとっての意味や価値をもつようになる。よってこのことを前提すれば，子供たちの内発的な興味や学習意欲は，基本的にどのような学習内容であれ「よい指導」によってはぐくむことができるし，特に学習の初期段階においては，積極的な「教え込み」が必要であるという第二の前提が半ば必然と導かれることになる。

しかし，デシとライアン，また動機づけの内的力動源の実在を前提する知見に依拠した者なら，上記したバンデュラの主張を例えば次のように批判するだろう。子供たちは生来活動的で外界に積極的に働きかけていく存在である。よい指導が必要なことに異論はないとしても，それはあくまで「よい支援」を基軸としたものにほかならない。そして，そうである以上学習の初期段階においては，子供たちに生来備わっている「興味」や「関心」を喚起する「経験」をさせる中で自己決定感を高めていく必要があるし，そうすべきである，と。

読者の理解を促すためにやや極端な例を示したが，いずれにしても内的力動源をめぐる対立は，机上の理論にとどまることなく，特に新規の学習内容に対する導入

期の指導において「現場の実践」を左右する可能性がある，ということである。例えば（公）教育において古くから存在し，いまもなお「詰め込み」から「ゆとり」へ，ゆとりから「確かな学力」へ，といった形で「揺り戻し」的に続く，「教え込み」か「内発的興味・関心・経験から」か，という実践的対立（この対立は一般に，デューイ経験哲学における「興味」論[75]をもって解消したかに見えたが，彼の哲学的方法の不徹底によって，後に「主客問題」として再燃することになったとも指摘される）[76][77][78]は，その端の一つを，動機づけの内的力動源の実在をどのように認識するかという点に発しているということもできるのだ。

3．自己効力理論をめぐる理論的・実践的対立の克服に向けて──哲学的難問(アポリア)を解明する理路の必要性

そして本節の最後に，以上の議論を踏まえ，自己効力理論をめぐる理論的対立，さらに，そこからもたらされる実践的対立の克服はどのような方法によって可能になるのかを考えてみよう。

まず，上記に見た二つの理論的対立は，結果概念の言葉による定義，動機づけの内的力動源の実在への認識，というように，いずれも実証手続きに先行した問題に根をもち生起している以上，先にも確認したように，事後的な自然科学的‐実証手続きを重ねたところで紐解くことは困難であるということができる。このことは，現在までに，数多の自然科学的‐実証研究が蓄積されてきたにもかかわらず，いまだ自己効力理論をめぐる対立が根本的な解消を見ていないことからも一定の根拠を得られるだろう。すなわち，自己効力理論をめぐる理論的対立を根本的に克服するためには，言葉や存在とは何なのかを根底から問い直す，換言すれば，「言語の謎」や「存在の謎」といった哲学的難問(アポリア)を解明する理路が必要となるのである。

次に，実践的対立についてだが，本稿においてこれは理論的対立からもたらされる問題であると位置付けたため，克服に必要な方法は，理論的対立が克服された後に半ば必然的に明らかになり得るものである。つまり，ここでその方法について言及するよりも，自己効力理論をめぐる理論的対立を克服する理路の展開から必然的にそれを導いた方が，読者にとって了解がしやすくなるものと考えられる。よって次節では，自己効力理論をめぐる理論的対立を克服するための具体的な方法について論じていくことにしよう。

●◆● 3 節 ●◆●
存在‐言語‐構造的還元の提起

結論を先取りしておくと，自己効力理論をめぐる理論的対立を克服するためには，

だれもが洞察を通して了解可能な言語や存在の「原理」論を視点としながら，理論や仮説，法則といった「コトバ」[79]で編まれた「構造」[80]の構成過程を一貫して辿り直す必要があり，本稿ではそのために「構造構成主義」[81][82]を用いる。

以下では，まず，なぜ構造構成主義がこのような理路となり得るのか，また，なぜ構造の構成過程を一貫して辿り直す必要があるのか，を，構造構成主義が「思考の原理」として採用した「現象学（的思考法）」から論じていく。

１．構造構成主義における哲学的構造構成と，構造の構成過程を辿り直す必要性
(1) 構造構成主義における哲学的構造構成

構造構成主義とは，「信念対立」——異なる前提に無自覚に依拠することで生起する構造上終わりのない対立——の解消を根本動機として体系化された原理群であり，それらを当該の目的に応じて適宜継承[83]可能である。その基本的な構えをいえば，信念対立を解消するための思考の原理として，最後期のフッサール (Husserl, E.)[84]，それを更に深化させた竹田青嗣[85]の現象学（的思考法）を継承し，まず，懐疑可能な超越（確信）のすべてを一旦「判断中止」（エポケー，括弧入れ）する。そして，立ち現れているという点では一切を疑い得ない明証性が確保された「現象」——探求の方法概念であり，ここには，夢や幻も含めて立ち現れたすべての経験が内包される——を，あらゆる立場を越えた共通地平としてすべての思考を始発する。これらを踏まえ約言すれば，建設性を志向し，共通了解をめがけ，現象するあらゆる存在・意味・価値の「与えられ方のいかに」を「確信構造」として辿り問い直していくこと。方法概念として「現象学的還元」[86]と呼ばれるこの構えが，構造構成主義の哲学的側面，つまり，「哲学的構造構成」[87]という営為領域の基本的な思考法といってよい。

(2) 構造の構成過程を辿り直す必要性

当然のことながら，懐疑可能な何らかの「根本仮説」（超越・確信），つまり先験的に「正しい」と前提された（反証不可能な）仮説[88][89]を思考の始発点とすれば，その上に積み上げられる思考もまた一層懐疑可能となる。このことを，自己効力理論をめぐる対立の文脈へと敷衍すれば，次のようにいえるだろう。つまり，それがだれであれ，各々の理論を実証手続きから得る前段階において何らかの背反する根本仮説に依拠していたなら，ある理論をめぐる対立は，事後的な自然科学的‐実証手続きをいくら重ねところで根本的には克服不可能である，と。そして竹田[90]もいうように，ある特定の観点（仮説）を設定すれば，世界（現象）は，必ずその観点（仮説）と整合的に（したがって無矛盾に）読み取ることができるものとして立ち現れる。このことは，本稿で取り上げた理論それぞれが，その内部において無矛盾の体系性を有すことからも明らかだろう。よって，その内部において無矛盾の体

系性を有す理論間の対立を克服するためには，方法概念としての現象を思考の始発点にするとともに，言語や存在の謎を解明した理路，すなわち根本仮説性を排した言語や存在の原理論を視点としながら各々の理論の構成過程を辿り直すことで，対立の構造を一つずつ紐解いていくことが必要になる。

2．存在 - 言語 - 構造的還元の提起
(1) 関心相関的存在論 - 言語論 - 構造論の継承

では，理論の構成過程を辿り直し，対立の構造を紐解いていく際にわれわれは，どのような原理論を視点とし，またどのような思考の筋道を採ればよいか。本稿ではまず，そのため理路として，構造構成主義から，方法概念としての現象を始発点とした上で構造の構成過程に一貫した説明を与える「関心相関的存在論 - 言語論 - 構造論」[91]を継承する。とはいえこの理路は，西條が構造構成主義を提起した2005年当時[81]はまだ明示されておらず，後に彼が，構造構成主義を認識論的基盤とした「構造構成的質的研究法」[82]を体系化する過程において提起したものである。よって関心相関的存在論 - 言語論 - 構造論を継承するに当たっては，手始めに，この理路と構造構成主義の関係について整理しておく必要がある。

(2) 関心相関的存在論 - 言語論 - 構造論と構造構成主義の関係

さて，筆者の理解によれば，関心相関的存在論 - 言語論 - 構造論は，構造構成主義の原理群の中でも，先の哲学的構造構成に含まれる理路であると考えられる。なぜなら，この理路に内包される存在，言語，構造それぞれの基本的な原理群を，主として哲学的構造構成の内部に（個別にではあるが）確認することができるからである。しかし関心相関的存在論 - 言語論 - 構造論は，あくまで「構造の共通了解可能性」を基礎付けるために提起された理路[92]ということもあり，構造構成主義に関連した先行研究においては，この理路を方法視点として哲学的構造構成を遂行する試みを論じたものは見当たらない。よって，関心相関的存在論 - 言語論 - 構造論を方法視点として構造の構成過程を一貫して辿り直す，つまり，「理論的還元」を遂行する試みが機能するならば，それは，構造構成主義における哲学的構造構成に新たな方法概念を一つ付け加えることになるだろう。

(3) 存在 - 言語 - 構造的還元の提起

以上の議論を踏まえ，本稿の目的を満たすために導入する方法を［関心相関的存在論 - 言語論 - 構造論を方法視点とした理論的還元］と定式化し，【関心相関的存在論 - 言語論 - 構造論的還元】と名付け概念化する。なお，以下では，便宜上これを更に簡略して，"存在 - 言語 - 構造的還元"と呼称することにする。

この方法概念の内実は，その名付けの意味とともに，次節以降において，自己効力理論をめぐる対立を紐解く中で展開していくことになるが，その要点は，さしあ

たり次のように集約できる。すなわち，根本仮説性を排した存在‐言語‐構造の一貫した原理論を方法視点として構造の構成過程を辿り直すにすることにより，根本仮説性を確認することである。もし自己効力理論や活動理論，自己決定理論が根本仮説性を排除し得ないのであれば，どれか一つが排他的・特権的な立場にはなり得ず，自己効力理論をめぐる理論的対立は相対化される。そしてそうであるならば，各々の理論は，例えばどの範囲で有効性や妥当性を発揮するのか，またどのような視点からそれらを使い分けていけばよいのか，と，問題の次元を一歩前へと進め，対立を力強く前へと克服していくための議論が可能になる。

3．理論的対立からもたらされる実践的対立を克服するための方向性

さて，本節を締めくくるに当たって，理論的対立が克服された後に実践的対立を克服するための方向性についても，ここで少し触れておくことにしよう。自己効力理論をめぐる理論的対立が相対化されたなら，前節末でも指摘したように，そこからもたらされる実践的対立もまた半ば必然的に相対化されることになる。そうなれば，「教え込み」や「内発的興味・関心・経験から」といった「方法」もどちらかが特権的な立場にはなり得ないため，基本的にその都度の「目的」によって選択・併用すればよい，ということになり得る。

なお，このことを基礎付ける原理もまた理論的対立を克服する過程で導出されてくるため，以下では，存在‐言語‐構造的還元の遂行によって自己効力理論をめぐる理論的対立をほんとうに紐解くことができるのか，と問うてみよう。

4 節
自己効力理論をめぐる対立の克服

1．効力信念と結果予期の分離をめぐる対立の克服
(1) 自己効力理論と活動理論の理論的対立の相対化

先に，効力信念と結果予期の分離に関する対立は，結果概念の定義をめぐる問題に起因していると述べた（2節1項）。ここでもそこに倣って学業場面を例とするなら，ある者は「学業成績の獲得がもたらす身体‐社会‐自己評価的な事態」を，またある者は「学業成績の獲得」それ自体を結果概念と定義する。実際の研究に際しては，例えばこれらを操作的に定義し，要因統制実験をはじめとする自然科学的‐実証的方法論を用いて理論や仮説，法則といった構造を得ようと試みるだろう。そしてこのことが，自己効力理論と活動理論の理論的対立の内実でもあった。

ここでわれわれは，まず，構造を得る段階に先行して，①現象からある「事象」を分節し，②それにコトバで「名」を付し概念化する，という二つの段階が在るこ

とを確認する必要がある。そして西條[91]は，この一連の過程を先の関心相関的存在論‐言語論‐構造論として基礎付ける中で，次のようにいう。(方法概念としての) 現象は，①特定の身体・欲望・関心と相関的に個々の事象（広義の構造＝存在）へと分節される。②多くの場合個々の事象（存在）には名が付されるが，その対応はソシュール（Saussure, F. de.）[93]が「一般記号論」の中で指摘したようにあくまで恣意的，つまり，「シーニュ」（コトバ）の「シニフィアン」（表記・表音）と「シニフィエ」（シニフィアンが指し示すもの，同一性）の対応にアプリオリな基準はない。よって，③どのような方法論を用いて得た理論や仮説，法則など（狭義の構造，あるいは単に構造）もまた，それがコトバで編まれている以上恣意性を排除できない，と。ここでは①，②，③がそれぞれ存在論，言語論，構造論に対応しており，現象するあらゆる「存在・意味・価値は，身体・欲望・目的・関心と相関的に規定される」という構造構成主義の中核原理「関心相関性」[94]を基軸として，構造を得るまでの過程に一貫した説明が与えられている（なお，構造それ自体の詳細な説明＝構造論については，次項において，動機づけの内的力動源をめぐる対立を紐解く過程で導出することを断わっておく）。

さて，関心相関的存在論‐言語論‐構造論を方法視点とした理論的還元，すなわち存在‐言語‐構造的還元を遂行すれば，結果概念の定義をめぐる理論的対立は立ちどころに解消されることが理解できるだろう。ある者は「学業成績の獲得」（存在）を，別のある者はそれがもたらす「身体‐社会‐自己評価的な事態」（存在）を指し示して"結果"という名（シニフィアン）を付し概念化している。しかし，シニフィアン（名）とシニフィエ（存在）の対応が恣意的である以上，どちらか一方が排他的に正しいということはない。達成動機の理論的系譜から見ても，結果"予期"[9]から，行為と結果の「随伴性認知」を主たるを問題としたバンデュラの主張，結果の「統制可能性」を問題とした者の主張は双方に分があるといわざるを得ず，結果概念の定義やそれに伴って生じた効力信念と結果予期の分離をめぐる対立は，先に引用した鎌原の指摘[23]を例の一つとして，同一の名から異なる事象を想起した，あるいは異なる事象に同一の名を付した，ということ以上の契機をもたないのである。そして，結果概念の定義をめぐる対立の構造を解き明かしたことによって，自己効力理論と活動理論の理論的対立は相対化することが可能になる。

(2) 効力信念と結果予期の分離をめぐる理論的対立の克服

しかしバンデュラなら，上記に例えばこう反論するかもしれない。シニフィアンとシニフィエの対応が恣意的であることは認めるとしても，この問題の核心は，結果に対する作用の直接性にある。例として同一の学業成績を取り上げてみると，その獲得が，他者からの賛辞をはじめとする賞をもたらすのか，それとも補習授業を一例とする罰をもたらすのか，といった一連の事態（結果）に対しては，遂行者の

行為は直接的に作用不可能である。自己効力理論では，効力信念を「行為の遂行可能性への判断」と定義する以上，行為の遂行が直接的に作用する「学業成績の獲得」が"行為の完遂"にあたり，"結果"とは，行為の完遂がもたらす，言い換えれば，遂行者の行為では間接的にしか作用できない他者からの賛辞の獲得，補習授業の回避といった「身体‐社会‐自己評価的な事態」である，と。

しかしこの反論には，学業成績の獲得という行為の遂行―完遂過程にも，程度の差こそあれ遂行者の行為が直接的に作用不可能な「学業成績の評価者」といった要因を含む場合もある，といっておけば事足りる。そして池田[95]もいうように，このような分類（現象の分節と名付け）はあくまで恣意的であり，それを為した者の思想や世界観の表明でしかない。実際の研究に際しても，理論的系譜（先行研究）を踏まえ，ある概念をどのように定義，また操作的に定義したかを明示――構造構成主義ではこのことを，「現象の構造化」とともに，科学性担保の条件として，「構造化に至る軌跡の開示」と定式化している[96]――することで，効力信念と結果予期の分離をめぐる対立は根本的に克服可能となるのである。

なお，付言しておくなら，期待‐価値理論の二つの側面である「随伴性認知」と「統制可能性」の混同を極力回避するために，それぞれに付される概念名を再考する必要もあるだろう。例えば，前者の概念名はバンデュラ[9]を継承して"結果予期"（outcome expectancies），後者のそれは新たに"結果統制信念"（outcome-control beliefs）と名を付し概念化することもできると考えられる[97]。

2．動機づけの内的力動源をめぐる対立の克服
(1) 自己効力理論と自己決定理論の理論的対立の相対化

次に，自己効力理論をめぐる二つ目の理論的対立を紐解いていくに際して，再度，動機づけの内的力動源をめぐる理論的対立の内実を確認しておこう。まず，バンデュラの自己効力理論においては，その実在性の曖昧さゆえか，動機づけの内的力動源を特定の欲求としてはあえて設定しない。他方，デシとライアンの自己決定理論においては，自己決定性あるいは自律性，有能性，関係性それぞれへの欲求の実在を人間に生得的なものとして前提し，これらを動機づけの内的力動源として設定する。簡潔にくくれば，これが動機づけの内的力動源をめぐる理論的対立の内実であった（2節2項(1)(2)）。

では，この理論的対立はどのようにして紐解くことができるか。そのためにわれわれは，まず，ここで問題になっている内的力動源の実在を方法的に懐疑してみる必要がある。するとそれは，実在するともしないとも疑い得る。また仮に実在するとしても，それがある特定の欲求であるということには，内的力動源の実在性以上に懐疑の余地がある。そして，われわれがここから受け取るべきは，自己効力理論

と自己決定理論のように，程度の差こそあれ懐疑性の高い何らかの根本仮説に依拠した枠組みは，当然背反する根本仮説に依拠した枠組みとは相容れない，ということであり，程度の差こそあれ両理論に懐疑の余地がある以上，どちらか一方が特権的な立場にはなり得ない，ということである。これによってひとまず，自己効力理論と自己決定理論の対立は相対化されたことになる。

しかし，このことを結論としては，それは，当該領域における今後のより発展的な議論や後学者の益になるとは考え難い。なぜならわれわれは，二つの理論をどのように使い分けていけばよいか，そのための知見を得ていないからである。また，仮に両者が各々の理論の根本仮説性を認めたとしても，なおも予期機能を前提した理論の方が優れる，とか，内的力動源が実在しないということにも懐疑の余地がある，とかいったことを，かたくなに主張し続けることも可能だろう。よって，自己効力理論と自己決定理論の対立を力強く克服していくためには，ここから存在 - 言語 - 構造的還元を遂行し，両理論の根本仮説性を更に解き明かした上で，広く共通了解可能な議論の「始発点」を定める必要がある。

(2) 動機づけの内的力動源をめぐる理論的対立の克服

さて，両理論の根本仮説性を更に解き明かしていくに際しては，理論構成の出発点，換言すれば，各々の根本仮説を導いた理論家自身の「関心」まで立ち戻ることが有益だろう。そして，事実そう問うてみると，バンデュラ，デシとライアンには，各々の理論を構成した根本動機（関心）において高い類似性を見出すことができるとともに，両者の根本仮説を明瞭に見取ることもできる。以下に，彼らの根本動機・根本仮説に該当するであろう叙述を順に追っていこう。

まず，バンデュラは，彼の自己効力理論に関する研究成果の集大成とでもいうことができる1997年の著書『自己効力感——統制の運動と実践』[7]の冒頭において，次のようにいっている。

> 今日の社会は，情報的，社会的，技術的変化の真っただ中にある。社会の変化それ自体は歴史上決して目新しいことではないが，その量と速度とはこれまでにないものである。急速な変化は，人々と社会に劇的な変化を迫る。そして，このような変化に対する挑戦は，未来を創り出す「個々人の効力感」という「特別な場」においてこそ現実のものとなる。　〔中略〕
> 本書は，ヒューマン・エージェンシーを，行為を生起させ，またそれによって欲し望む結果を生み出すための「人々の能力への信念」を通して探求するものである。[98]

一方，デシとライアンは，彼らの理論を初めて体系的に示した1986年の共著『人

間行動における内発的動機づけと自己決定理論』[36]の冒頭で，彼らの理論提起の目標を，次のように述べている。

> われわれの目標は，実験心理学の領野において，「真の有機体説」を発展させることにある。われわれは，「活動的な有機体」の仮定によって，それと関連する「欲求」「過程」「構造」の探求によって，そしてヒューマン・エージェンシーに対する「可能性」と「制約」との狭間を探求することによって，[行為者が] 能動的に生起させる行為と，社会的・物理的環境によって [受動的に] 生起する行為との弁証法を明瞭に描き出そうとしている。〔中略〕
> 最後になるが，われわれにとって最も重要な社会的・政治的関心は，「人間的自由」の「可能性」と「障害」とを吟味することにある。われわれの考えからするとそれは，社会的，政治的，経済的な構造だけでなく，外的な心理的構造をも考慮し，つなぎ止めているものとしての「内的な心理的構造」両者に属するのである。[99]

　これらの叙述から推測するに，自己効力理論と自己決定理論は，その根本においてほぼ一致した関心を契機として構成されていると解釈できる。バンデュラ，デシとライアンは，急激に変化していく社会の中で人々が，例えば自らの生き方を能動的に自己決定していけるような「人間的自由」（ヒューマン・エージェンシー）を獲得するための知見を，同じ実験心理学の領野において探求したといえるのだ。そしてこれらの叙述からは，先にも述べたように，両者（両理論）の根本仮説を明瞭に見取ることもできる。以下では，存在 - 言語 - 構造的還元を遂行し，各々の理論の構成過程を再解釈する形で論じていこう。
　まず，バンデュラ，デシとライアンは，いずれも立ち現れたすべての経験（現象）から〈内的な心理的構造〉を分節したものの異なる存在に対象しており，各々には，"予期機能"（＝人々の能力への信念），"生得的 - 心理的欲求"（＝活動的な有機体の内的力動源）という名が付され概念化された，と解釈することができる。これらは，各々の根本動機（関心）から導かれ，両理論に組み込まれた最も基本的な視点ということができ，バンデュラ，デシとライアンは，この基本的視点をさしあたりどのような現象に対する理解と説明にも適用しようとしたのだろう。動機づけの内的力動源をめぐる対立，言い換えれば，内発的動機づけという現象の理解と説明をめぐる対立は，まさにこの点，つまり，根本動機（関心）から導かれた根本仮説的 - 基本的視点の相違に契機をもつといえる。
　しかしここで看過してはならないのは，構造構成主義の観点からいえば〈内的な心理的構造〉は現象を理解し説明するための概念（キーワード）ということであり，

したがって"生得的‐心理的欲求"だけでなく"予期機能"もまた，直接的に観察・経験可能な実体として存在＝実在するわけではない。それらは，ロムバッハ（Rombach, H.）[100]の「構造存在論」を継承した西條[101]に倣えば，シニフィアンとシニフィエの対応が恣意的である以上「特定の事象［単一のシニフィエ］に対して，複数の構造［シニフィアン］が並立することを許容」した「存在論的概念」であり，竹田[102]に倣えば，「誰でもが納得できるような普遍的説明体系」を創り出す「言語ゲーム上の方法概念」である。ここに際して自己効力理論と自己決定理論の対立は徹底的に相対化され，両理論は，「複数性を許容した存在論的‐方法概念」（＝構造）という原理上共通了解可能な議論の始発点上に置かれる。そして，両理論が「方法」概念である以上，それらは，関心相関性を基軸とすることで，当該の「目的」と相関的に，予期機能の有効性が認められる場合は自己効力理論を，生得的‐心理的欲求の適用が妥当だと認められる場合は自己決定理論を，といった形で選択・併用すればよく，これによって動機づけの内的力動源をめぐる理論的対立は根本的に克服可能となる。ここで繰り返し強調しておくなら，両理論はともに根本仮説性を排除し得なく，どちらかが特権的な立場にはなり得ない。それらの有効性や妥当性は，どこまでも目的相関的なのである。

(3) 動機づけの内的力動源めぐる実践的対立の克服

そして，関心相関性を基軸とした目的相関的な観点を徹底していくことこそが，先に見た「教え込み」か「内発的興味・関心・経験から」か，という実践的対立（2節2項(3)）を新たな側面から克服する筋道も示すことになる。まずは，このことに関連して以下に，デューイ興味論の現象学＝実存論的再構築によって「教授法の原理」の定式化を試みた苫野の指摘を引いてみよう。

> 「学習」，「探究」が「興味」［（より広義には「関心」）］に相関的に行われるのであれば，教授法は子どもの「興味」を基軸にするほかない。個々の子どもたちの「興味」にかかわりなく獲得されたようにみえる「知識」でさえも，それは何らかの形で「興味」と相関している。この原理を基軸にすれば，どのような「興味」に応じてどのような「学習」「探究」を発展させるか，という教授法の理論は，その時々の「目的」に応じて変わることになる。その意味で，［経済社会で生き抜くための知識を与えよ，という］エッセンシャリズム的立場が重視する「詰め込み」［（教え込み）］も，［子どもの経験・興味において自ら知識を獲得させよ，という］プログレッシヴィズム的立場が重視する「体験学習」「オキュペイション」［（活動仕事）］も，その時々の「目的」に応じて選択された「実践理論」なのである。[103]

懐疑可能な（経験の外部の）「客観世界」を現象学的に判断中止すると，ハイデガー（Heidegger, M.）[104]がその実存論の中で記述したように，「経験世界」は，実存の「関心」と相関的にしか立ち現れないことが理解される。よって子供（実存）たちの知識に対する学習や探究もまた，彼らの興味（関心）と相関的にしか為されない。苫野が定式化したこの原理には，基本的に筆者も同意する。われわれが決して経験の外部に到達できない以上，知識の立ち現れ方を現象学＝実存論的に確信構造として記述し導かれたこの原理は，「学習者の認識の原理」として十分原理足り得ると考えるからである（なお，これを敷衍していけば，本稿冒頭で述べた，人間の行動を決定する要因には「先行」「結果」「認知」の三つが存在し，これらが「人」「行動」「環境」という交換相互作用を形成する，というバンデュラ理論の更なる前提についても，デューイ経験哲学・興味論と同様，人と環境その他の交換相互作用を生物学的・客観的事実かのように前提している点[105]で，現象学的には懐疑可能な超越＝根本仮説であることが理解できる）。

しかしながら，上記指摘にある実践理論の扱いに関しては，動機づけの内的力動源をめぐる理論的対立の克服過程，加えて関心相関性を基軸とした「方法の原理」——方法とは，特定の状況・制約下において，ある目的を満たすための手段である[106]——，の二つを援用すれば，それをいま一歩補強することができるようにも思う。すなわち，教授「方法」としての実践理論の有効性や妥当性は，その時々の「目的」だけでなく，「学習者の実態」という「現実的状況・制約」に応じても規定される。仮にある目的に照らした際に「体験学習」「オキュペイション」から始めることが妥当だとしても，それを開始・維持するのに十分な「内発的興味・関心」を学習者がもたない状態であれば，この実践理論は目的を満たすための方法として有効性を発揮し切れないかもしれない。しかし内発的興味・関心は，バンデュラとシャンク[74][107]によって，導入期の積極的な指導からも育成可能であることが一定実証されている。だとすれば，導入期における一定期間の積極的な「教え込み」によって内発的興味・関心を喚起し，それを契機として体験学習・オキュペイションを開始・維持する，といったことも可能であろう。無論このことは，苫野が定式化した原理と背反するものではない。むしろこの原理を基軸としながら，「教え込み」と「内発的興味・関心・経験から」という二つの実践理論が，その時々の目的と現実的状況・制約に応じて併用可能でもあることを，自然科学的‐実証研究の側から一部裏付けることになろう。

さて，ここまでを踏まえ，動機づけの内的力動源をめぐる実践的対立に関してまとめを置くことにしよう。われわれはもはや，ここに際して，内発的な興味や関心（動機づけの内的力動源）など実在を前提できないから「教え込み」が必要であるとか，確かに実在するのだから「内発的興味・関心・経験から」始める必要がある

とか，そういった二項対立を繰り返す必要はない。実践理論の有効性や妥当性は，当該の目的，現実的状況・制約から規定される。「授業」という例を引いてより具体化すれば，筆者が過去に関心相関性を基軸として「授業の構想過程」を基礎付け論じた[108]ように，指導目標（目的）と相関的に，学習者の実態や学習内容（現実的状況・制約）を踏まえて指導の方向性（実践理論）を確立（選択・併用）すればよいのである。「教え込み」や「内発的興味・関心・経験から」といった実践理論の有効性や妥当性もまた，自己効力理論や自己決定理論と同様に，関心相関性を基軸としてどこまでも目的相関的である。この実践的対立は既に，（公）教育の「論じ方」[109]，「本質」論と「正当性」論[110]，といった側面からは解消を見ているといえるが，動機づけの内的力動源をめぐる実践的対立の克服は，それを新たな側面からいま一歩押し進めることになるだろう。

5節
科学理論をめぐる信念対立と存在 - 言語 - 構造的還元

1．科学理論をめぐる対立の構造とその克服
(1) 自己効力理論をめぐる信念対立

以上までで論じてきたように，自己効力理論をめぐる理論的・実践的対立は，存在 - 言語 - 構造的還元を遂行することで相対化され，構造化に至る軌跡の開示，また関心相関性を基軸とした目的相関的観点の徹底によって根本的な克服を見る。そして，この過程を通して明るみに出した自己効力理論をめぐる理論的対立の構造は，自然科学的 - 実証的方法論から得る理論間に見られる典型的な対立の構造もまた描き出しているのである。

このことの理解の補助線として，以下に，池田の指摘を引いてみよう。

> すべての科学理論構造は，信念の構造により，正しい，正しくない，わからない等々という精神状態と対応づけられる。ある個人がある科学理論を頑固に主張しているのは，データとの整合性とはさしあたって無関係に，その人の信念構造により，その理論が正しいとみなされているからである。〔中略〕もしこの人が科学者ならば〔中略〕，この理論を，承認されている科学的方法によるデータで検証しようとするだろうが，データにより反証されても，信念構造が変換しない限り，データが間違っているとか，データが不足しているとか思うだけで，この人は決してこの理論を捨てないのである。〔中略〕内部世界の構造は自身と背反する他の構造の具現化を阻止する傾向が強いため，信念構造が変換するのは容易でなく，特に免疫化が容易な非厳密科

学においては，極めて難しいのである。[111]

　つまり，自己効力理論をめぐる理論的対立は，各々が無自覚に依拠した根本仮説を互いに承認できないがゆえに生起した信念対立なのである。そうである以上この対立は，自然科学的‐実証的方法論の適用では根本的に紐解くことができない。そしてわれわれは，次に，こう問うてみる必要がある。なぜ自己効力理論をめぐる信念対立は生起したのか，と。それを解き明かすことができれば，自己効力理論をめぐる信念対立と同型の構造をもつ対立を，本稿で示した対立を克服する筋道と同型のそれによって紐解くことが可能になると考えられるからである。

(2) 科学理論をめぐる概念実体化起源の難問(アポリア)を越えて

　結論からいってしまえば，自己効力理論をめぐる信念対立は，構造を「単数性」を前提する「存在的‐実体」[101]としてとらえていたという点，すなわち，「概念実体化起源の難問(アポリア)」[112]に契機をもつと考えることができる。そして，その根源を更に辿り問い直せば，恐らくそれは，自然科学的‐実証手続きを，ある概念が実体として存在＝実在するか否かを検証可能な方法論としてとらえていたという点に行き着くのだろう。しかし先にも述べたように，構造が，複数性を許容する存在論的‐方法概念である以上，要因統制実験をはじめとする自然科学的‐実証手続きもまた，ある概念（キーワード）を置いた際の現象に対する予測や制御，再現の可能性といった，構造の「科学性」を鍛え上げるための方法論の一つとして受け取り直す必要がある。

　一つ例を引こう。例えば，人間の動機づけが「外発」である，「内発」である，という構造には，両者ともに懐疑の余地がある。われわれの行為は外発的な誘因によって引き出されるのかもしれないし，内発的な動因が後押しするのかもしれない。あるいは両者なのかもしれないし，どちらでもないのかもしれない。懐疑の余地がある以上それらは判断中止され，思考の始発点は，立ち現れているという点では一切を疑い得ない明証性の確保された方法概念としての現象に定位される。そして，現象するあらゆる存在・意味・価値が身体・欲望・目的・関心と相関的に立ち現れること，すなわち関心相関性が視点として内在化されたなら，もはや自然科学的‐実証的方法論から得た構造＝科学理論をめぐる信念対立に絡み取られることはない。われわれは，特定の事象に対応する複数の理論や法則，仮説といった科学性の担保された構造の価値（有効性や妥当性）にかんがみ，それらを，現実的状況・制約を踏まえ，その都度の目的に応じて使い分けていくことが可能になるからである。

2．存在 - 言論 - 構造的還元の射程と名付けの意味
(1) 存在 - 言語 - 構造的還元の意義と名付けの意味

　しかしながら，ここで一つ疑問が残るかもしれない。自己効力理論をめぐる理論的対立を克服し到達した点（の一つ）が関心相関性を基軸とした目的相関的選択ならば，存在 - 言語 - 構造的還元を遂行する必要などなかったのではないか，と。しかし，上述した概念実体化起源の難問（アポリア）を紐解き，達成動機の研究領域における理論や概念のインフレ状況を力強く克服していくためには，やはりそのような思考の筋道を採ったことには意義がある。以下に，このことを，本稿で導入した方法に"存在 - 言語 - 構造的還元"（【関心相関的存在論 - 言語論 - 構造論的還元】）という新たな呼称（名称）を付し概念化したことの意味と関連付ける形で述べていこう。

　まず，西條は，概念実体化起源の難問（アポリア），そしてその克服のための思考法を，次のような例から論じている。

> 　円形の物体があります。均等に1/3にします。それぞれにさしあたり整数［(コトバ)］で名前を付けるなら，0.3333……となるでしょう。そのときに，その名（0.3333……）だけを実体（モノかのごとく）取り出してきて考えると「……」の部分が欠けているように感じられるため，[0.3333……を3つ足しても元の1にはならない，という]謎として立ち現れるのです。
> 　しかし，それは〔中略〕1/3の物体を3つくっつければ元通りになります。抽象概念［(キーワード・コトバ・構造)］を実体化させることなく抽象概念（名）として扱うことで，謎でも何でもなくなるのです。[113]

　人間科学，特に実験心理学領野における理論的対立の多くは，強い根本動機（関心）の背反，異なる存在に同一の名を付した／同一の存在に異なる名を付した概念化，また，同一・同型の概念に対する異なる操作定義，あるいは自然科学的 - 実証的方法論の歪曲……といったように，複数の要因とそれらの絡み合いのうちで生起するということができる。そしてこの対立は，上記例のようにコトバを実体的に扱うことで概念実体化起源の難問（アポリア）へと陥るだけでなく，さらには，紐解くことが一層困難な信念対立へと発展していく可能性すらあるのだ。

　このことの意味を受け取るために，ここで，自己効力理論における効力信念と結果予期の分離をめぐる理論的対立を再度整理してみよう。するとこの対立は，"結果"や"予期"という存在の名付け（概念化）が招いた理論的対立（混同）の典型であったということができる。なぜなら，先に期待 - 価値理論の統制可能性的側面に付す新たな概念名として提起した"結果統制信念"は，「行為の完遂可能性」または「結果の統制可能性」を指し示す点で，自己効力理論における効力信念とほぼ

同義ということができるからだ。ではバンデュラは，なぜ既存の概念名ではなく，"効力信念"という新たな名を自らの概念へと付したのだろうか。

　筆者が管見するに，それは，操作定義（測定方法）の違いにあると解釈できる。つまりバンデュラは，先行研究が試みてきた「一般特性」ではなく「当該行為」（の遂行─完遂可能性）について問うことこそが，人間の動機づけや行為の生起を理解し説明するための方法として有効だと考えたのだろう[53]。このように実験心理学の領野では，概念定義と操作定義の問題が分離せずに論じられることによって，理論的対立の様相は一層混沌としていくと考えられる。そして，これに拍車を掛けるのが，自然科学的 - 実証手続きの度重なる適用や概念実体化起源の難問（アポリア）なのだろう。これらは複雑に絡み合い，信念対立を一層深刻にしていく。

　しかし，存在 - 言語 - 構造的還元は，こういった複雑な要因の絡み合いで生じる理論的対立のうちにおいても，あらゆる構造の構成過程を一貫して辿り直す原理的思考法として機能する。したがって本方法概念を適用すれば，複雑な要因の絡み合いから生起したある科学理論をめぐる（信念）対立が，［①事象の分節→②名付けによる概念化→③科学的方法論の適用による構造提起］という一貫した過程のどの段階でどのように生じているのかを，構造の構成過程を逆算的に辿り直すことで明瞭に見取り，原理的に紐解くことができるようになる。そうすればわれわれは，効力信念と結果予期の分離をめぐる理論的対立の克服に一例を見たように，対立を一旦相対化した上で，ある存在（シニフィエ）をどのような名（シニフィアン）で呼べばよりよいのか，と，普遍的説明体系を創り出す言語ゲーム上において，無用な信念対立に回収されることなく，建設的に問い合うことができるようになるのである。そしてそうなれば，例えば達成動機研究のように，インフレ状況にある領域の理論や概念群を精査していくことも可能になるだろう。

　このように存在 - 言語 - 構造的還元は，関心相関性，あるいは存在論，言語論，構造論といった個別原理の適用では一貫して紐解くことが困難な理論的対立を，構造の構成過程を一貫して辿り直すことで紐解くことに特化した新たな方法概念（還元の派生概念）ということができる。そしてこのことが，本方法概念に"存在 - 言語 - 構造的還元"（【関心相関的存在論 - 言語論 - 構造論的還元】）という新たな呼称（名称）を付し，既存の方法概念と差異化することの意味である。

(2) 存在 - 言語 - 構造的還元の限界

　さて，上記した意義を有する存在 - 言語 - 構造的還元ではあるものの，本方法概念は，科学理論をめぐる対立のすべてを紐解くものではないことに留意する必要がある。例えばわれわれは，自然科学的 - 実証研究を遂行するに際して，自然科学的 - 実証的方法論の批判的吟味を軽んじてはならない。本方法概念はあくまで，適切な方法論的適用が為されており，その内部において無矛盾の体系性を有する理論や仮説，

法則といった構造間の信念対立を原理上紐解くための思考法である。本稿冒頭で引用したバンデュラの指摘[17]にあるように，ある理論（構造）をめぐる対立が明らかな科学的方法の歪曲によって生じているのなら，それはあくまで，科学的方法論の批判的吟味によって紐解く必要がある。また，強い根本動機（関心）の背反ゆえに生起する感情の縺れまでも紐解くことは――その一助となり得る可能性はあるものの――不可能であることを，存在‐言語‐構造的還元の限界として，その適用を判断する際に留意しておく必要があるだろう。

6節 今後の課題

　最後に，本稿のまとめをおきながら，今後の課題について述べておきたい。
　自己効力感という概念が心理学史上に登場した1977年から，30年余が経過した。自己効力感（自己効力理論）は，バンデュラの提起当時から臨床的有用性が強調されたこともあり，主として「認知行動療法」[114]の治療過程を伴奏する主要な概念として価値を高めてきたといえる。そしてその価値が，心理臨床にとどまることない多様な領域へと継承されたことは，既に指摘した[14]とおりである。
　バンデュラは，先に彼の根本動機（関心）・根本仮説を確認する際に引用した著書[7]を締めくくるに当たり，自己効力感の更なる価値を，次のように述べている。

> 　　われわれの，われわれ自身の「集合的効力感」（collective efficacy）は，再度いうなら，われわれがどのように次世代を生きるかを形作る。世界規模で拡大する問題群を考慮するとき，人々は，社会への無関心あるいは階層の固定化のために，効果的な試みがあったとしてもそれを交換し合う余裕すらない。時代は，人々の集合的効力感を，われわれの生と次世代を形作る条件へと接続する，そのための社会的イニシアチブを求めているのである。[115]

　自己効力理論は，予期機能（内的な心理的構造）の実在，またデューイ経験哲学と同様に，人と環境その他の交換相互作用を生物学的・客観的事実かのように前提していた点で根本仮説性を排除し得なく，バンデュラが当初めがけた「行動変容の統合理論」足る原理性を有すとは言い難かった。しかしながら，このことは，本理論が蓄積してきた知見のすべてを否定するものではない（それは，自己決定理論や活動理論その他においても同様である）。本理論が，上記指摘にもあるように，個人だけではなく集団の効力感，冒頭でも述べた達成動機の三つの伝統的理論‐概念に加え，不安理論‐達成不安をも理解と説明の射程に収める点では，確かに統合的

枠組み足る価値を有すということもできるだろう。ともあれ繰り返し強調しておく
なら，それは，単数性を前提する存在的‐実体としてではなく，あくまで，複数性
を許容した存在論的‐方法概念（の一つ）として，である。

　かつての行動主義的S-R学習理論やゲシュタルト理論に匹敵し得るグランドセオ
リーの不在，各領域での心理学研究の断片化傾向[116]，また，グランドセオリーを
望むことは，多様な理論‐概念がひしめく達成動機の研究領域においてはもはや不
可能[117]，との指摘がある。しかし筆者の感度によるとそれは，諸理論‐概念を基
礎付ける原理性を有した「メタ理論」——統合理論ではなく——としてなら不可能
ではないように思う。すなわち，存在‐言語‐構造的還元によって，根本仮説性を
排しながら諸理論‐概念を精査し，それらを原理的に鍛え上げていくことで，達成
動機のメタ理論的枠組みを構築すること。これこそが本稿冒頭で述べた筆者の根本
動機（関心）であり，今後の課題である[118]。

【註および文献】

[1] Rousseau, J. J. 1762 *Émile ou de l'éducation*. 今野一雄（訳）　2007　エミール〈上・中・下〉改版　岩波書店　〈上〉の p.134. なお引用箇所は，今野の訳出とともに，竹田の著書（竹田青嗣　2007　自分探しの哲学—「ほんとうの自分」と「生きる意味」　主婦の友社　p.199.）を参考に本稿筆者が訳出し，傍点を追加した。

[2] 中川雅子　2002　2-1　認知革命と「心の哲学」　1. 心・脳・コンピュータ　渡辺恒夫・村田純一・髙橋澪子（編）　心理学の哲学　北大路書房　pp.168-186. の p.171. もっとも中川によれば，「『認知科学』という呼称が登場したのは1970年代にはいってからだが，基本構想の登場はそれよりなお20年ほどさかのぼる」。

[3] Bandura, A. 1977 Self-efficacy: Toward a unifying theory of behavioral change. *Psychological Review*, 84, 191-215. 本論考の表題の訳出は，本稿筆者による。

[4] 奈須正裕　1995　第5章　自己効力　宮本美沙子・奈須正裕（編）　達成動機の理論と展開　続・達成動機の心理学　金子書房　pp.115-131. の p.131.

[5] 「行動主義的S-R学習理論」とは，「刺激＝反応学習説」のことであり，「何が学習されるのか，それは刺激と反応の結合である」とする立場である（[119] の p.65）。「エンプティ・オーガニズム（empty organism）」といわれ，生体の内部要因を無視するものとして，特に認知心理学から批判される」（[119] の p.66）。

[6] 本稿での理解と説明は，渡辺の定義に従い，「説明：出来事を一般法則に包摂すること」「理解：出来事の意味上の連関を明示すること」，とする（渡辺恒夫　2008　構造構成主義か独我論的体験研究か—主客の難問 vs. 自他の難問　構造構成主義研究, 2, 111-133. の pp.121-122.）。

[7] Bandura, A. 1997 *Self-efficacy: The exercise of control*. New York: Plenum Press. なお，後述する本著書の表題の訳出『自己効力感—統制の運動と実践』は，本稿筆者による。

[8] バンデュラが自己効力感を提起した1977年当時 [3] は，「効力信念」（efficacy beliefs）を「効力予期」（efficacy expectancies）としていた。しかし後年，バンデュラは，「結果予期」（outcome expectancies）[9] との分離を明確にするためか，自己効力感を「信念」（belief）とする考え方にシフトしており，それに追随するようにこの語を用いるようになった。なお，「信念」という語彙には，客観的に遂行できるかどうかではなく，遂行できると信じているかどうかが重要である，とい

うニュアンスが含意されている。
[9]（「結果予期」(outcome expectancies) にも含まれる）"expectancy"は，従来，「期待」と訳出されることが多かったと考えられる。しかし期待という語彙は，「未来への期待」などの文脈で用いると，その中に肯定的な意味や価値を含むものとして解釈される可能性があると考えられる。しかし，"expectancy"はあくまで人間の「機能」を指し示す語であると考えられるため，本稿では，この訳出として基本的に「予期」，文脈上肯定的な意味合いを含むときには「期待」，をそれぞれ用いる（引用箇所はこの限りではない）。
[10]［7］の pp.21-22を本稿筆者が翻訳し，改編したもの（元の図式では，「行為（遂行―完遂）」が単に「行動」となっている）。なお，この図式について奈須は，「人は行動の遂行可能性についても行動と結果の随伴性についても，行動に先立って期待を有しており，その意味ではこの図式化はやや不明瞭さを残している」と指摘しており（［4］の p.117），もしこの図式が左端から右端に向かって「時間」（的変化）を前提しているなら，本稿筆者も奈須の指摘に同意する（バンデューラはこの図式について，「効力信念は，レベル／強度／般化可能性 (level/strength/generality) において変化する。一連の行為の遂行から生起する結果は，肯定的・否定的な身体‐社会‐自己評価的 (physical‐social‐self-evaluative) な形態の影響をもたらす」と解説しており，この限りにおいては時間（的変化）を前提しているように解釈することができる）。
[11]［7］の pp.3-5
[12]［7］の pp.116-161
[13] 本稿では以後，「行動変容の統合理論」を志向した「効力信念」と「結果予期」を基軸とするバンデューラの理論を，「自己効力理論」と呼称する。
[14] 例えば，Bandura, A.(Ed.) 1995 *Self-efficacy in changing societies*. New York: Cambridge University Press.
[15] Bandura, A. 2007 Much ado over a faulty conception of perceived self-efficacy grounded in faulty experimentation. *Journal of Social & Clinical Psychology*, 26, 641-658. なお，後述する本論考の表題の訳出『自己効力理論に関する数多の騒動―誤った実験手続きに基づく知覚された自己効力感の誤定義をめぐって』（意訳）は，本稿筆者による。
[16] Cahill, S. P., Gallo, L. A., Lisman, S. A., & Weinstein, A. 2006 Willing or able?: The meanings of self-efficacy. *Journal of Social & Clinical Psychology*, 25, 196-209.
[17]［15］の p.641　訳・傍点・引用箇所の［　］内は本稿筆者による。
[18] 以後，本稿における「実証」は，これと同義の語として用いる。
[19] 鎌原雅彦　2002　セルフ・エフィカシーと動機づけ　坂野雄二・前田基成（編）セルフ・エフィカシーの臨床心理学　北大路書房　pp.33-46.
[20] 自己効力理論をめぐる対立については，例えば，［7］の pp.1-35や，竹綱誠一郎・鎌原雅彦・沢崎俊之　1988　自己効力に関する研究の動向と問題　教育心理学研究，36, 172-184. などを参照されたい。
[21] Maddux, J. E. 1995 Looking for common ground: A comment on Kirsh and Bandura. In J. E. Maddux (Ed.), *Self-efficacy, adaptation, and adjustment: Theory, research, and application*. New York: Plenum Press.
[22] Eastman, C., & Marziller, J. S. 1984 Theoretical and methodological difficulties in Bandura's self-efficacy theory. *Cognitive Therapy and Research*, 8, 213-230.
[23]［19］で示した論考の pp.42-43　傍点・引用箇所の［　］内は本稿筆者による。
[24] 例えば，Keyser, V., & Barling, J. 1981 Determination of children's self-efficacy beliefs in an academic environment. *Cognitive Therapy and Research*, 5, 29-40.
[25] 例えば，Kirsch, I. 1982 Efficacy expectations or response predictions: The meaning of efficacy rating as a function of task characteristics. *Journal of Personality and Social Psychology*, 42, 132-136. なお竹綱らは，本研究に対して，「効力信念と主観的な能力知覚を同一視しているようである」と指摘している（［20］で例示した論考の p.178）。この点についてバンデューラは，能力知覚におい

ては課題の遂行に必要な個々の要素に着目する一方で，自己効力感は，それらを統合して一つの課題とし，その遂行可能性を問う点で異なると指摘している（例えば，Bandura, A. 1982 Self-efficacy mechanism in human agency. *American Psychologist*, 37, 122-147.)。

[26] 例えば，Manning, M. M., & Wright, T. L. 1983 Self-efficacy expectancies, outcome expectancies, and the persistence of pain control in childbirth. *Journal of Personality and Social Psychology*, 45, 421-431.

[27] Skinner, E. A., Chapman, M., & Baltes, P. B. 1988 Control, means-ends, and agency beliefs: A new conceptualization and its measurement during childhood. *Journal of Personality and Social Psychology*, 54, 117-133.

[28] [4] の p.127

[29] Hull, C. L. 1943 *Principles of behavior*. New York: Appleton-Century-Crofts.

[30] 「動因低減説」とは，「ハルに始まり，N. E. ミラーによって主唱された，強化による反応増加の理由を説明する理論。動機づけられた行動は仲介変数である動因や欲求によって喚起され，これらの動因や欲求を満足させ低減させた反応が強められると考える。その後，特に回避行動の説明においてその難点が指摘され，1960年代までにその役割を終えている」（[119] の p.621）。

[31] Harlow, H. F. 1950 Learning and satiation of response in intrinsically motivated complex puzzle performance by monkeys. *Journal of Comparative and Physiological Psychology*, 43, 289-294.

[32] White, R. W. 1959 Motivation reconsidered: The concept of competence. *Psychological Review*, 66, 297-333.

[33] Murray, H. A. 1964 *Motivation and emotion*. Englewood Clifts, New Jersey: Prentice-Hall.

[34] Hunt, J. Mcv. 1963 Motivation inherent in information processing and action. In O. J. Harvey (Ed.), *Motivation and social interaction*. New York: Ronald Press.

[35] Berlyne, D. E. 1966 Exploration and curiosity. *Science*, 153, 25-33.

[36] Deci, E. L., & Ryan, R. M. 1985 *Intrinsic motivation and self-determination theory in human behavior*. New York: Plenum Press. なお，後述する本共著の表題の訳出『人間行動における内発的動機づけと自己決定理論』は，本稿筆者による。

[37] 「内発的動機づけ」は，「〔中略〕もともとは，1940～1950年代の心理学において優勢であった動因低減説［30］への反論として導入された。動因低減説では，生体を本来怠けものとして捉え，不都合な状態（不快な緊張状態としての動因）が生じないかぎり，自ら進んで行動したり学習したりしないと見なしたのに対し，内発的動機づけ説では，生体を本来活動的で，たえず環境と相互交渉しつつ自らの有能さを追求していく存在として概念化した。内発的動機づけの原型は，知的好奇心（認知的動機づけともよばれる）ないし理解への動機づけであるが，これに加えて熟達への動機づけや社会的相互交渉への動機づけを含めることもある」（[119] の p.648）。

[38] Heider, F. 1958 *The psychology of interpersonal relations*. New York: Wiley.

[39] Weiner, B. 1985 An attribution theory of achievement motivation and emotion. *Psychological Review*, 92, 548-573.

[40] Atkinson, J. W. 1964 *An introduction to motivation*. Princeton, N.J.: Van Nostrand.

[41] Rotter, J. B. 1982 Social Learning Theory. In N. T. Feather (Ed.), *Expectations and actions: Expectancy-value models in psychology*. Hillsdale, N.J.: Erlbaum.

[42] Dweck, C. S. 1975 The role of expectation and attributions in the alleviation of learned helplessness. *Journal of Personality and Social Psychology*, 31, 674-685.

[43] Nichols, J. G. 1984 Achievement motivation: Conceptions of ability, subjective experience, task choice, and performance. *Psychological Review*, 91, 328-346.

[44] Ames, C. 1992 Classrooms: Goals, structures, and student motivation. *Journal of Educational Psychology*, 84, 261-271.

[45] Wentzel, K. R. 1989 Adolescent classroom goals, standards for performance, and academic achievement: An interactionist perspective. *Journal of Educational Psychology*, 81, 131-142.

[46] Sarason, I. G., & Sarason, B. R. 1990 Test anxiety. In H. Leitenberg (Ed.), *Handbook of social and evaluation anxiety*. New York: Plenum Press.
[47] 例えば，［7］の pp.122-160を参照されたい。ここでは，自己効力理論における効力信念と原因帰属，結果予期，認知された目標，また達成不安の関連が，先行研究を引きながら詳細に検討されている。また効力信念は，これら認知的動機づけの制御において，中心的機能を果たすことが例証されている。
[48] 鹿毛雅治　2004　1章「動機づけ」研究へのいざない　上淵　寿（編）動機づけ研究の最前線　北大路書房　pp.1-28. の p.5, p.25.
[49] 村山　航　2008　心理学と脳科学の動機づけ研究の融合　第2回生理学研究所ワークショップ「認知神経科学の先端：動機づけと社会性の脳内メカニズム」
http://www.p.u-tokyo.ac.jp/~murakou/brainmot.ppt（2009年11月11日最終確認）
[50] 桜井茂男　1997　学習意欲の心理学　自ら学ぶ子どもを育てる　誠信書房　p.38.
[51] ［7］の p.27　訳・傍点・引用箇所の［　］内は本稿筆者による。
[52] ［7］の pp.26-29　バンデュラはこの他にも，「『運』は，行為者が統制可能な手段ではない」といったように，手段‐目的信念の概念及び操作定義に対して批判をしている。
[53] この点について説明を補足しておくと，バンデュラの自己効力感は，ロッター［41］の「統制の所在」概念への批判として心理学史に登場したと位置付けることができる［3］。統制の所在概念では，結果を自分の内部で統制可能（内的統制）と考えるか，あるいは統制不可能と考えるか（外的統制）ということを，個人の一般特性として測定を試みる。しかしバンデュラ［3］［7］は，統制の所在概念を，例えば「個人の一般特性を測定しても，それは当面の行為に対する有効な予測因にはならない」と批判する。
　　上記について更に補説すると，これは，自己効力感（効力信念）の測定に際してバンデュラが文脈・状況依存性（not decontextualized）を強調する点と関連する。すなわち，いまここでの具体的な課題に対する遂行可能性をレベル／強度／般化可能性の三つの次元から階層的（gradations of capability demands）に問う必要があると彼は主張したのである（［7］の pp.42-46）。
[54] ［7］の p.28
[55] Chapman, M., Skinner, E. A., & Baltes, P. B. 1990 Interpreting correlations between children's perceived control and cognitive performance: Control, agency, or means-ends beliefs? *Developmental Psychology*, 26, 246-253.
[56] Little, T. D., Lopez, D. F., Oettingen, G., & Baltes, P. B. 1995 A comparative-longitudinal study of action-control beliefs and school performance: Their reciprocal nature and the role of context. バンデュラが［7］で引用した当時この論考は投稿中（submitted for publication）であった。よってその内容は，本稿筆者は未確認である。
[57] ［7］の p.27
[58] ［36］の p.vii
[59] Deci, E. L., & Ryan, R. M. 2002 *Handbook of self determination research*. Rochester, NY: The University of Rochester Press.
[60] 桜井は，「関係性」を，「重要な他者から受容されているという感覚」として「他者受容感」（sense of acceptance by significant others）の語をあて，子供たちの学習意欲を高める上で最も重要な要素になる可能性を示している（［50］で示した著書の pp.19-21）。
[61] ［36］の pp.224-225　訳・傍点・引用箇所の［　］内は本稿筆者による。
[62] Adler, A. 1956 (Ansbacher, H. C., & Ansbacher, R. R. (Eds.)) *The individual psychology of Alfred Adler*. New York: Harper & Row.
[63] Decharms, R. 1968 *Personal causation: The internal affective determinants of behavior*. New York: Academic Press. なお本稿筆者が参照したバンデュラの著書［7］は4刷（Fourth printing, 2000）であり，その本文中［66］では「Decharms (1978)」と引用されている。しかしこれは，本稿筆者の管見の限り「Decharms (1968)」の誤記だと思われる。

［64］Harter, S. 1981 A model of mastery motivation in children: Individual differences and developmental change. In W. A. Collins (Ed.), *Aspects of the development of competence: Minnesota symposia on child psychology*. Vol.14. Hillsdale, N.J.: Erlbaum. pp.215-255.
［65］Skinner, E. A. 1995 *Perceived control, motivation, & coping* (*Individual differences and Development series*). Thousand Oaks, Calif.: Sage.
［66］［7］のp.16　訳・傍点・引用箇所の［　］内は本稿筆者による。
［67］［7］のpp.13-15
［68］White, R. W. 1960 Competence and the psychosexual stages of development. In M. R. Jones (Ed.), *Nebraska symposium on motivation*. Vol.8. Lincoln: University of Nebraska Press. pp.97-141.
［69］［7］のp.15　訳・傍点・引用箇所の［　］内は本稿筆者による。
［70］デシとライアン［61］はこの他にも，バンデュラの自己効力理論が，自己動機づけの力動源において「情報的側面」と「統制的側面」の分離を考慮していない点などを批判している。
［71］バンデュラは，デシとライアンからの批判［70］に対して，情報的フィードバックと統制的フィードバックが操作的に定義され実験試行前に測定されていない以上，彼らの「認知的評価理論」に依る説明は事後的な解釈に過ぎないと反批判している。また，課題の遂行水準が高いにもかかわらず報酬を与えるのは，強化理論からすれば後続の遂行に悪影響を及ぼす「行動対比効果」（または強化対比効果）ということができ，「アンダーマイニング効果」にかかわる研究は，内発的動機が実在することの証左にはならないとしている(Bandura, A. 1986 *Social foundations of thought and action: A social cognitive theory*. Englewood Clifts, New Jersey: Prentice-Hall.)。なお，行動対比説は，アンダーマイニング効果を解釈する理論としての適切性には疑問が残るとの指摘もある。これらの議論を包括的に論じたものとしては，例えば，鹿毛雅治　1995　第9章　特徴的な達成現象とその理解　第1節　アンダーマイニング現象　宮本美沙子・奈須正裕（編）　達成動機の理論と展開　続・達成動機の心理学　金子書房　pp.217-227が参考になる。
［72］鹿毛は，内発的動機づけの概念化をめぐる問題の一つとして，「内発的動機づけが外発的動機づけとの対立図式において論じられてきたことに関する混乱」を挙げている。また彼は，「外的な事象の存在と内部の欲求は内発的，外発的どちらの動機づけにも存在しており，したがって外発的／内発的という二項対立図式でこの問題を論じると本質を見失う可能性がある」とも指摘している（鹿毛雅治　1994　内発的動機づけ研究の展望　教育心理学研究，42，345-359.）。

　なお，デシとライアンは，自己決定の度合いによって「無動機」（amotivation）から外発的動機づけにおける「外的調整」（external regulation），「取り入れ調整」（introjected regulation），「同一視調整」（identified regulation）を経て内発的動機づけへと至る「連続体構造」を提起している［36］［59］。しかしこのモデルが，人間の動機づけは外発か内発かという理論的対立を根本的に解消するものでないことは明らかだろう。一つ例を挙げるなら，本モデルにおいて外発的動機づけは，内発的なそれに対し，明らかに下位の状態として位置付けられているからである。
［73］［7］のp.122　なお原文中では，"self-motivation"と表現されている。
［74］［7］のpp.218-219
［75］例えば，Dewey, J. 1980 Democracy and education: An introduction to the philosophy of education. In J. A. Boydston (Ed.), *The Middle Works*. vol.8. Carbondale: Southern Illinois University Press.
［76］この点については，以下の論考に詳しい。苫野一徳　2007　デューイ「興味」論の現象学＝実存論的再構築―教授法の原理および実践理論体系化序説　関東教育学会紀要，34，39-50.
［77］デューイの哲学的方法の不徹底によって生じた経験哲学や興味論をめぐる問題は，以下の論考によって原理上解消を見ているといえる。苫野一徳　2009　現象学によるデューイ経験哲学のアポリアの克服　構造構成主義研究，3，110-136.
［78］本国において平成20年3月に告示された「（新）学習指導要領」（小学校）では，「第1章　総則　第1　教育課程編成の一般方針　1」において，「学校の教育活動を進めるに当たっては，各学校

において，児童に生きる力をはぐくむことを目指し，創意工夫を生かした特色ある教育活動を展開する中で，基礎的・基本的な知識及び技能を確実に習得させ，これらを活用して課題を解決するために必要な思考力，判断力，表現力その他の能力をはぐくむとともに，主体的に学習に取り組む態度を養い，個性を生かす教育の充実に努めなければならない」と述べられている。よって本国における揺り戻し的対立は，今回の指導要領改訂を契機として「バランス」の方向へのシフトが強調されているといえる。

しかしながらこの改訂は，動機づけの内的力動源をめぐる理論的・実践的対立を解消し得るものではないから，例えば「場当たり的折衷主義」との批判に対して説得的な反論を展開することは，(少なくとも原理上) 困難であると考えられる。

[79] 以後「コトバ」と表記するものは，言葉や言語，記号などを含む語として用いる（以下に示す [82] の p.140)。
[80] 「コトバとコトバの関係形式」（とその総体）。なお「構造」は，[コトバとコトバの関係形式]（とその総体）であるから，枠組みや文脈によって，「原理」「理路」「理論」「仮説」「法則」「モデル」といったように様々な呼び方をされる（以下に示す [82] の p.140)。
[81] 西條剛央　2005　構造構成主義とは何か―次世代人間科学の原理　北大路書房
[82] 西條剛央　2008　ライブ講義・質的研究とは何か　SCQRM アドバンス編―研究発表から論文執筆，評価，新次元の研究法まで　新曜社
[83] ここでの「継承」は，西條によって提起された方法概念であり，「研究対象とする現象に応じて，仮説をより細分化・精緻化していく従来の検証的方向性と，記述や解釈の多様性を拡大する発展的方向性の双方を柔軟に追及可能な枠組み」と定義される（西條剛央　2002　生死の境界と「自然・天気・季節」の語り―「仮説継承型ライフストーリー研究」のモデル提示　質的心理学研究, 1, 55-69.)。
[84] Husserl, E. 1954 *Die Krisis der europäischen wissenschaften und die transzendentale phänomenologie: Eine einleitung in die phänomenologische philosophie*. Haag: Martinus Nijhoff. 細谷恒夫・木田 元（訳）1995　ヨーロッパ諸学の危機と超越論的現象学　中央公論新社
[85] 例えば，竹田青嗣　2004　現象学は〈思考の原理〉である　ちくま新書
[86] [81] の pp.32-50
[87] [81] の pp.185-205　構造構成主義は，科学的側面である「科学的構造構成」，哲学的側面である「哲学的構造構成」，の二つの営為領域から成る。
[88] [81] の pp.69-71
[89] 西條剛央　2009　看護研究で迷わないための超入門講座―研究以前のモンダイ　医学書院の p.53
[90] 竹田青嗣　1992　現代思想の冒険　ちくま学芸文庫　p.201.
[91] [82] の pp.111-152
[92] [82] の pp.143-149，[89] で示した著書の pp.134-135
[93] Saussure, F. de. 1910-1911 *Troisiême cours de linguistique générale: D'aprés led cahiers d'Emile Constantin*. Pergamon Press. 相原奈津江・秋津 伶（訳）1971　一般言語学第三回講義―コンスタンタンによる講義記録　エディット・パルク
[94] 例えば [81] の pp.51-81, [82] の p.26 など。
[95] 池田清彦　1992　分類という思想　新潮選書の p.8, 94, 144, 214 など。
[96] [81] の pp.155-157, [82] の pp.174-178.
[97] なお，筆者の管見の限り自己効力理論には，概念名をめぐる問題がもう一つある。バンデュラ [3] によれば，自己効力感は，①特定課題的 (task-specified) な水準だけでなく，②個人の広汎（特性）的 (generalized) な努力量や課題への一貫した関与の度合いにも影響する。しかし，②の自己効力感を測定する尺度である「一般性セルフ・エフィカシー尺度」（坂野雄二　1989　一般性セルフ・エフィカシー尺度の妥当性の検討　早稲田大学人間科学研究, 2, 91-98.）という名称と，自己効力感の記述・測定における第三の次元である "generality" の訳語「一般性」が相まってか，本邦では，「広汎（特性）的な自己効力感」（の測定・評価）と「自己効力感における一般性の次元」（の測定・

評価) を同一のものとしてとらえてしまうような嫌いがあったといえる。

　筆者は，このような混同を避けるために，"generalized""generality"を「広汎（特性）的」「般化可能性」と訳出し，前者を「個人の振舞いに中長期的な影響を与える広汎（特性）的な効力信念」，後者を「特定課題（場面）に対して形成された効力信念が，その課題（場面）を越えて般化する(generalize)程度」（を記述・測定・評価とする次元），と再定義した上で用いることにしている。例えば「般化可能性」の次元を測定・評価する際には，特定課題に対するレベルと強度の次元から測定した効力信念が，他の課題へどの程度般化するかを問う必要がある。この具体的手続きの例としては，「学校への登校行動」（特定課題A）に対する効力信念を測定するために用いた場面と文脈上のつながりをもつ別の場面，例えば「授業への参加行動」（特定課題B）に対する効力信念のレベルと強度が指標となる。そして，このような手続きを繰り返していくことで般化可能性の次元を記述・評価・測定していくことが可能になる。付言すれば，特定課題に対して形成された効力信念は，般化可能性の次元を通して「領域固有的」(domain-linked) な効力信念 (Woodruff, S. L., & Cashman, J. F. 1993 Task, domain, and general efficacy: A reexamination of the self-efficacy scale. *Psychological Reports*, 72, 423-432.)，また広汎（特性）的な効力信念の形成に寄与すると位置付けることができる。

[98]　[7]の p.vii　訳・傍点は本稿筆者による。
[99]　[36]の p.viii　訳・傍点・引用箇所の［　］内は本稿筆者による。
[100]　Rombach, H. 1971　*Strukturontologie: Eine phänomenologie der freiheit*. Munchen: Verlag Karl Alber Gmbh Freiburg. 中岡成文（訳）　1983　存在論の根本問題―構造存在論　晃洋書房
[101]　[81]の pp.134-146
[102]　竹田青嗣　2004　近代哲学再考　「ほんとう」とは何か・自由論　径書房　p.35.
[103]　[76]で示した論考の p.47　引用箇所の［　］内は本稿筆者による。
[104]　Heidegger, M. 1927　*Sein und Zeit*. Halle a. d. S.: Niemeyer. 細谷貞雄（訳）　1994　存在と時間〈上・下〉　筑摩書房
[105]　[76]で示した論考の p.46，また，[77]で示した論考の pp.130-132.
[106]　[82]の p.57，[89]で示した著書の pp.10-17
[107]　Bandura, A., & Schunk, D. H. 1981 Cultivating competence, self-efficacy and intrinsic interest through proximal self-motivation. *Journal of Personality and Social Psychology*, 41, 586-598.　本稿では，「数学（算数）的活動」において「近接目標」の設定に基づく「達成経験」が，子供たちの内発的興味・関心や効力感の育成に対して効果的であることが一定実証されている。このことは，[「目標設定」を基軸とした「よい指導」（教え込み）→「できた」という達成経験の蓄積→「できる」という効力信念の向上→数学（算数）的活動に対する内発的興味・関心の増大（・般化)]，と定式化することができるだろう。
[108]　山口裕也　2009　構造構成的‐教育指導案構成法の提唱―実践知の伝承・継承・学び合いの方法論　構造構成主義研究, 3, 183-211.　なお，ここで先の2節2項(3)で指摘した「指導」と「支援」に関連して補足的な説明を加えておくと，学校現場では，授業の構想過程と展開を記述する「学習指導案」（旧：教授案）の名称を，「学習支援案」という名称で用いることがある。これら二つの名称の使い分けもまた，子供たちの学習に対する興味や関心（動機づけの内的力動源の実在）をどのようにとらえるかという点に契機をもつ，といってよいだろう。
[109]　苫野一徳　2008　構造構成主義による教育学のアポリアの解消―教育学研究のメタ方法論　構造構成主義研究, 2, 88-110.
[110]　苫野一徳　2008　どのような教育が「よい」教育か―ヘーゲル哲学の教育学メタ方法論への援用　RATIO, 5, 218-264.
[111]　池田清彦　1988　構造主義生物学とは何か―多元主義による世界解読の試み　海鳴社　p.265　傍点は本稿筆者による。
[112]　[89]で示した著書の pp.120-129
[113]　[89]で示した著書の pp.125-126　傍点・引用箇所の［　］内は本稿筆者による。

[114]「認知行動療法」については，例えば，坂野雄二　1995　認知行動療法　日本評論社　pp.49-60.や，坂野雄二・前田基成（編）　2002　セルフ・エフィカシーの臨床心理学　北大路書房などを参照されたい。
[115]［7］のp.265　引用箇所の訳は本稿筆者による。
[116]渡辺恒夫　2002　序論　0-1　心理学の哲学とは何か　渡辺恒夫・村田純一・高橋澪子（編）　心理学の哲学　北大路書房　pp.3-20のp.6.
[117]［48］で示した論考のp.5, 27
[118]「概念のインフレーション」［49］に関連して今後の展望を付言しておくと，フッサール─竹田青嗣・西研の系譜に位置付く現象学，それを継承した構造構成主義における方法概念「還元」について，今後，幾分整理・分類をしていく必要があるように思う。
　　例えば現象学においては，還元の派生概念として，「心理学的還元」「超越論的還元」「形相的還元」（「本質観取」あるいは「本質直観」。しかしこれらも，フッサールの原著を概観すると，後者は「幾何学的証明」の文脈でよく用いられるなど，両者が使い分けられているようなニュアンスがある），また「間主観的還元」といったものがある。還元「そのもの」の意味についても，例えば超越論的還元では「現象するあらゆる存在・意味・価値を，超越論的主観性（確信成立の起源という意味での元であり方法概念としての「私」，あるいは「確信成立の場としての意識作用」）における確信構造へと還すこと」とも読めるし，間主観的還元と形相的還元（本質観取・本質直観）との関連では，「他者・他我が妥当するその与えられ方のいかに＝成立条件を問うこと」とも読める。ここで詳述することはできないが，上記した方法概念は，確かに異なる意味（射程）をもって用いられていると考えられる一方で，現象学の基本的方法である「志向的分析」（現象学的記述）との関連もあり，やや煩雑な感を否めない。
　　また，構造構成主義においては「記号論的還元」が継承されており，その応用としての「科学論的還元」，さらには，先の本質観取を精緻化した「関心相関的本質観取」を備える中で，本稿で提起した「存在－言語－構造的還元」が付加される（可能性がある）。一例を示しておくと，例えば「記号論」「科学論」は一元化して「構造」ということができるから，存在－言語－構造的還元に含める形で整理・分類することもできるだろう。しかし構造構成主義に限っていえば，いずれにしてもこれらはすべて「哲学的構造構成」として一元化できる。
[119]中島義明・安藤清志・子安増生・坂野雄二・繁桝算男・立花政夫・箱田裕司（編）　1999　心理学辞典　有斐閣

【謝辞】

　早稲田大学の松本芳之先生には，平素からご指導を頂いています。また，修士課程の同期である島津直実さんには，自己効力理論に関心をもつきっかけをいただきました。加えて，『構造構成主義研究』編集委員会からは，本稿の査読において非常に有益なコメントを多数いただきました。
　そして最後に，本稿の執筆動機は，苫野一徳さんとの出逢いに支えられていると思っています。
　これらの方々に，この場を借りて深謝申し上げます。ありがとうございました。

原著論文（研究）

II-3 構造構成的協同臨床教育法の構築へ向けて
——理学療法臨床実習における実践事例を通して

池田 耕二

1節
問題設定

1．理学療法臨床実習の位置づけ

　理学療法士養成施設における初版指定規則（1966年）では，カリキュラムにおける総時間数の実に51％が臨床実習時間数であった。しかし，その後の3回の改訂によって51％（1966年）から40％（1972年），29％（1989年）そして19.4％（1999年）とその割合は減少していった[1]。しかし，臨床実習は理学療法士の教育課程において，学生が知識・技術を統合し学習するように設定された修練の場であることや，医療専門職に求められる職業倫理観や責任感，あるいは自ら成長しようとする医療人としての態度などが形成される契機になる事から，依然として重要な位置をしめている[2]。

　日本理学療法士協会の「臨床実習教育の手引き」[3]によれば，養成施設卒業時に到達すべき最低限の目標は「基本的理学療法をある程度の助言・指導のもとで行えるレベル」と明記されている。ところが，その具体的な内実はほとんど明らかにされておらず，具体的な到達目標についても絶えず検討する必要性が認められる。このような状況下で行われる臨床実習は絶えず諸問題を抱えることになり，今後理学療法教育がどうあるべきかと合わせて大きな課題となっている[4]。

2. 臨床実習が抱える諸問題
(1) 指導者と実習生のストレス

　現場において臨床実習のあり方やその内容，到達目標にもっとも影響をもつといわれているのが，現場教育や合否判定に強い権限をもつ指導者である。その指導者が臨床実習をどのように位置づけているかで，臨床実習の到達目標や合格ライン，または臨床実習のあり方も大きく変わってくるといわれている。最近は，現場に教員が介入し実習生を指導する方式[5]や合否判定を養成校が行うといった方式等が採用されていることからも，徐々に指導者の影響が少なくなる傾向にあるとはいえ，いまだに大きいと考えられる。

　そのため，指導者の臨床実習に対する位置づけと実習生の考える位置づけが大きく違うような場合には，実習生にとって大きなストレスになると思われる。そして病院や施設で行われる臨床実習においては，このストレスを回避することは難しい。なぜなら，臨床実習において実習生は，指導者とともに理学療法を行うことが義務付けられており，両者の関係性で生じたストレスのうちから抜け出せない構図があるためだ。

　だからこそ臨床実習では，過度なストレスによって実習生の学習そのものが阻害されないよう努力する必要があると考えられる。そういった意味からは，実習生に対する心理的配慮も指導者の重要な役割の一つと思われる。

　これらから実習生にかかってくるストレスは，指導者の臨床実習に対する位置づけや心理的配慮等に大きく左右されていると考えることができよう。

(2) 指導者と実習生の相性

　他方，指導者と実習生の相性は，実習指導や評価に影響を与えている可能性が高いと考えられてきたが，宮本[6]は，実習生のアンケート調査より相性が実習成績に影響を及ぼしていない可能性を示唆した。しかし，筆者は成績結果がそうであったとしても人間関係の構築に相性の与える影響は大きいと考えている。ここでいう相性とは，「お互いにどれだけ理解しやすい状態にあるか」という指導者と実習生の適応状態のことである。

　その相性についてもう少し説明を加えると，例えば臨床実習において指導者と実習生の考え方が近い場合には，説明が少なくてもお互いに理解することが容易である。これは相性が良いということになる。この場合，お互いに理解しやすいといった意味において指導者と実習生の人間関係は構築されやすいと考えることができる。反対に，指導者と実習生の考え方が大きく違う場合には相性が悪いということになり，人間関係は構築されにくいと考えることができる。このように相性は，指導者と実習生の人間関係の構築に大きな影響を及ぼす。従って，相性が悪いときには人間関係の構築には努力や時間が必要になることからストレスを生み出す原因にもな

ると考えられよう。

特に，臨床実習では，実習生は指導者のもとで理学療法を行うことが義務付けられていることから，指導者と実習生という人間関係を無くして臨床実習は成立しない。つまり，臨床実習には必ず指導者と実習生の相性という問題が存在することを意味している。従って，この相性の問題は，臨床実習のシステムや判定基準等のみをいくら変えたところで，決して解消することができない問題といえる。

近年，臨床実習の身近な問題に，実習生の意欲低下やうつ，実習からのドロップアウト等があげられるが，それらのほとんどは患者や指導者との人間関係が主な原因といわれている[7]。それらは，先ほど指摘したように指導者の考え方に実習生が合わせられないことや，指導者が実習生に対して心理的な配慮を行わない，またはできないこと，あるいは指導者と実習生との相性が悪いといったことに端を発した問題と考えられる。

(3) 臨床実習における指導者の資格要件

臨床実習における指導者の資格要件は，一般的に3年以上の臨床経験を有していることが望ましいといわれている[8]。しかし，ほとんどの指導者は教育法について教育されておらず，誰もが教育に関心をもち，誰もが教育法に熟練しているものばかりとは限らない。そのため教育に関心をもち教育法に熟練した指導者を育成することは，臨床実習における課題の一つにもなっている[4]。

しかし，いくら指導者の教育能力に問題があって，それが実習生に対するストレスの生成に拍車をかけていたとしても，それが原因で意欲低下，うつ，ドロップアウト，さらには自殺といった問題まで招くのであれば，素直に反省し解消に向けた努力が必要であるといえる。

3．諸問題を生み出す土壌

(1) 臨床実習におけるヒエラルキー

近年，理学療法士養成校の乱立[9]によって教員が不足し，現場から多くの熟練理学療法士が教員として引き抜かれた。それによって現場は指導能力の弱体化を招いたと考えることもできる。そして，養成校の乱立は急激に新人理学療法士を増加させ，社会需要による職場数の増加と重なり若い理学療法士2，3人が勤める少人数職場を作り出した。それは同時に若い理学療法士が臨床実習指導を行うという状況も作り出したといえる[9]。

また病院内外の激務に携わりながら行われる臨床実習指導は，明確な義務もなく指導者としての身分補償もない[4]ことから，ほとんどが専門職の後継者育成といった責任感や熱意に支えられ行われているというのが実情である。これでは養成校から指導者に対して，教育理念や内容を強く要望することは不可能であり，それを強

制しようとするならば実習指導そのものが拒否され，たちまち実習地不足に陥ることになる。このような状況下では，自然に指導者，養成校教員，実習生といった序列ができあがり強力なヒエラルキーが作りだされてしまう結果になると思われる。

実際に臨床実習において実習生の意欲低下やうつ，ドロップアウト問題が生じた場合，原因が実習生側にあると思われたときには表面化することが多いように思われる。しかし，指導者側に問題があると思われたときには表面化することはほとんどない，またはできない。

それらは臨床実習がブラックボックス的性格を有しているため，臨床実習中に起きたことを正確に把握できないことに起因するとも考えられるが，表面化できない本当の理由は，先ほど指摘したヒエラルキーによるものではないかとも考えられる。

(2) 指導者側の問題

しかし，少し考えてみると，諸問題を生み出しやすい現状においても指導・教育能力があるといわれている指導者は，ほとんどトラブルもなく実習生が満足し技術を向上させるような臨床実習を行っていると思われる。これは臨床実習の運営には，指導者の指導・教育能力が強く影響していることを意味している。

指導者の資格要件でも述べたように指導者になるには3年以上の臨床経験が望ましいといわれている。実状は3～5年目の理学療法士が，指導者になることが多いと感じているが，それらの理学療法士は，一方では治療者としてまだまだ未熟でもあり，自分の知識や技術を磨くことで精一杯ともいえる。そのため後継者教育に関心がないというよりは，そこまで手が回らないといったほうが妥当である。

実際，指導者の多くは，教育法のトレーニングを受ける機会にはめぐまれず，どの指導者も教育に優れているわけではない。また指導者も実習指導に悩み，臨床実習そのものがストレスにもなっている[10]。このように指導者も，自らの切磋琢磨と実習指導に追われる中で，双方の悩みを抱え戸惑っている様子が推察できる。

(3) 実習生側の問題

一方，臨床実習の問題を考えるときに重要になってくるのが実習生側の問題である。例えば，今の実習生は，養成校の増加によって教育水準がバラツキ，実習に出る時点の知識や技術の水準も低くなっていることは否定できない。さらには，医療人になるための意識づけや姿勢が疑問視される者も多くなってきていると感じる。自分の事を理解してもらいたいと思う一方で相手のことを理解しようとしない者や，協調性が無く指導者の立場や周囲の雰囲気を読めない者，コミュニケーションが極端に下手な者など，個々に問題を抱えている実習生が多くなってきているように思われる。

おそらく，ゆとり教育が原因と思われる「学力低下」や，注意されたことや叱られた経験が少ないことが原因と思われる「打たれ弱さ」や「忍耐能力の低下」など，

の問題も目立つようになってきている。

このような実習生に対して，指導者が強く注意したり，叱ったりするようなことがあれば，たとえそれが適切な指摘であったとしても，実習生は指導者が想像している以上にストレスを感じるようになり，意欲低下，うつ，ドロップアウト問題と発展していく可能性が高くなると思われる。そういった意味において，現状は実習指導そのものが難しい実習生が多くなってきていると考えられる。

(4) 理学療法の多様性からくる理学療法観や教育観の違い

また，これだけ理学療法士の活躍する分野が，広がり多様化してくると養成校，指導者，実習生の間で理学療法観に違いが生じても不思議ではない。理学療法の専門性が問われる昨今では，分野やテクニック別に理学療法観が違ってくるのは当然のことである。それだけに理学療法観の対立が生じやすい状況にあるとも考えることができる。

また理学療法観が違えば，それらをどのように教育するのかといった理学療法教育観も違ってくることから，患者を良くする，後継者を育成するといった目的は共有していても，具体的な治療手法や教育手法は違うことになる。

実習生が指導者の理学療法観・教育観によって教育されることは，理学療法の多様性や多様な価値観に触れるといった意味において否定されるべきものではない。しかし，その理学療法観や教育観があまりにも偏っていたり妥当性を欠いたりするならば注意が必要になると思われる。

これらのことから臨床実習における諸問題は，指導者，養成校，実習生というヒエラルキーを土壌にして，指導者側，実習生側の問題，理学療法の多様性からくる理学療法観や教育観の違い，と重なり合って生み出されているものと考えられる。

4．指導者と実習生における関係性の構築

強力なヒエラルキーのもとで行われる臨床実習では，経験年数以外に指導者の教育能力や理学療法観などの妥当性を担保できるものはほとんどない。そのため，指導者の理学療法観（間違っている可能性を有しているもの）が一方的に教育されたり，実習生の人格を傷つけるような教育以前の行為が行われてしまう危険性は否定できない。その一方で，実習生も知識・技術不足に加え，打たれ弱さや忍耐力の低下，不適切な態度といった問題を抱えている。

そのため臨床実習における実習生の意欲低下，うつ，ドロップアウト問題の解消の糸口を考える際には，どちらか一方の問題としてとらえることは早急といえるだろう。

現状では，指導者の教育能力に疑問があるような場合にも，実習生は巧みに指導者に合わせることで問題を低減しながら学習している。逆に，実習生が不適切な態

度をとっていた場合でも，指導者が実習生の特性を理解し，学習の成立に向けて指導力を発揮していることもある。つまり，これらは指導者と実習生が互いに補い合うことによって臨床実習を機能させていると考えることができる。

このように，たとえどちらか一方に問題があったとしても，指導者と実習生のどちらか一方が歩み寄り，巧みにその関係性を構築する能力を有していれば，現状においても臨床実習が十分機能すると考えられる。

つまり，指導者と実習生の関係性の構築が実習における諸問題の解消の鍵を握るといえる。実習生自身も指導者との人間関係が良好である環境が，実習を行うのに望ましい環境であると認識していることからもその重要性が伺える[11]。

このように指導者と実習生の双方が問題を抱えている現状では，ヒエラルキーに依存するような従来型の教育スタイルではなく，指導者と実習生が人間関係を構築しつつ，お互いに相手を理解し学び教え合うような教育スタイルを促進していくことが必要である。もはやそれは一方（指導者）が一方（実習生）を教育するといったスタイルではなく，「指導者と実習生が臨床実習を組み立てる」といった表現が適切な教育スタイルともいえよう。少なくとも今はそのような教育スタイルが現場には必要であると考える。

昨今は指導者よりも社会・介護経験が多い実習生や患者という立場で理学療法を経験した実習生も多くなってきている。このことからも，指導者と実習生の双方がお互いの多様な経験を生かして，お互いの知識や技術を共有することができるのであれば臨床実習における教育効果はさらに大きくなるものと考えられる。

5. 従来の方法論的基盤とその限界

従来の臨床実習教育は，指導者のもとで患者を担当しつつ，実習日誌やレポート，実践を通して知識や技術，理学療法評価・プログラム設定を学ぶといった徒弟制度的教育であった。この教育形態では，マンツーマンによって熟練指導者から理学療法のみならず理学療法士としての心構えなどを学ぶことができる。

その一方で，この教育法が機能するためには，熟練者の理学療法における知識や技術，理学療法観・教育観の妥当性が担保されていることや，「熟練者は未熟なものに教える，実習生は熟練者から学ぶといった姿勢」が大前提にあることがあげられる。

現在の臨床実習では，指導者の理学療法知識や技術，理学療法観や教育観の妥当性は経験年数によって担保されているが，経験年数だけでそれらすべてを担保できないことは明らかである。なぜなら，医学の進歩や社会的背景，患者の症状等によって理学療法に活用する知識や技術は変わってくるため，それらの妥当性は個別に検討されるべきものだからである。また指導者の理学療法観や教育観の妥当性も同

様であり，専門性や施設，地域，養成校の哲学等によって個別に検討されるべきものであり，それは経験年数だけでは絶対に判断できないものである。

また現状では，「熟練者が未熟な者に教えるといった姿勢」や「実習生は熟練者から学ぶといった姿勢」は崩れやすく，徒弟制度的教育は機能不全に陥りやすい。そのため，方法論としてはすでに限界にきていると考えられる。徒弟制度的教育法は，「熟練者が教える，実習生が学ぶといった姿勢」があまりにも大前提にあるため，大前提が崩れたときの再構築方法については明示していない。もしあるとすれば，指導者に対して「実習生の立場にたって考えよう」や，実習生に対して「指導者の言うことに合わせるように努力しよう」といったものだけではないだろうか。

現場レベルでは，機能不全に陥っている臨床実習を見直すため，①指導者が複数の実習生を指導する制度[12]や，②複数の指導者によって実習生を指導する制度[13]，③担当制ではなく多種多様な治療体験をできるだけ多く積むことができるクリニカル・クラークシップといった制度[14]を採用する，あるいは④応用行動分析を活用した指導方法[15]を用いるなど，様々な工夫が試みられてきた。

しかしながら，どの制度や指導方法も原理的にはヒエラルキーのもとで，「指導者が教える，実習生が学ぶといった姿勢」を大前提に構築されていることから，崩れた大前提を再構築し機能不全を修復するまでには至らなかったように思う。

これらのことから臨床実習の諸問題を少しでも解消し，その教育効果をあげるためには「指導者が教える，実習生が学ぶといった姿勢」を大前提にしたものではなく，指導者と実習生の双方が，お互いに学び教え合うための意識や姿勢を形成し，知識や技術を共有できるような方法論が必要になってくると考えられる。

そこで本稿では，指導者と実習生の人間関係を積極的に構築し，お互いに学び教え合うための意識づけや姿勢を形成し，お互いの知識や技術を共有できる方法論を提示してみたい。

6．目的

本論文の目的は，臨床実習において指導者と実習生がお互いに学び教え合うための意識づけや姿勢を形成し，知識や技術を共有するための方法論を整備するとともに，その実践事例を提示することにある。

2節
構造構成的協同臨床教育法の提唱

1．お互いに学び教え合うための方法論的基盤の整備

臨床実習において指導者と実習生の双方が，お互いに学び教え合うための意識づ

けや姿勢を形成するためには，お互いの有している多様な考えを認めあうことが必要である。だからといって何でもありになってはならず，そのためにはその妥当性を検証できる枠組みも必要になるといえる。

　また，外部から実習生に対して「指導者に教えるように！」といったところで，現場の指導者には「どういうつもりだ」といって理解されないように，「お互いに学び教え合うように」といくら叫んだところで現場にある強力なヒエラルキーがそれを阻害し，現場の指導者や実習生には到底理解されるとは思えない。そのため指導者と実習生がお互いに学び教え合うための意識づけや姿勢の形成には，制度や押しつけのように外部からの強制を意味するようなものではなく，内部から自発的に変容できるような方法が必要になるといえる。

　それには従来の徒弟制度教育にあった「指導者が教える，実習生が学ぶ」といったヒエラルキーを認識レベルにおいて一時的に解消し，戦略的に出発点において原則平等にするものが必要であると考える。しかし，現実的に完全な平等というのは不可能であることから，ここではその不可能性を踏まえた上で，少しでも原則平等に近づくよう配慮することが必要と考える。例えば，できるだけお互いの考えを頭から否定するような態度はとらない，言動はしない，または相手の話を最後まで傾聴するなど，少なくとも指導者と実習生の間でコミュニケーションが閉ざされないような配慮が必要である。

　また指導者や実習生の双方が，お互いに学び教え合うためには，お互いの理学療法観や教育観などを理解し，そこから学ぶべきものや教えるべきものをお互いに吟味する必要性が認められる。しかし，理学療法観や教育観などといったものは通常の態度では隠蔽され無自覚であることが多いため認識することは難しく，臨床実習ではそれが原因で不必要な誤解や対立につながっていくことが多いようにも感じられる。

　これらを対象化しお互いに認識し合うことができれば，お互いが有している理学療法観や教育観，知識や技術等を共通了解のもとで，共有やすり合わせできる可能性が高くなると考えられる。万が一共通了解が不可能であったとしても，何故そのような違いが成立してくるのかをお互いに考え合うことができれば，相手を理解する手助けにもなると考えられよう。

　他方，臨床では，エビデンスや柔軟で即効性のある実践的知識などが活用され理学療法実践が行われる。それらのエビデンスや実践的知識は，指導者と実習生がいくら学び教え合うといった姿勢を形成したとしても，簡単に学べたり教えたり，あるいは実践できるようなものばかりではない。例えば，指導者自身さえも自覚していない暗黙知や，指導者にしかわからないような感覚で構成された技術は，本来，教育や実践そのものが難しいものだからである。

そこで、お互いに学び教え合うための方法論的基盤においては、暗黙知や一部の人にしかわからない、できない技術さえも理解し教え合うことができるようになる理路が組み込まれている必要性があると考える。なぜなら、この理路が組み込まれていることで、指導者と実習生は過度なストレスを感じることなく知識や技術を効果的に共有（伝達）していくことが可能になると考えられるからである。

これらから、お互いに学び教え合うための方法論的基盤には、①様々な考えや認識を包括的に認めることができること、②自分や相手の理学療法観・教育観といったものを対象化できること、③それらが何でもありにならないよう検証できること、④内部から自発的に変容させることができること、⑤建設的・謙虚な態度が導かれお互いに協力できること、⑥お互いに有している多様な知識や技術を学び教えやすくし、それらを共有できる理路を有していること、が挙げられた。

こうした条件をクリアする枠組みとしては、多様な考えを包括的に認めつつ、内部からの変容を可能にする理路を有し、知識や技術を構造として位置づけ、関心に応じて修正したり継承できる枠組みを有する構造構成主義[16]が、お互いに学び教え合うための方法論的基盤に最も期待できるのではないかと考えた。

2．構造構成主義という方法論的基盤

構造構成主義は、主に信念対立の解消と広義の科学性を担保することを目的に提唱された原理（ものの考え方）であり、現象を基点に現象学的概念である関心相関性や構造主義科学論における構造を中核原理にして、哲学的構造構成と科学的構造構成から構成されている[17]。ものごとを考える際に構造構成主義の原理を視点として組み込むことができれば、現象と接する際には認識装置として機能すると言われている[18]。

(1) 関心相関性という認識装置

構造構成主義を最も特徴づけるものが、中核原理である関心相関性である[19]。本論の主旨から関心相関性を説明すれば、臨床実習における考え方や理学療法観・教育観、理学療法知識や技術における価値観などの違いは、指導者や実習生の関心や目的、志向との相関によって規定されるとする「ものの考え方」であり「認識装置」である。これに従えば、高齢者に対する理学療法では、精神的なケアが重要か身体機能低下に対する予防が重要かは、実践者の関心によって規定されると考えることができる。

この関心相関性を認識装置として機能させることができれば、通常の態度では隠蔽されていることが多いと思われる臨床実習や理学療法に対する考えを対象化（意識化）することができるようになる[19]。

さらに、その関心相関性の理路を原理的に拡張した苫野[20]によれば、双方の関

心は相互に調整されることで共通了解できうる関心として見出され，その妥当性を問うことができる。その際は，その関心がどのように構造化されたのかといった「構造化に至る軌跡」や「目的」，「現実的制約」などから妥当性が問われることになる[21]。

これらについても本論の主旨に従い説明するとすれば，まず患者に対する理学療法の目的が指導者と実習生の双方の関心からそれぞれ設定される。双方の関心から設定された目的は相互に調整され共通了解できうるものに設定しなおされ，それをもとに理学療法が再度立案される。共通了解できた目的の妥当性は，それらの構造化に至る軌跡や現実的制約等から検討されることになり，そこから設定された理学療法の妥当性もその目的や現実的制約等に照らしあわされて検討されることになる。

このように関心相関性という認識装置を指導者と実習生に基礎づけることができれば，自他共に関心を対象化することが可能となり，臨床実習における様々な考えを内部から自発的に相互承認できうる装置として機能することが期待できる。

(2) 相互理解のための哲学的構造構成

また，相手との考え方や理学療法に違いがあった場合には，自分や相手の考えが，どのようなもとで成立してきたのかを哲学的構造構成[22]によって探求することも可能である。

哲学的構造構成とは多様な考えの確信を「構成された構造」としてとらえることにより，その確信がどのように構成されてきたものなのかを問うタイプの反省的営みである。それは確信に対して一旦ストップをかけることで，その確信の成立条件を問い，その確信の成立条件を明らかにすることで，それらの確信が原理的には恣意的であることを明示する理路といえる。これらの思考法を活用できれば，相手の考えを一方的に間違っていると決めつけたり，自分の考えの絶対性を安易に主張したりすることがなくなり，謙虚な態度が導かれるようになる。

構造構成主義は，「真実」の追究や「完全」をもとめる立場でなければ，違う考えを塗り替えるといった立場でもない。お互い違う考えを有していたとしても，お互いにそれらを共有しあい，少しでも建設的な関係を築くための理路であり，問題解決に向けてベストではなくベターをとる立場にある[23]。

これらのことから関心相関性や哲学的構造構成を有している構造構成主義を，指導者や実習生の双方に認識装置として基礎づけることができれば，前述した①〜⑤の条件を満たすことが可能となり，お互い学び合い教え合うための意識づけや姿勢を形成するための理路に有効活用できると考えられる。

(3) 教育ツールとしての科学的構造構成

構造構成主義は，科学的構造構成という枠組みを有しており，それは広義の科学性を担保しつつ現象を構造化する営みとされている[24]。構造構成主義においては，実験で得られた知見だけでなく，長年臨床で培われてきた知識や技術も原理的には

人間が恣意的に構成した構造とみなすことができるため，関心相関性を軸として原理的には誰もが構造構成できることになる[25]。

その科学的構造構成を活用すれば，暗黙知や一部の理学療法士にしか使えないような知識や技術を可視化できるだけでなく，従来からある臨床知やエビデンスも，誰もが学び教えやすいといった関心に基づきカスタマイズ（再構造化）することもできるようになる。また，患者にとって必要なエビデンスや臨床教育にふさわしい知識や技術がすぐにみつからないような場合にも，指導者の経験知からエビデンスを一時的に構造化することができる。カスタマイズや新たに構造化された知識や技術の妥当性（有効性）については，目的や現実的制約等から検証することが可能である。

この科学的構造構成を，お互いに学び教え合うための方法論的基盤に組み込むことができれば，知識や技術をお互いが共有しやすくなり，前述した⑥の条件を満たすことができ臨床教育に有効なツールにもなると考えられる。

3．構造構成的協同臨床教育法の概要

臨床実習の諸問題を解消し有効な臨床教育を行う方法のアウトラインを最初に順をおって概説すると，まず①指導者と実習生の双方が関心相関的観点を共有した上で，それを活用し，お互いの関心を対象化する。次に②関心を相互に調整し，共有し合う。この時にお互いの関心を共有することが難しいような場合には「哲学的構造構成」を視点として相互理解を深める。そして，③共有した関心から理学療法を立案し実践する。その際には，それに関するエビデンスや臨床の知，「科学的構造構成」によって得られた構造を活用する。これらの一連の過程を遂行することによって教育効果を高める臨床教育法を「構造構成的協同臨床教育法」と呼ぶこととする。

ここでは，構造構成的協同臨床教育法を，「お互いの関心を対象化し，それらをすり合わせて共通目的を共有した上で，その論件についての臨床の知やエビデンスを踏まえ，あるいはそうしたものがないときは経験知から暫定的に構成した科学的構造を踏まえることによって，教育効果を高める教育法」と定式化しておく（図Ⅱ-3-1参照）。

3 節
構造構成的協同臨床教育法における実践事例の提示

本節では，従来の臨床実習教育法と違い構造構成的協同臨床教育法を用いることによって，指導者と実習生の関係をどのように変化させることができるのか，また

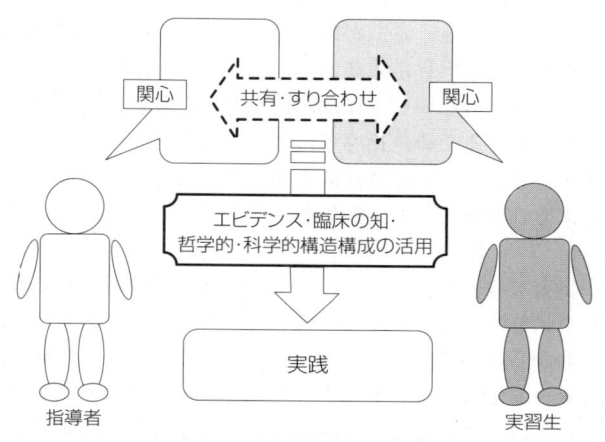

図Ⅱ-3-1　構造構成的協同臨床教育法の概念モデル

はどのように教育を考え実践していくことができるのかを，臨床実習において問題となっていると思われる典型的な実践事例を提示し考察してみたい。

1．指導者側から意欲低下していると見えた実習生に対する実践事例
(1) 意欲低下における「言葉の意味合いの違い」という問題

臨床実習において，時おり指導者から「今回の実習生にはやる気がみえない」という指摘がある。しかし，その一方で実習生の意見を聞いてみると，「自分は別にそのようなつもりはなく，がんばっているつもりです」といった返答が聞かれることも少なくない。

このように指導者と実習生がもっている「意欲」という言葉の意味合いが違えば，指導者は「実習生に意欲がない」と思うようになり，実習生は「自分には意欲があるのにどうしてそう理解されてしまうのか」と思うようになる。その結果，指導者と実習生の人間関係はこじれはじめ，「意欲がある・ない論争」に陥ることになると思われる。

そうなってくると，一般的にヒエラルキーの下位にある実習生が態度を改めないかぎり，それを理由にして臨床実習が停止に追い込まれてしまう可能性は高くなると考えられる。また，その状況の中でさらに実習生は悩んでしまうことも予想されるため，うつやドロップアウトへと陥ってしまう危険性も高まると考えられる。

従来の臨床実習教育法においては，これらの問題の多くは指導者の指導能力よりも実習生側の問題として捉えられる傾向にあり，特にヒエラルキーが存在する環境では，実習生が弁解することは難しい。また指導者も，実習生に意欲があることを

前提に指導していることから，意欲が低い（と感じられる）実習生に対する指導は心理的負荷が大きく，忙しい日常業務の中においては大きな負担になることが多い。実習生の意欲向上がみられないときには，指導能力の低さを周囲から厳しく評価・指摘されることもありうるため，指導者にとっても大きなストレスとなる。このように従来の臨床実習教育における意欲低下問題は，指導者，実習生の双方に大きなストレスとなり，それが両者の人間関係を悪化させることになる。

(2) 経過

一般的に臨床実習では，実習生に対して一定の知識や技術だけではなく，医療人に必要な「自ら意欲的に学ぶといった姿勢」も求められる。例えば，出来ないことは自ら練習し，わからないことは自ら調べるといった姿勢や，医療を円滑に行うために積極的にスタッフとコミュニケーションをとるといった姿勢などである。

しかし，本実習生は，出来なくても出来るようになるまで教えてもらえると安易に思い込んでいたり，わからないことは何でも教えてくれると思っているようなところがあった。また積極的にコミュニケーションをとるといっても何を話せばいいのか分からないといった様子や，スタッフの仕事を邪魔してはいけないと思い込んでいるような様子もみられていた。そこで，もっと自ら勉強するように指導したり，遠慮せずにスタッフに話しかけるように促すも，現状は変わらず指導者は実習生に対して「意欲がない」のではないかと思うようになっていた。そこで，それらの現状を少しでも前にすすめるために「構造構成的協同臨床教育法」を本実習生に対して用いることにした。

本事例は，指導者からみたとき積極的に実習に取り組むことができず意欲低下があると思われた実習生に対して，「指導者が何故そう思うのか？」といった意欲低下の構造を共有することで，意欲低下を解消した実践事例である。

構造構成的協同臨床教育法では，「実習生に意欲低下がある」と一方的に決め付けることはしない。そこで，初めにお互いの臨床実習に対する「思い」を素直に確認することから始めた。その確認の中で，指導者は「そもそも実習生の意欲が低下していると感じるのはなぜだろうか？」を，実習生は「自分が意欲低下していると思われるのはどうしてだろうか？」を自らに問うことにした。そうすることで指導者と実習生における意欲低下の構造が内省された。そうして得られた双方の意欲低下の構造を業務後のミーティングで何度も話し合い，その共通部分を明らかにしていった。

その結果，①質問をしない，②課題を提出しない，③指導者に話しかけない，④スタッフと交わろうとしない，の4つの構造が共通にあげられた。

そこで，さらに質問しないのはなぜだろう，課題提出しないのはなぜだろう，指導者やスタッフと交わらないのはなぜだろうと，お互いにそれらの構造を内省しつ

つ問題を整理した。この段階ではじめて，①質問しないのは，指導者側の仕事の忙しさに遠慮して質問ができない，質問すると「こんなことも分からないのか！」と叱られるのではないか，わからないなら調べてくるようにと課題が増えてしまうのではないかと思っていたこと，②課題を出さないのは，レポートを書こうとするが，どう書いていいかわからないこと，③指導者に話さないのは，何を話していいかわからないこと，④スタッフに対しても同様であることが共通了解できた。

それらの解消にむけて，①どのタイミングでも遠慮せずに質問してもかまわないことや質問しても課題を増やすことはないことを再度確認し，業務の合間を見て指導者が「何か質問はない？」と聞くようにしたり，質問は日誌でも行うことができるように再度設定を行った。②レポートをどう書いていいかわからないということについては，具体的にフォーマットを作成して指導した。それでもレポート作成が困難であったことから課題克服にはレポート提出ではなく，口頭発表にて確認するようにした。③と④については指導者やスタッフ側から積極的に話すよう協力体制を整えた。

その結果，意欲低下とみられていた実習生は，質問が気軽にでてくるようになり，何でも話してくれるようになった。そのことで積極的に臨床実習に臨んでいるようにも感じることができ，指導もしやすく自ら課題もこなせるようになってきた。

このように双方が意欲低下の構造を内省し，それらから共通構造を共有してみると，実は実習生自身だけの問題ではなく多くの構造に問題があることが理解できた。さらにそれらに照らしあわせて問題を整理すれば，具体的な対策も見えるようになり，指導者は指導方法に悩むことなく，実習生も誤解を招くことなく実習を行うことが可能となった（図Ⅱ-3-2参照）。

(3) 考察

このように構造構成的協同臨床教育法を活用することで，指導者と実習生の関心相関性によって双方の考えを可視化した上で，「意欲低下」として立ち現れた事象の構造の成立過程を問うことによって，相互理解の可能性を開くことができる。これによって指導者が一方的に実習生に意欲低下があると思い込むことや，実習生も指導者が自分を理解してくれないと一方的に思い込むことは少なくなり，指導者や実習生双方のストレスが減少し臨床実習が協同で組み立てられていくものと考えられる。なお，こうした実践に対して，お互いが好きなことを言いつつ何でもありの臨床実習になってしまわないかといった批判がなされる可能性が想定されるが，それは指導者や養成校によってそれぞれの考える臨床実習の目的に照らしつつその妥当性を検討することで，そうした事態に陥ることは回避できると考えられる。

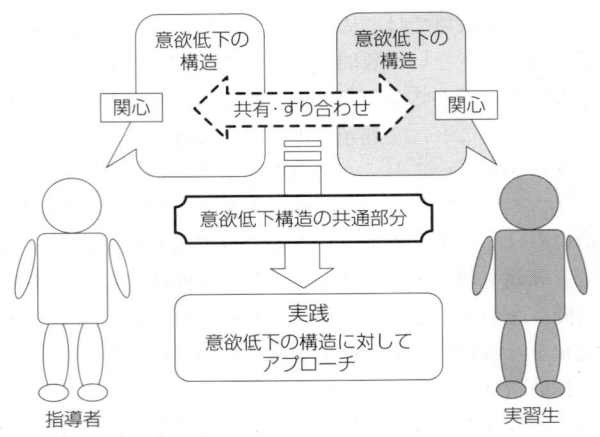

図Ⅱ-3-2 構造構成的協同臨床教育法のモデル1：指導者から意欲低下していると見えた実習生に対する実践モデル

2．関節可動域検査法（基本的評価法）ができない実習生に対する実践事例
(1) 関節可動域検査法における「関心の違い」という問題

　理学療法評価には，関節の動きを測定する関節可動域検査法という検査法がある。この検査法は角度計を用いて関節がどのくらい動くかを測定するものであり，関節を治療する理学療法士にとって重要なものといえる。関節可動域検査法は角度測定だけではなく，制限があればその制限因子を明らかにすることも重要な役割であり，理学療法士は角度測定を通して多くの情報を認知し内面で情報処理している。

　関節可動域検査法に対する従来の臨床実習教育法では，実習生に対して基礎医学を確認しつつ手順を教授したり，体を使って練習する機会を増やすなどの指導が行われる。それでも出来ない場合には再度同じことが行われるか，もっと練習に励むように叱咤激励されることになる。しかし，それでもできない実習生は一人か二人はいるように思われる。

　そのような状況の中で，臨床実習で一定の効果を上げている指導法に応用行動分析学を用いたものがある[26]。この指導法は，関節可動域検査法の「行動」に着目しつつ課題分析を行い，そこから問題となる下位行動を抽出し，それらに対して一つ一つアプローチを行っていくというものである。

　しかし，この指導法を習得するためには，相当なトレーニングが必要であり誰もがすぐにできるものではないように思われる。またこの指導法は，その関心が「行動」にあることから，情報の認知の仕方や，認知した情報の処理の仕方など，「内面」の働きについては着目しておらず，そこに対する指導は想定外となっている。

従って、例えば「関節を曲げていく時に、ある角度で抵抗の質が変わったとしたら、そこから原因を即時的に判断し、注意しながらゆっくりと曲げるようにして角度を測る」といったことを指導するような場合、行動的には関節を慎重に曲げるということになるが、そこから抵抗の質をどのように感受するのかや、その原因をどのように意味づけるのか、あるいは力をいれるときにその力をどうやって調整するのか、等の内面の働きをどのように行うのかといった指導については、ほとんど言及できない。そのため、それらの指導は、従来の教育法と同様に指導者のセンスに委ねられることになる。

つまり、応用行動分析学的介入は、関節の角度測定という行動は形成できても、内面の情報処理については想定外であるため別の指導が必要になるのである。

このように関節可動域検査法という技術一つとっても、行動面、内面といったように関心が違えば求められる知識や技術も違ってくる。そのため、指導法も違ってくるのは当然である。また、それらの関心の違いは、お互いに求め合うものが違うことから誤解や戸惑いの原因にもなりやすく、指導者が指導すればするほど実習生が困惑し溝が深まるといった危険性も有していることが示唆される。

(2) 経過

本事例の実習生は、関節可動域検査法については授業で習ってきており、模擬練習も行ってきている。しかしながら、患者を前にするとその力が十分発揮できないため指導者から見ると、実習生の行う関節可動域検査法は実践ではあまり的確にできていないと考えるレベルにある。もちろん全く出来ないというレベルではなく、もう少し経験を積めば徐々に的確によりスムーズに行うことができるようになると思われるレベルである。

そこで指導者は、関節可動域検査法においてその的確さやスムーズさを促すとともに、単なる角度測定としてだけではなく、患者の病態解釈までつなげることができるような測定を目指した指導を行いたいと考えた。

本事例は、関節可動域検査法が的確かつスムーズに行えない実習生に対して、「角度を正確に測ること」という目的（関心）を共有し、「科学的構造構成によって得られた構造化」を基に、関節可動域検査法を単なる角度測定ではなく、病態の解釈ができるような測定レベルへと向上させた実践事例である。

構造構成的協同臨床教育法を、関節可動域検査法において病態解釈ができるような測定レベルの習得に適用する際には、まず患者の状態に照らして双方の関節可動域検査法に対する関心がどこにあるのかを認識することから始まる。ここでは双方の関心から関節可動域検査法を的確に行うには、どのような条件（構造）をクリアする必要があるのかを確認しあった。指導者はときに暗黙知として、それらの条件（構造）を無自覚にクリアすることがあるため、それらを再確認することは指導法

を考えるうえで非常に重要となった。

　本事例では，特に関節可動域検査法の測定角度に誤差が大きかったことから，「角度を正確に測る」という目的を設定し共有しあった。それに照らして関節可動域検査法を的確に行うために必要な構造を協同で科学的構造構成を行い構造化した。

　その結果，①関節の解剖学や運動学などの知識，②角度計の操作性，③関節可動域検査法を行うための測定肢位の選択，④患者とのコミュニケーション能力，⑤患者の全身状態の把握，⑥関節を動かすときの力の入れ加減，⑦測定と力の入れ加減という二重課題をこなせる，という構造を共有することができた。

　そこで，本事例ができない理由を本構造に照らしあわせ検討してみると，①関節の軸運動は理解できているが，その他の副運動が理解できていない，②角度計の当て方が悪い，③正しい測定肢位が思い出せない，④患者とのコミュニケーションがうまくとれない，⑤患者の全身像が理解できないことからリスク管理ができない，⑥関節可動域検査法を行うときの力加減がわからない，そのため，ついつい抵抗が弱くなってしまい角度に誤差が生じてしまう，⑦力の入れ加減という課題や角度計の操作という課題を同時におこなうことができない，そのことによって角度測定の精度が落ちてしまう，ということをお互いに認識することができた。

　このように科学的構造構成された構造を視点とすることで，関節可動域検査法ができない理由を勉強や練習不足といった一元的なものではなく，多元的な構造として理解することができた。また，その構造一つ一つから問題点を整理することができるため関節可動域検査法の習得に向けた具体的な指導法も見えるようになった。

　次に，これらの解消に向けて実践した指導法を述べることにする。まず①については測定前に関節の勉強を促し，指導者も知識を整理して教授した。②については角度計の当て方を実践で具体的に指導した。③については，当初は評価用紙に肢位を記載することや適宜ヒントを提供することで実践していたが，慣れるに従い徐々に肢位を覚えるよう指導していった。④については関節可動域検査法以外にも患者とコミュニケーションできる機会を提供し慣れてもらうようにした。⑤については，最初は事前に患者の全身像を提供しつつ，徐々に全身状態に関する情報の集め方や判断方法を示すようにした。

　⑥については，最初は直接，力の入れ方を指導した。この力の入れ方は多くの経験や患者のフィードバック（表情，痛みの程度，筋緊張の程度，等）から情報を読み取り判断する部分が多い。そのため，最初から実習生にその判断を任せることは少し難しいようにも思われる。そこで，最初は少しでもそれらの判断を促すために，指導者は「このような場合はもう少し動くと思うから少し強めに動かそう」といった具合に経験の一部や判断を教授した。その次に，「どの程度動くと思う？」といった問いかけを行うことで予測機能を養い，続いて「それでは，どのぐらいの力を

いれることが効果的だと思いますか？」といった問いかけを行うことで，力の調整という判断力を養うようにもっていった。実習生の予測機能や判断力の妥当性については，その都度，指導者のそれと照らし合いながらお互いに共有するようにした。

⑦は，二人で角度測定を行い，指導者が関節を動かし実習生が角度計の操作を覚える，または実習生が関節を動かし力加減を覚え指導者が角度を測定する，といったように役割を分担し，それぞれ不足しているものを学習しつつ，最後には一人で統合してできるように指導をした。その結果，実習生は，実践レベルで正確に角度測定ができるようになっていった。特に関節可動域検査法終了後の「どうだった？」という指導者の問いかけ対して，当初実習生は「うまくできない」といった否定的なコメントに終始していたが，指導後は「この患者さんは，他の患者さんに比べて少し硬かった」とか，「かなり痛がるのですが原因はどこにあるのでしょうか？」「もう少し詳しく他の評価と交えて検討したいのですが」等，少しでも患者を理解しようとする前向きな言動が自然にみられるようになっていた（図Ⅱ-3-3参照）。

(3) 考察

関節可動域検査法を的確に行うための構造が双方で違う場合には，実習生は出来ていると思い込み指導者は不十分であると思うようになる。そこにはどうしても食い違いや誤解が生まれてしまう。そうした問題点をクリアすべく本教育法では，お互いに構造から問題点を共有し合うことができていたので，双方が納得した上で関節可動域検査法の実践レベルを向上することができ，大きなストレスにはならなかったと考えられる。

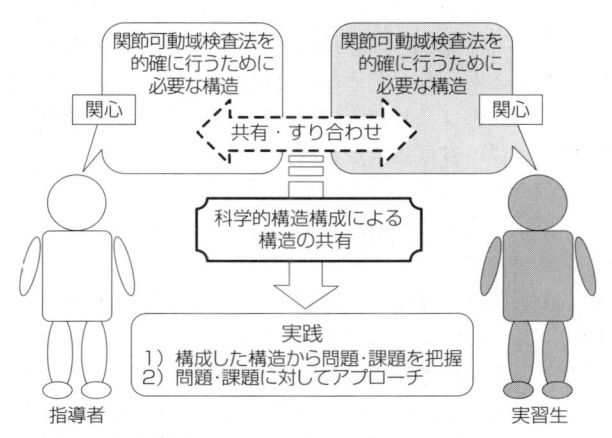

図Ⅱ-3-3　構造構成的協同臨床教育法のモデル2：関節可動域検査法ができない実習生に対する実践モデル

また関心相関性と科学的構造構成によって「関節可動域検査法を的確に行うための構造」を協同作業で構造化できたことは，関節可動域検査法ができない理由を構造から明らかにすることにもつながった。さらにそれに基づいた指導が実習生の実践能力の向上につながったのは，問題把握が的確であり実践的であったためとも考えられた。

　このとき，関節可動域検査法という技術を実習生にどれだけ上手に教育できるかは，関節可動域検査法を的確に行うための構造を科学的構造構成によって，どれだけ上手に構造化できるかにも左右されると考えられる。従って，教育に適した構造をいかに構造化するかも今後の課題になると思われる。教育が上手といわれる指導者は，もしかするとこれらの構造化を実習生に合わせて上手に行っているのではないかとも推察させられた。これらについては，今後の検討課題の一つといってもよいだろう。

　なお，科学的構造構成によって構造化された「関節可動域検査法を的確に行うための構造」の「妥当性」については，対象患者やエビデンス，臨床の知を活用しつつ現実的制約に照らして，あるいは実習生が実践レベルでどれだけ向上したかどうかによって検証することができる。そのため，何でもありの実践（教育）に陥ることはないといえよう。

　さらに科学的構造構成によって構造化された知識や技術は，他の実習生に対しても活用できることから，教育において非常に有効なツールになるとも考えられた。また，それらは現場や疾患別，実習生別によって関心相関的にカスタマイズすることもできるため，極めて応用範囲も広いといえよう。

　他方，ここで行われた理路は自らのスキルアップにも応用できる可能性が示唆される。熟達化研究[27]では，熟達には適切な目標を立て適切な練習をすることが必要であるといわれているが，誰もがそれらを簡単にできるわけではない。その点，本教育法の理路を活用すれば，レベルの高い技術も科学的構造構成によって構造化でき，それらの構造に従い目標設定が容易になると考えられる。またその構造が自分に適したものではないと思えば，それらをカスタマイズすることもできる。それらの妥当性については，自らの技術の向上によって自己判断すればよい。さらに本理路は構造をカスタマイズできることから新たな技術開発にも活用できるだろう。

　最期に，これらの実践は，問題構造が同じであると思われるその他の基本的評価法についても活用することができると考えられる（例えば，徒手筋力検査法，感覚検査，疼痛検査など，見かけ上は簡単な操作や動作で構成された検査ではあるが，検査時には内面での情報処理が必要とされるもの）。本事例でも本教育法を用いることで，その他の評価法も実践レベルで向上することができた。また「慣れてくればこれらの方法を，自分一人でも出来そうな気がする」といった発言を実習生から

聞くことができたということは，本教育法はコツをつかめれば誰にでも簡単にできる方法論とも考えられる。

今後の課題としては，本方法を実習生にどのように定着させるか，また教育に適した構造をどのように構造化していくか，といったものが考えられよう。

3．歩行分析（動作分析）ができない実習生に対する実践事例
(1) 歩行分析指導における「見え方の違い」という問題

動作分析は，病態を把握したり理学療法の治療方針をきめる重要な評価法である。それは障害予防やパフォーマンスの向上にも活用できることから，疾患の治療だけでなく健康増進や競技能力向上にも活用される。しかし，動作分析をどのように行うかといった方法論はいまだ統一されておらず，指導者によって目的も違うことが示唆されている[28]。そのため養成校で教わった動作分析の目的や方法も指導者のそれと違う場合が多く，臨床実習先で多くの実習生が戸惑いを感じる部分でもある。

また動作分析はセンスに頼る部分も多く，全ての人に同じようにできるとは限らない。現場では，患者の動作の問題点が指導者には見えていたとしても，実習生には見えていないことはよくある。この場合，いくらしっかりと観察するようにと指導したところで見えないものを分析することは不可能であり，実習生は動作分析ができないといわれてしまうことになる。そうなってくると指導者は「どのように指導すればいいのか？」といったことで悩んでしまい，実習生は「動作分析がどうしても出来ない」といったことで悩むようになる。これらは双方に大きなストレスとなってしまい，臨床実習を行っていく上で支障をきたすことになる。

従来の臨床実習教育法では，動作分析を行った結果を指導者がチェックし，指導者のそれと同じかどうかを確認しながら指導が行われる。動作分析が上手くできなかった場合には，患者に協力してもらい繰り返し動作を観察したり，ビデオ撮影することで繰り返し再生しチェックすることで再度指導が行われる。しかし，いくら指導者が丁寧に具体的に動作分析の手順や方法を実習生に教授したとしても，実践で実習生の動作分析能力が上達しないことはよく体験することである。これは，指導者と実習生の見え方に違いがあるため，それが原因でうまく指導できていないのではないかと推察できる。

(2) 経過

本事例は，「大腿骨頸部骨折術後高齢患者の歩行分析から問題点を抽出する」ができない実習生に対して，「指導者と実習生が観察している患者の歩行の"見え方"を同じにする」という観点から歩行分析能力を向上させた実践事例である。

一般的に歩行分析では，先入観をもつことなく正常歩行とどこが違うかを比較し，そこから異常歩行や代償歩行等が把握される[29]。しかし，ここでいうところの先

入観というのは,「結論が先にあり,そのことについて無自覚である」のに対して,本教育法がいうところの関心は「そのような視点をもって観察するという明確な自覚がともなう行為である」ということを,はじめにお互いに確認しあった。

当初,歩行分析を始めたころは,指導者と実習生が一緒に歩行分析を行い指導しても「問題点がよくわからない」といったコメントが多く,歩行分析能力の向上もみられなかった。そこで,歩行分析能力の向上を目的として「構造構成的協同臨床教育法」による指導を試みた。

構造構成的協同臨床教育法では,観察している患者の歩行動作も,分析者の関心や目的,あるいは経験の違いによって「見え方」が違ってくるという立場がとられる。従って,問題点を抽出するために「しっかりと見るように！」や「もっと注意深く見るように！」といった指導は,見え方が違えば問題も違ってくることからあまり意味をなさないと考えた。ただし,これは見え方が違うこと自体を否定しているわけではない。多角的視野に立つことは,臨床では重要な意味をもつことは理解している。ただし,知識やエビデンスが少なく統合や解釈も上手く行えないような実習生にとっては,単に,しっかり見るようにと繰り返し動作をみさせるような指導や手順を繰り返すだけの指導だけでは,混乱を招くだけで教育上の利点は少ないように思う。

特に,一般的に高齢者の場合,全身の筋力低下やアライメントの変化,合併症の有無によって骨折前から正常とはいえないような歩行を行っていることが多い。そのため,あまり正常を意識しすぎた歩行分析では,高齢者の場合あまりにも様々な問題点が目に留まることになる。もちろん,それらを全て統合・解釈できる熟練理学療法士にとっては,特に問題なく歩行分析ができるだろう。しかし経験も無く,知識も技術も未熟な実習生にとっては,統合や解釈が困難となり適切な歩行分析ができなくなってしまうのである。従って,従来の指導のように「しっかりと観察するように」や「きめ細かく見るように」といった指導は,多くの問題をさらに抽出してしまい,より複雑にするといった意味で逆効果になることも考えなくてはならない。本事例でも,いくら指導しても「よく分からない」といった反応がみられたのは,どのように解釈してよいのかが,分からなかったためではないかと考えられた。

従って,ここでは,お互いの歩行動作の見え方を少しでも一致させ,教育効果の向上をはかるために,お互いの関心を対象化しすり合わせることが必要と考えた。そこで,具体的にお互いの関心を対象化していくと,指導者の関心は「骨盤周囲筋群がどの程度機能しているのか？」にあり,実習生の関心は「正常とはどう違うのか？」にあることが明らかになった。これらから,指導者は,臨床の知やエビデンス,経験から問題を焦点化し歩行分析しようとしているのに対して,実習生はあま

りにも漠然と歩行分析をしようとしている，という関心のズレが可視化された。

　そこで，指導者と実習生は，臨床の知やエビデンスからすでに見出されている「骨盤周囲筋群の機能はどうなのか？」といった関心をお互いに共有するようにした。つまり，歩行分析の際には，歩行周期における重心移動や歩幅を観察するといった手順を直接指導するのではなく，まずは関心を共有することで焦点化するポイントを同じにすることから始めたのである。

　そうすることで実習生は，歩行時に自然と骨盤の動きに注目するようになり，その動きから「骨盤周囲筋群が機能しているかどうか？」を確認するようになった。その結果，術側下肢の荷重時に反対側の骨盤下制を観察することができ，実習生はそれがトレンデレンブルグ兆候[30]であることを認識することができた。ここでは，実習生から「それまでは，何からみていいのか分からず悩んでいたけれど，分析しやすくなった」というコメントが聞かれた。

　本事例の歩行分析において指導者の関心が最初から「骨盤周囲筋群がどの程度機能しているか？」にあったのは，大腿骨頸部骨折が骨盤周囲筋群の機能不全を生じさせることを知っていたからである。このことからも関心を構成するエビデンスや臨床の知が歩行分析には重要であり，単に「しっかりみる」「手順を覚える」といった指導の繰り返しだけでは有効な歩行分析（の教育）はできないと考えられる。

　また，その後実習生は，「おそらく，この患者の問題はここかもしれませんね！」と指導者に対して積極的に問いかけるようになり，それに対して指導者も「僕もそう思うよ」ということが多くなってきた。これは，指導者と実習生の歩行の見え方が同じようになってきていることを推察させた（図Ⅱ-3-4参照）。

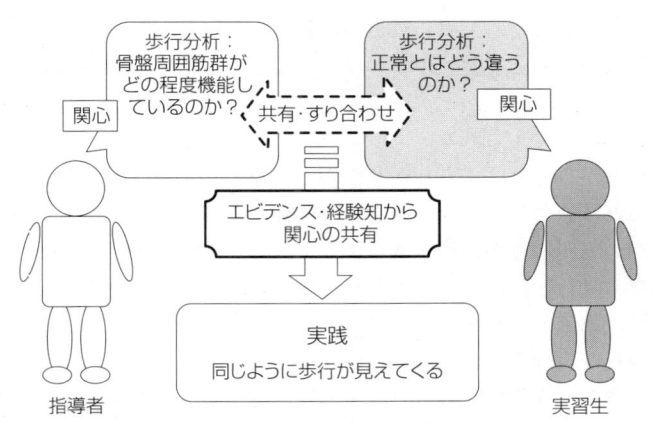

図Ⅱ-3-4　構造構成的協同臨床教育法のモデル3：歩行分析ができない実習生に対する実践モデル

(3) 考察

　「構造構成的協同臨床教育法」を用いた歩行分析の指導では，指導者と実習生の双方が，お互いの関心を対象化しそれらを共有することやすり合わせることから始まる。

　それによって，指導者と実習生の双方が同じ関心を共有できれば，「違う見え方」をしていた歩行が「同型の見え方」になるため，問題認識も共有できるようになり教育効果が高まると考えられる。また双方で共有された関心の妥当性については，臨床の知やエビデンス，経験知に基づいて検討することができる。

　つまり，歩行分析のような教育においては，「歩行分析の手順を教える」，「動作を理解できるまで見る」，「正常動作の勉強を促す」といったものだけではなく，臨床の知やエビデンス，経験知に基づき構成された関心をお互いに共有・すり合わせることが大切になる。これらは歩行分析に限らず，その他の動作分析教育においても同様と考える。

　本事例のように歩行分析ができないような実習生に対しては，エビデンスや臨床の知から見出された指導者の関心を継承させ，お互いに共有することで，動作の見え方を同じにする。そのうえで動作分析の指導を行えば教育効果が高まると考えられた。

　それでも実習生の歩行分析能力が向上しないような場合には，その関心がどのようなものから構成されてきたものかを問うことが必要となる。例えば，教科書や文献，学校の授業など「構造化に至る軌跡」を再確認することで，誤解や歪んだ解釈，偏った無自覚な先入観などを，見付けることができるかもしれない。

　もしそうであるならば，それらの誤解を訂正しつつ繰り返し実習生と関心をすり合わせる作業が必要になると思われる。それによって「言われてみればそのように見えるかもしれない」と実習生が言いはじめるようになり，歩行の見え方が同じになってきているのではないかと実感できるようになる。そのことが歩行分析の教育効果を向上させると考えられる。

　これらは他者から見れば，もしかしたら「指導者が実習生に暗示をかけて，そう思わせているだけ」と映るかもしれない。しかし，個人的にはその後実習生自身の関心にもとづいて問題点が指摘できるようになることを経験しているため，暗示的なものではなく歩行分析能力を向上させる契機になっていると考える。またその関心の妥当性は，臨床の知やエビデンスに照らしあわせて検討することができるので，決して自己満足な歩行分析になることはないといえる。

　このように構造構成的協同臨床教育法は，教育することが難しいと思われていた各理学療法士自身にしかわからないような感覚で構成された技術に対しても，有効な教育法として力を発揮することができると考えられる。また，センスやアート，

暗黙知といわれるような知識や技術の教育においても，有効な教育法になると考えられる。

最期に，構造構成的協同臨床教育法は，単に関心相関的観点だけを駆使するのではなく，①関心相関性と②科学的構造構成，あるいは科学的知見の活用の合わせ技にあると考える。例えば，構造構成的協同臨床教育法によってお互いの関心を対象化し，それらをすり合わせて共通目的を共有した上で，その論件についての臨床の知やエビデンスを踏まえ，あるいはそうしたものがないときは経験知から暫定的に構成した科学的構造を踏まえることによって，関節可動域検査法や歩行分析など理学療法

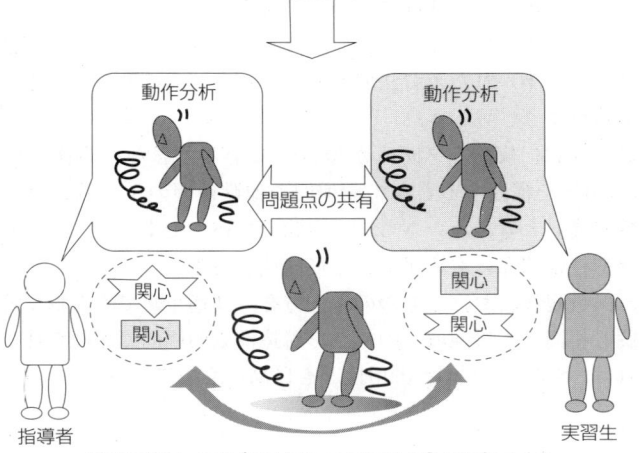

図Ⅱ-3-5 構造構成的協同臨床教育法による歩行分析教育のイメージモデル

に必要かつ重要な知識や技術の教育効果が高まると期待できる（図Ⅱ-3-5参照）。

これまでの構造構成主義の臨床実践への応用は，おおむね哲学的構造構成による相互理解や現象を理解するためにその確信を問うタイプのものに限定されており，本研究のように哲学的構造構成だけではなく，科学的構造構成や臨床の知やエビデンスを柔軟に合わせて活用したものは初の試みであるように思われる。

実践において，哲学的構造構成と科学的構造構成の二つの方法領域からなる構造構成主義は，本論で示したようにその両機能を柔軟に駆使することでさらにその有効性の射程を拡げることができる可能性があるといえよう。

4節
構造構成的協同臨床教育法の限界と展望

構造構成的協同臨床教育法は，理学療法臨床実習における諸問題を解消するだけでなく，お互いのもっている知識や技術を効果的に共有（伝達）することを可能にした教育法である。しかし，本教育法を採用することで，臨床実習における諸問題がすべて解決したり，全ての知識や技術が簡単に教育できるとは考えていない。指導者や実習生も人間である以上，教育法との相性や伝達・継承不可能な知識や技術も多くあると考えられるからである。

また，構造構成主義が完全や絶対を追及する立場ではないように，本教育法においても従来からある他の教育法を完全に否定するものではない。むしろ，教育効果をあげるためには，実習生や状況に合わせて教育法も選択し併用することも視野にいれるべきであると考えている。そういった観点から見ると，本教育法は，人間関係の構築に基づいて築かれた教育法であることから，どの教育法にも併用することが可能と考えられよう。

また，本教育法は，実習システムが類似していると思われる作業療法の臨床実習[31]や，専門領域を横断するときの職種間や他職種間の学び教え合い等にも応用できる可能性が高いと考える。さらに，本論でも述べたように，本教育法は自身のスキルアップや技術開発にも活用できる可能性もある。

また今後，医療現場におけるものの考え方を，共通了解できる形で作り出すことができる「関心相関的本質観取」の視点を構造構成的協同臨床教育法に組み入れることができれば，さらに有効性，汎用性ともに高いものになると考えられよう[32][33]。

【註および文献】

[1] 小川克己　2006　臨床実習教育の変遷と展望　PT ジャーナル，40(1)，5-11．
[2] 嶋田智明　2004　臨床実習の意義　奈良勲（編）　理学療法学教育論　医歯薬出版　pp.147-159．
[3] 日本理学療法士協会（編）　2000　臨床実習教育の手引き　第5版　p.19．
[4] 潮見泰蔵　2007　日本理学療法士協会が推進する卒前教育のあり方　PT ジャーナル，41(2)，157-163．
[5] 羽田晋也・権藤要・平木治朗　2009　教員主導型臨床実習の取り組みについて
　　http://www.jstage.jst.go.jp/article/cjpt/2008/0/2008_G3P1585/_article/-char/ja/（2009年11月現在）
[6] 宮本兼三，宅間豊，井上佳和，上野真美，宮本祥子，竹林秀晃，岡部孝生　2002　臨床実習成績に対する妥当性の認識と帰属要因の関連　PT ジャーナル，36(11)，883-887．
[7] 奈良勲　2004　理学療法学教育における臨床実習のあり方を問う　広島大学保健学ジャーナル，4(1)，pp.1-5．
[8] 各都道府県知事宛の健康政策局長通知［平成11年3月31日の健政発第379号］によれば，臨床実習施設での実習指導は理学療法に関しては相当の経験を有する理学療法士とし，かつそのうち少なくとも1人は免許を受けた後3年以上の業務に従事した者であること，を養成施設指導要領に出している．
[9] 日本理学療法士協会資料　2009
　　http://wwwsoc.nii.ac.jp/jpta/02-association/data0903.html（2009年11月現在）
[10] 内田賢一　2005　臨床実習における臨床実習指導者の意識に関する研究—実習指導者に対するアンケート調査から　理学療法学，32（Suppl. 2），p.571．
[11] 宮本謙三・宅間豊・井上佳和・宮本祥子・竹林秀晃・岡部孝生　2004　理学療法教育における実習教育環境の特性　理学療法学，31（Suppl. 2），p.297．
[12] 河西理恵・丸山司　2008　理学療法教育における2：1モデルの効果と利点　理学療法科学，24(2)，303-308．
[13] 小林賢・市川雅彦・東海林淳一・今井覚志・長谷公隆・里宇明元　2007　複数評定尺度による臨床実習成績評定の検討　理学療法学，34（Suppl. 2），p.205．
[14] 中川法一（編）　2007　セラピスト教育のためのクリニカル・クラークシップのすすめ　三輪書店
[15] 畑山聡・山﨑裕司・奥壽郎・小山理恵子・西嶋智子・内藤郁奈・伊藤公一・海野広　2003　理学療法臨床実習における応用行動分析学の導入—1事例における検討　高知リハビリテーション学院紀要，5，13-17．
[16] 西條剛央　2005　構造構成主義とは何か　次世代人間科学の原理　北大路書房
[17] ［16］の pp.185-205
[18] ［16］の p.186
[19] ［16］の pp.51-81
[20] 苫野一徳　2008　構造構成主義による教育学のアポリアの解消—教育学研究のメタ方法論　構造構成主義研究，2，88-110．
[21] 西條剛央　2008　ライブ講義　質的研究とは何か　SCQRM アドバンス編　新曜社　p.60．
[22] ［16］の pp.191-195
[23] ［16］の pp.193-194
[24] ［16］の pp.195-197
[25] ［16］の p.196
[26] 山本淳一・山崎裕司　2004　応用行動分析学からみた教育方法　奈良勲（編）　理学療法学教育論　医歯薬出版　pp.8-19．
[27] 大浦容子　1996　熟達化　波多野誼余夫（編）　認知心理学5　学習と発達　東京大学出版会　pp.11-36．
[28] 髙嶋幸恵・間瀬教史・青田絵里　2008　甲南女子大学研究紀要，創刊号，15-22．

[29] Kirsten Götz-Neumann 2003 *Gehen verstehen Ganganalyse in der Physiotherapie.* Stuttgart: Georg Thieme Verlag. 月城慶一・山本澄子・江原義弘・益子原秀三（訳） 2005 観察による歩行分析 医学書院
[30] Donald A. N. 2002 *Kinesiology of the musculoskeletal system Foundation for Physical Rehabilitation.* St. Louis: Mosby. 嶋田智明・平田総一郎（訳） 2005 筋骨格系のキネシオロギー 医歯薬出版 p.444.
[31] 京極 真・鈴木憲雄（編） 2009 臨床実習ガイドブック 誠信書房
[32] 京極 真 2008 「方法」を整備する―「関心相関的本質観取」の定式化 看護学雑誌，72(6)，530-534.
[33] 井上恵世留 2009 構造構成主義を学びたいすべての学生へ―自主ゼミを通して考えたこと 構造構成主義研究，3，79-90.

【謝辞】

本稿を執筆するにあたり，貴重な助言をいただきました同僚の山本秀美氏，中田加奈子氏，畿央大学の瓜谷大輔氏，及び，理論論文研鑽会（2009年8月開催）において，貴重なご意見・ご教示をいただきました参加者の皆様方には心から感謝申し上げます。

原著論文（研究）

II - 4　契機相関的−構造重複という視点
——構造構成主義における自己−他者関係の基礎づけ

桐田　敬介

●◆● 1節 ●◆●
問題と目的

1．自己と他者をめぐる「問い」

　私って何なのだろう，私はなぜこの人間で，あの人間じゃないんだろう，私とあの人は違う人間だとなぜわかるんだろう——もしかしたら私があの人たちを人間と思っているだけで，本当は私だけが独りきりでここにいるのかもしれない，この世界さえ，本当は存在し無いのかもしれない。

　このような奇妙な疑問をちらりとでも抱いたことのある人であれば，自己や他者をめぐる「問い」がなかなか解けない「難問」であることは理解されるだろう。こうした自己と他者をめぐって成される「問い」は古来より形を変えて——文芸作品から科学的研究にいたるまで——さまざまな領野において提起されてきたといえるため，その定義も多岐に渡り厳密にこれこれのものであると述べることはできないが，哲学という領野においては主に，「他者も世界もほんとうは存在せず，自分だけが存在しているのではないか」という疑いから生じるような「独我論」や，「自分の外に存在している他者にその独自の内面が存在することを，なぜその内面を知りえない私は認識できるのか」という「他者問題」という難問として提起されているといえる。

　たとえば哲学者の永井[1][2]は，ぼくはこの人間（永井）でなくともよかったはず

なのに，なぜぼくは「この〈ぼく〉」なのかという幼少時代の問いから，「自分だけが存在し自分以外のものは（自分の心の中にしか）存在しない」という認識論的懐疑に始まる「独我論」の考察を経て，他の「ぼく」には完全には理解できない「この〈ぼく〉」が生まれる「独在性」の〈奇跡〉を哲学的に探究している。また心理学者の渡辺[3][4]は先に挙げたような「独我論」の経験を，他者は私と同じ人間であるという「類的存在としての自己の自明性」が破れてしまう体験なのだという独自の自我論を導き出している。そしてその自明性が破れてしまうような自己にとって，他者存在の認識が，「この世界の中にある私が，この世界の中にありつつ，この世界ではないものを把握しようとすることの困難さ」という，「存在論的他者問題」という難問となってしまうことを挙げている。

さて，これらの問題が難問になってしまう理由のひとつには，自己・他者についての問いが，他方の存在や互いの関係可能性に対する懐疑的な実感と関わってきてしまうことが挙げられよう。たとえばバーンスタイン（Bernstein, Richard J.）[5]やジャン＝リュック・ナンシー（Nancy, J-L.）[6]が問うているように，そもそも純粋に自存できる「自己なるもの」（主体），「他者なるもの」（客体）など存在しているのか，自己のうちに他者性は既に立ち現われているのではないか，そのような自己と隔絶した他者を他者たらしめている他性とは何か，互いに共約不可能な複数の他者を同化＝吸収させないような倫理性はいかにして可能なのか，主体意識や全体性に還元不可能な自己や他者の特異性はいかに生起しているのか，そのような互いの特異性を承認しあう多元性はどのようにして可能なのかといった，自己と他者をめぐる複合的な事態への懐疑が問題視されている。

さらにいえば，複合的な事態への懐疑的な問題視は——哲学史的な展開に位置づければ——自己同一的な主体意識が外部の他者や世界を認識していくという，デカルト（Descartes, R.）によって創始された西洋近代哲学の自己－他者観の枠組みからいわゆるポストモダンなどの現代思想の枠組みへ移行する中で生じてきた傾向であるといえる[7]。たとえば文学者の内田[8]は，それまでの自己同一的な主体意識や歴史主義から出発していた近代実存主義の枠組みを打ち破った，構造主義的な自己－他者関係の枠組みの思想史的意義として，「私」を自己同一的な「私の主人」とせず，「私」に統御されない無意識や言語といった「構造」のなかに投げ出された被制的な存在とし，そのような私の理解や共感からも絶した「構造」を，私に切迫してくる語り切ることが出来ない「他者」（l'Autre）という形で取り出したことを述べている。この論及から察せられるように，哲学や思想の領野における自己と他者をめぐる「問い」は，その複合的な事態はもとより，諸思想の対立軸としても語られるため，その答え方如何によっては即座に非難される「厄介さ」をもった「難問」であるとさえいえよう。

2．自己と他者をめぐる「問い」における「擬似問題性」

　しかし，上記に挙げた厄介な問題のいくつかは，西條[9]が「絶対性起源の難問」「概念実体化起源の難問」と哲学的難問の発生起源を言い当てたように，いわば「コトバの呪縛を契機とした擬似問題」として生起しているということが出来る。

　たとえば「正しい自己（他者）認識」「純粋な自己（他者）存在」などを信望するにしろ懐疑するにしろ，それらの背後にはしばしば「絶対に正しい自己（他者）認識」「絶対に純粋な自己（他者）存在」という前提が織り込まれているがゆえに，それらの正しさや純粋さは絶対に存在するのかしないのかという二者択一的な対立（あるいは疑い）が生じてしまうのである。さらにいえば，「独りで成り立つ純粋な自己」vs.「他者に被投されて成り立つ自己」，「自己に迫り来る語り切れない他者」vs.「自己に意味づけられて成り立つ他者」というように，「自己」や「他者」といった抽象概念（コトバ）をその本質があらかじめ内在している「実体」として論じてしまうことによって，特定の本質を有する自己（他者）像とそうでない自己（他者）像とのあいだで，どちらがほんとうに実在しているのかという対立（疑い）が生じてしまう。こうした"抽象概念（コトバ）の絶対化・実体化"によって，これらの「問い」が「容易には解けない難問」として立ち現れてしまっている側面もまた，存在しているといえるのだ。

　だがそのように個々人が抽象概念を実体化・絶対化していても，対立を招くような事態にはならないのではないかと疑われる読者もいるかもしれない。確かに相手の考え方を無視あるいは許容すれば，論争することはないかもしれないが，それでもなお，自己や他者を実体化・絶対化することによって厄介な擬似問題が立ち上がる。それは，対立する自己観・他者観を認めると，今まで信じてきたその存在が消えてしまうために，認めることができないという擬似問題である。

(1) 自己と他者をめぐる存在消失の擬似問題

　わかりやすくいえば，自己がその心を想像的に理解できるという他者像と，絶対に理解できないという他者像とは，それらを実在する他者として実体化・絶対化している限り両立することができず，どちらかがほんとうに実在すると認めるためには，どちらかが消失しなければならないのである。それはいうなれば，今まで存在していると思っていた自分や相手の存在が全くの空想，夢であったのかもしれないと，互いに宣告されるようなものなのだ。その故に，互いに異なる本質を自己と他者に実体化・絶対化していると，自分の自己観・他者観を守ろうと，自分と異なる自己観・他者観は「存在しないものを存在していると思い込み，存在しているものを消し去ってしまう，誤った考え方」なのだと，互いに見なし合い，結果として迷い，疑い，非難にまで到る場合もある。

　たとえば実際に，永井はこの〈ぼく〉を生み出す独在的思考の〈奇跡〉がなかっ

たら，「結局，何もないのと同じなのではないか？それは，結局，「無」ということではないのか？」[10]とその独在性喪失による自己の存在消失を危惧している。また内田においても「私」の理解や共感からも絶しているものとして「他者」を捉えなかったサルトル（Sartre, J-P.）実存主義には「『他者』がいない」[11]とし，また他者を「私の類似者」としたフッサール（Husserl, E.）哲学の考え方では，私の理解から完全に隔絶しているはずの他者の心が，「自分の心をのぞき込めば」想像的に把握できることになってしまうと，その他者性喪失による他者の存在消失を批判している[12]。だがこれらの「存在消失」への疑い，批判自体が，そもそも先に述べたような"抽象概念の実体化・絶対化"によって生じている「どちらがほんとうに実在しているのか（どちらが偽りとして消失するのか）」という擬似問題を前提しているのである。

現代においても独我論的体験を経験した人々がそうした「存在消失」の危険性を根拠とした心の迷いや疑いから生じる不安を感じ，そのことを他人に相談した際に一部の人は心無い非難さえ経験していることを考えるならば[13]，自己や他者の存在を疑う独我論・他者問題に対し，そのような擬似問題が生じることは少なくとも確かだといえよう。自己や他者という身近なコトバであるからこそ，その実体化・絶対化はある意味不可避であるといえ，さらにいえば，深く強く考える事を生業とする哲学者（学者）がこうした「難問」に囚われ，抜け出せなくなっていることからも，この擬似問題の罠から抜け出すのは，そう簡単なことではないことが理解できるだろう。

(2) 構造構成主義による擬似問題の解消

だが，これらの擬似問題性を解明するのに，構造構成主義の理路は効果的に機能するといえるだろう[14]。たとえばその中核原理である志向相関性——《存在・意味・価値は，関心・欲望・身体・目的と相関的に立ち現われる》——を用いることで，さまざまな自己－他者像（本質）を個々の関心（志向性）と相関的に構成される恣意的な「現象の分節化」（広義の構造）として捉えることにより，それらが実体化・絶対化することを原理上回避することが可能な理路を備えているといえる（実際に京極は「他者問題に対する構造構成主義的見解」[15]において，私も他者もその時々の関心や欲望，目的に応じて，多様に意味づけられ価値付けられる「広義の構造」として整備している）。

また先にすこし述べたような実存主義，構造主義，ポストモダンといった諸思想自体も，その思想特有の本質によって独立自存する「実体」ではなく，個々の関心に応じて価値付けられている抽象概念の組み合わせ（コトバとコトバの関係性）によって構成された「狭義の構造」[16]として整備されるため，個々の思想史的意義に固執した対立に囚われないメタ性を発揮する可能性があるといえる。

さらに，構造構成主義は自己と他者との共通了解の原理として，「現象の分節の仕方の同型性」[17]という理路を導出している。これらの理路によって，外部実在の同一性を前提とせず，私や他者といった存在を現象の分節（広義の構造）として整備し，「現象の分節の仕方の同型性」を共通了解のキータームとしたこの理路によって，自己と他者とを原理上多様に価値付けられ意味づけられるという意味で等価な存在として基礎づけ，その関係性構築の可能性（共通了解可能性）を担保することが可能になっている。

3．構造構成主義における，自己－他者関係の基礎づけの限界

　一見，独我論・他者問題は解決しえたかに見える。だが，構造構成主義において解明されたのは独我論や他者問題の擬似問題性（自己－他者関係を実体的に捉えると暗に絶対化され，対立や疑いを招くような難問になってしまうこと）であり，「自己と他者をめぐる複合的な事態」——なぜこの〈ぼく〉は他のぼくではないのか，なぜ他者は自己の外に隔絶されていると経験されるのか，自己の内側にどのようにして〈他者性〉が生じるのかといった問題群——という意味での独我論的問題・他者問題は厳密には解明されてはいない。

　つまり，私や他者，関心（志向性）といった諸々の異なる構造は，現象の分節化であるとはいえ，たとえば，先に挙げた共通了解の過程においてどのように相互に関わることで，互いの存在意味の違いを構成し，その都度生成変化させ合っているのか，そのような「自己－他者関係の生成変化の基礎づけ」——いわば《構造は他の構造とどのようにして区別され，所属し，関わるのか》という，諸構造間における関係性の生成変化——については，筆者の知る限り言及されていない。

　そのために生じる問題とは何か。一言で言えば，構造構成主義に対する「自己と他者をめぐる誤解（擬似問題）」が生じる危険性が増すのである。たとえば，『誰かの関心から自己と他者は規定しきれる存在ではない』『共通了解による自己と他者との並行性が確信される前に，何かについて話すことなど出来るのか』という懐疑に依拠した，『構造構成主義は語り尽くせない他者性を喪失しており，他者が消えている』『自己と他者が並行的な存在であることをあらかじめ前提している』という誤解の余地が生まれる。さらには，こうした自己と他者をめぐる複合的な事態への懐疑的な論及によって，現在展開されている構造構成的な医療実践や教育実践の機能性，果てはその意義までも突き崩される危険性が増してしまうだろう。なぜなら，医療や教育などの諸実践はいわば自己と他者との流動的な関係性を軸として展開されているといえるため，たとえば「構造構成的実践は自己と他者を特定の人物の関心から特権的に規定しようとする，語り尽くせぬ他者性を喪失した自分勝手な実践である」というような誤解に基づく批判にうまく応えられなければ，その実践

自体を危うくしかねないからだ。

　しかし構造構成主義はそのような擬似問題を解消する理路を備えているのだから，そのような誤解などに煩う必要はないと解されるかもしれない。確かにそうした論及は構造構成主義の観点から見れば，先に述べたような実体論的前提（関心は誰かに必ず所属しているものであり，自己と他者はある規定に留まるような存在では絶対にない）に基づく誤解（擬似問題）ではあるのだが，現状の構造構成主義の枠組みは西條も述べているとおり共時態を基軸としているため[18]，自己－他者の共通了解の確信（構造）が生じる以前や以降にそれらの構造はどのように区別され，互いに関係していくのかというプロセスについては──その理論構築の関心外にあったためか──厳密に基礎づけてはいないのである。

　したがって，構造構成主義における自己－他者関係の基礎づけを行うためには，先に挙げたような「自己と他者をめぐる複合的・生成的な事態」を基礎づける，新たな「原理」を構成する必要がある。この理路を組み込むことによって，たとえば上記に挙げたような構造構成主義そのものへの誤解，また構造構成主義を援用している教育や医療における実践への誤解を回避し，擬似問題化された自己像や他者像による誤解や対立にとらわれず，かつそれらはどのようにして『この自己』や『その他者』に生成変化していくのかというプロセスを明示できるようになるといえるだろう。

4．目的

　構造構成主義において，自己と他者をめぐる擬似問題（誤解）を回避し，かつ自己－他者関係の複合的・生成的な事態という意味での独我論的問題・他者問題を解明するために，自己－他者関係の生成変化の基礎づけを行う。

2節
方法

1．科学的方法と哲学的方法

　当然，自己－他者関係の生成変化に関する研究といえば，社会科学や心理学といった科学的方法を用いた研究も含まれる。しかし本論の趣旨との適，不適を考慮し，本論は科学的方法ではなく哲学的方法を採用することをここに述べておく。なおここでいう科学的方法とは特定事象の予測や制御，再現をするために行われる諸研究のことであり，哲学的方法とは特定事象の存在・意味・価値をめぐる諸問題（先に挙げた擬似問題含む）を解消するために行われる諸研究のことであるとしておく。

　科学的方法を採用しない理由としては第一に，その研究対象とした事例に特定の

時代性や地域性といった限定がかかるため，自己と他者関係の生成変化を基礎づける原理とは成りえないこと，第二に科学的説明は特定の哲学的前提（認識論）が関わっているといえるため，あらゆる自己と他者の生成変化に妥当する原理の構築を目的とする本論においては不適当であるということが挙げられる。たとえば，池田も述べているように実証的諸研究は帰納主義や反証主義といった「外部実在は独立的に自存している」という前提に依拠しているといえる[19]。そのため，「現実は言語によって構成されている」とする社会的構築主義のような認識を有している研究者にとっては，それら実証的諸研究の知見が妥当とみなされない「共約不可能性」[20]という問題が持ち上がってしまうのである。この問題に囚われず，かつあらゆる自己と他者の生成変化に妥当する原理を構築するのに資する方法として，特定の哲学的前提に依拠せずに，さまざまな認識の違いから生じている擬似問題の「根本まで遡り，その問題自体を解消してしまう」哲学的構造構成（解明）という方法がある[21]。したがって本論は構造構成主義における「哲学的構造構成」（解明）の方法を採る。

2．構造構成主義における哲学的構造構成（解明）

哲学的解明の方法を選択するといっても，そこには多種多様な方法が存在しているが，本論は構造構成主義における自己−他者関係の基礎づけを目的としていることから，本論の方法論として採用した哲学的構造構成における一方法論である現象学的思考法をベースに展開していくことを述べておく。付言しておくと，本論で述べる現象学的思考法は，竹田[22]・西[23]の現象学理解をもとにしている。その理由としては第一に，竹田現象学が現象学（哲学）を「ツール（思考法）」として用い，その使い方を原理的な形で示していること，第二には，西現象学が現象学を哲学的解明（基礎づけ）に用いることの意味を明確に述べていることが挙げられている。

さて次節では，自己−他者関係の生成変化に関する哲学的構造構成（解明）を行っていくが，その営みは一言で言えば，自己や他者が「生成変化していると確信される条件（構造）を記述すること」，すなわち自己−他者関係の生成論を構築することだといえる[24]。砕いて言えば，「このような事件の後には自己や他者の関係性は変化する」というように，自己や他者に関する事象の説明を行うのではなく，「自己が生成変化したと認識される条件は何か」，「他者が生成変化したと認識される条件は何か」といったように，自己と他者，その関係性の生成変化は，《どのようにして》構成されるのかを問うことであるといえる。つまり，特定の認識論的前提に依拠しない哲学的解明においては，外部に実在していると考えられている存在や意味，価値を還元することで，それらはどのような条件によって（確信構造として），そのように立ち現れてくるのかを予断を廃して記述する必要があるのである。なぜ

なら，疑える余地のある前提を排し，論理的に考える限り疑い得ないところまで省察した理路でなければ，異なる認識論的立場にある人にとってもその条件を洞察でき，妥当であると了解される「原理」は構築し得ないからである[25]。したがって，求められる生成論は，あらゆる自己と他者の関係性について妥当することが，異なる認識論を有している人にとっても洞察でき了解できる条件を有した理路であるといえよう。

　上記に挙げた諸条件と，構造構成主義に導入可能な生成論的理路の構築を行うという目的を勘案し，本論では構造構成主義における生成論的視点を基礎づけた桐田の契機相関性[26]と，その援用元であるロムバッハ（Rombach,H.）の構造存在論[27]を，自己－他者関係の生成論を基礎づける直接的なツールとして選択する。その理由としては第一に，以下に詳述していくが，契機相関性と構造存在論とが，自己と他者とを独立自存的－帰趨全体的にせずに，その生成変化の様相の基礎づけを可能にする「存在論」[28]（ある存在者がそのような存在として如何に立ち現れるのかを基礎づける考え方）を有していること，第二に，それらの理路は構造構成主義との親和性が高いため，構造構成主義における独我論的問題・他者問題を解明するのにも適していることが挙げられる。

●◆● 3 節 ●◆●
契機相関的－構造重複という視点

1．自己－他者関係の生成変化の存在論
(1) 自己と他者の存在論──実体，システム，世界，志向性

　それでは，自己－他者関係の生成変化について分析していく。本項では生成変化に関する存在論の変遷を，ロムバッハに倣って実体存在論，システム存在論，世界存在論という段階を通して記述していく。

　ではまず，実体存在論という考え方に照らして自己と他者を捉えてみよう。この考え方はその要諦をまとめるならば，「存在はそれ自体の普遍的・不変的な本質〔それがなにであるか〕によって自存し，その本質に向かって生成変化する」とする考え方であるといえる[29]。しかしこの考え方では，自己や他者の本質をあらかじめ規定してしまうため，時代や文化によって自己や他者に見出す本質（それがなにであるか）が変化していく過程を捉えることはできないし，個々人で捉え方の異なる自己像や他者像が生じうることを基礎づけることができない。さらにいえば実体論的な考え方は，特定の自己像や他者像を「（個々人や諸文化などから）独立している普遍の実体」とみなしてしまうため，1節で述べたような「あるべき自己，他者の在り方」といった倫理的な理想理念化をも助長させ，さらには存在消失の擬似問

題——相手が「存在しないものを存在していると思い込み，存在しているものを消し去ってしまう，誤った考え方」を持っていると見なし合う対立——に陥ってしまう恐れがある。したがって，実体存在論は自己と他者の存在論としては，複数の自己観・他者観の間で擬似問題化しやすいという点において不適当であるといえよう。

次に，システム存在論という機能主義的な考え方を検討してみよう。この考え方は「全体的なシステム（機構，法則，制度など）における機能性によってのみ，それぞれの存在・意味・価値はシステム内の要素（element），位置価として規定される」とする考え方であるといえる[30]。わかりやすくいえば，民族や国家，社会や言語といったあらかじめ決められている文化的諸制度，価値体系などの特定のシステム（全体性）によってのみ，その内部に生まれてくる自己や他者の存在や意味は規定されていくとする考え方といえるだろう。確かにそのような側面も存在するだろうが，この考え方ではそのような全体性をも変容させるような自己や他者の存在意味の生成変化を捉えることはできない。つまり，自律的に閉じたシステムを無矛盾に構成する「要素」としてあらゆる存在を一般化しているために，そのシステムから逸脱する現象（たとえば反則や故障，革命）が生じうることを，このシステムはその内にあらかじめ基礎づけることが出来ないのである[31]。その意味ではこの考え方も実体存在論と同様に，特定の自己や他者の在り方を，被投的な文化的価値や社会的制度，言語体系などを根拠にし，「このシステムに規定される以外の在り方など存在し得ない」と必要以上にその規定性を絶対視する恐れがあるといえるだろう。よって，システム存在論では自己と他者の生成変化を基礎づけるには不適当であるといえる。

続いて，ハイデッガー（Heidegger, M.）によって存在論的に提起された「世界」という考え方について考察しておく[32]。ハイデッガーは，存在者の存在意味は，現存在の「配慮」によって意味づけられている「世界」（有意義性の連関）の「内」で立ち現れていくと考えた。たとえば，人間にはそれぞれの世界観（有意義だと思うことの全体）があるといえるため，彼にとってあらゆる存在・意味・価値は，彼の世界観の内でのみ規定されていくとしたのである。この考え方は，あらゆる存在に対する現存在の配慮という「関心」の構造[33]を，その世界観，存在意味の構成原理として挙げている点で，上記のシステム存在論よりは個々人での存在意味の捉え方の違いを言い当てることが出来ているとはいえよう。しかしロムバッハも述べているとおり，いまだこの「世界」の存在論はシステム的な帰趨全体性によって（世界という全体性に遡って）存在の意味を規定しているため，個々人の世界観（関心）とその「内」で出会われるとされている自己や他者の存在意味がいかにして関わり，生成・変化していくかについては明らかにしていないのである[34]。よって，世界の存在論では個々の世界観から逸脱していく自己や他者の存在意味の生成変化——

その世界観を塗り替えるような新たに発見される自己や他者の存在意味——という様相を基礎づけることが出来ない。

さて，構造構成主義における中核原理である《志向相関性》についても，ハイデッガーの「世界」の存在論と同様のことが言える。桐田が論じたように，存在・意味・価値は関心・欲望・身体・目的といった諸々の志向性から規定されるとしているため，自己や他者といった存在が志向性とどのようにかかわり，どのようにして生成変化していくのかを厳密には基礎づけていないのである[35]。そのため，その時々の志向性による自己や他者に対する意味づけ（構造化）を言い当てることは可能でも，その存在意味の生成変化や，志向性そのものの移ろいといった生成論的な様相を直接的に基礎づける理路にはなっていないのである。

もちろん，上述してきた諸々の理論は本論が探求している生成論的諸問題とは異なる目的の元に設計された理路といえるため，この理論設計がその生成論的視点を有していないという言及はその理路そのものへの批判には成りえないだろう。しかし，本論の自己と他者の存在論を探求する目的においては，それぞれの存在を不変の独立した実体とみなしたり，ある全体性に遡って規定されている要素とみなしたり，ある志向性から一方向的に規定される存在とみなすことは，今まで述べてきたように，その存在意味の生成や変化の様相を捉えきれないという点において有効に機能しないといえる。そこで本論は，「契機相関性」という原理的生成論によってこの様相を捉えることを試みる。

(2) 契機相関性

契機相関性とは，志向・存在・意味・価値がどのように相互に関わり，生成変化していくかを基礎づけた原理である[36]。この理路は，あらゆる志向性・存在・意味・価値を——それ自体で独立自存する実体（substance）でもなく，全体性に担われた要素（element）でもないという意味において——互いがその生成変化に関与していることによってのみ，生起している「契機」（moment）として捉える。「契機」とは，ロムバッハによれば「相関によって生じる現象」，「相互の相関関係によってしか規定されえない現象」を示す概念であり[37]，砕いて言えば，志向や存在，意味や価値といった諸々の「立ち現われ」は，他の「立ち現われ」の生成変化の「きっかけ」という存在意味においてのみ，生起していると考えるのである。つまり，どの志向・存在・意味・価値も，個々独立して生起していたり，ある全体的な規定に従属し続けていたりすることはなく，そのつどの契機相互の相関性（きっかけの関わり方）によってのみ，その立ち現われの《いかに》がはじめて生起する（発現する）ということを意味している（なお付言しておくと，契機相関性ではこれら契機や構造の「立ち現われ」を，構造構成主義における「現象」概念との混同を避けるため，ロムバッハに倣い「発現」（Aufgang）と呼称している[38]）。

例を用いてわかりやすくいえば，交渉相手との対話の際，相手の身振りや自分の思惑によって交渉する目的などが移ろう中で，互いの発言に与える意味づけもその都度変わっていくように，志向・存在・意味・価値は相互にその生成変化に関与していくことによって，互いをその都度生成変化させていることを基礎づけているのである。契機相関性は，志向性も存在・意味・価値の生成変化に関わっているという点で「契機」として捉えるため，その相互相関的な生成変化そのものを，「諸契機相互の移り変わりによって生成変化する《構造》」として認識する。契機相関性は，《構造は諸契機と相関的に生成変化する》という，構造構成主義における広義の「構造」概念の自己生成的な側面を認識しようとする理路である。

結論を先取りしてしまうと，この「契機相関的な構造の自己生成（構造生成）」というモチーフを，本論においては自己−他者関係の生成変化の解明に用いることで，さらに探求していく形になる。この試みにおいて，さらに生成論的な考え方を基礎づけるため，契機相関性の援用元であり，構造構成主義の広義の構造概念の援用元である，ロムバッハの構造存在論に再び立ち返る。

2．自己経験，他者経験の構造
(1) 自己という構造，他者という構造──構造生成

自己と他者とを，その本質があらかじめ内在している実体として独立自存させる考え方（たとえば他者は自己の外に存在するものである，自己と他者はそれぞれ独自な内面を持っている）に慣れている場合，先に端的に述べたような「構造の自己生成」という考え方はうまく理解できないかもしれない。その考え方では自己と他者とは，それぞれ「構造」という枠組みのなかに閉じ込められ，それらの存在意味が相互にかかわりながら生成変化していく様相など基礎づけられないのではないか，という疑義がはさまれるかもしれない。

しかし，さしあたり上記の疑義は《構造生成》という概念の誤解に基づくものであるということができる。ではまずこの構造概念を明らかにするため，いくらかロムバッハの構造存在論から引用を持ち出しつつ説明することにしたい。

> 厳密に言えば，「構造なるもの」は存在しない。諸契機が存在するだけである。全体連関〔構造〕は「ある」のではなく，個別的なもの〔諸契機〕の精緻さが由来するところとして表明されるだけである。全体連関を捉えようと試みると，全体からは拒絶されて，個別的なものの継起的な精緻化に依拠するよう指示される，という経験をする。(p.144)（〔　〕内筆者）

上の引用を，本論の趣旨に沿わせつつ例を用いて説明してみよう。たとえば初対

面の「A」という人物の全体像を捉えようとする場合,「目の前にいる,背が高く,目が大きく,なんとなく好感が持てる,歌が好きな人物の名前はAというらしい」というように,さまざまな諸契機(志向・存在・意味・価値)がその都度「Aという人物像」として連関されていくなかで「Aなるもの(構造)」が構成されていくといえる。したがって,厳密に言えば「Aなるもの(構造)」は実在しないのだが,それら「諸契機(志向・存在・意味・価値)の継起的な連関」が由来するところとして,「Aなる人物像(構造)」が生成されていくと考えるということである。

そして,自己経験や他者経験の生成変化を洞察してみれば,それまで自己と思っていたイメージが変容したり,他者に与えていたイメージがより明確になったりということがあるように,それまで抱いていたイメージの撤回や,認識の精緻化といった事態,つまり「自己－他者像(構造)の【修正】」という経験があることに気付くだろう[39]。そして,そうした「自己－他者像」を変貌させるような異他的な契機(の発現)が生起することをロムバッハは,「根元的－他者」の経験であると分析している。

> 道が根元的－他者の無を経由している場合にだけ,生成が,行動する者の誕生を意味する行動が成立する。そのように誕生した者だけが存在する。誕生は絶対的な非(Nicht)から生ずる。絶対的な非は,他のものの只中での根元的－他者として,また他のものとして破り開ける――唯一の可能性の脱去として,死の厳粛さとして,耐え難い笑止なものとして,消耗しているため無理を言えないこととして,うまくいかない為の絶望として。この根元的－他者の根元性は意のままにならぬことのうちに,この他者ではないことのうちにある(死,神,不安,失敗)。(pp.224-225)

上記引用を本論の趣旨に沿わせてまとめておこう。根元的－他者とは言わば【構造の首尾一貫性を変貌させる「立ち現われ」】を概念化したものであり,砕いて述べるならば【うまくいかないこと】【意のままにならないこと】である。

たとえば私たちは自己であれ他者であれ,漠然と抱いていたその「人物像」と矛盾したり,瓦解したりするような事象に出会った瞬間には,その人物をうまく言い当てるような「人物像」を構成できないことがある。そしてそうした「その人のイメージと相反する事象」をも含めて,その人物を再びうまく言い当てられるような「人物像」を再構成するよう迫られる。あの人は「こういう人だったんだ」,私は「こんな人間だったんだ」と。しかし,そうした新たな自己像－他者像による再構成が――納得できない,もしくは認めたくないといった葛藤や絶望を通して――【うまくいかないこと】【意のままにならないこと】にこそ,この契機(発現)の異他性

が根元的であるとされる所以がある。

　つまり，自己や他者の生成・変化（修正・再構成）には，程度はどうあれ不可能性（うまくいかなさ，意のままにならなさ）が契機（きっかけ）として存在しているということだ。そして，私たちはそうした意のままにならない不可能性に対処，習熟しながら，その都度新たな自己像－他者像の可能性を模索していく。こうした不可能性の修正，可能性の生成は，その都度諸契機が新たに連関されていく内でのみ，すなわち「それは行く」という「成り行き」（Vorgang）の内でのみ生じると，ロムバッハは分析している[40]。

　　　　　新たな可能性は不可能性を原料として作られており，作りかえられた不可能性である。不可能性はそれによって「より可能的」になるわけではなく，前に「可能性」として待ち構えていたものの段階に後退するわけではない。……（中略）…このようにして達成された可能性は，自力で果たされたものでも，他力に負うたものでもない。また両者の「混合」でもない。歩みが届くことは歩み自体から理解されねばならず，しかもその時々に，たった今なされた歩みから次の歩みだけが生じ，かくして行くこと自体が行く，という風に理解されねばならない。(pp.225-226)

　上記引用について例を用いて説明してみよう。
　たとえば，友人に自分が葛藤していることを相談しているとき，思わず口から出た言葉に自分自身が納得してしまったり，相手の質問に沿うようないい言葉が見つからなかったりといった，（よくもわるくも自力や他力のみに還元不可能な）その都度の意のままにならぬ不可能性が独自の契機（きっかけ）として存しているといえるため，悩みの相談はその時々の対話のやりとり（歩み）によって，その対話ごとに独自の解消の可能性が探索されていく営みであるといえるだろう。この意味で，その相談で辿り着いた悩みの解消（不可能性の修正，新たな可能性の生成）は，その時々の対話の躓きや飛躍も含めた，その都度の具体的な対話のやり取り（歩み）の遅延や進展といった《成り行き》に基づいて成されていった可能性なのだと理解するということだ。その意味でこの考え方には，その都度の志向・存在・意味・価値が相互に関わる中で，意のままにならない不可能性に出会う具体的な「歩み」の「成り行き」においてその生成変化を捉えるため，常に「新たな構造の生成」に失敗するかもしれないという危うさも含意されている。
　そしてロムバッハは，これらの構造が生成される尺度として「首尾一貫性」という概念を提起している。このように述べると，自己や他者を首尾一貫したものと前提しているのではないかと捉えられそうだが，そうではない。ここでいう首尾一貫

性とは論理的整合性・無矛盾性でもなければ，特定の目的を満たすことでもなく，一言で言えば【見越しえない諸々の可能性の解除】という意味なのである．

> 「うまくいく」あるいは「首尾よくいく」というとき，予め定められた目標が成就されるわけではなく，見越しえない諸々の可能性が解除されるのである．……（中略）……内的に体験を導いているもの——これだけが成り行きを操作しうるのである——についての自己確信が，構造の規準に関する唯一，したがって一義的な尺度である．構造はうまくいくか否かについてだけ問われる．その他の外的な尺度性には関係付けるべきではない．(p.265)

たとえば私が今後どのような人間に成っていくのか，この相手の存在が今後私にとってどのような意味を持つように成っていくのか，私たちはさまざまな可能性を勘案することが出来るが，それらは現段階では「見越しえない」．このことはなにも遠くの将来ということに限らない．たとえば以前仲たがいした相手と話し合おうとするとき，うまく関係を修復できるかどうかは厳密には見越しえないが，「危ういときもあったけど，話し合っていく中で，なんとか関係を良い方向に修復できた」というような，「その時々の自己－他者関係の再構成プロセス」は，その都度の会話の躓きや飛躍，遅延や進展といった諸事象の継起把捉（成り行き）を経ていくなかではじめて立ち現われる（発現する）といえるため，「さまざまな可能性があったが，成り行きの内でこの関係性に再構成された」という「見越しえない諸々の可能性が解除された」という確信こそが，首尾一貫性という概念で言われていることなのである．

ここで想定される次の疑問に答えておこう．「この自己像（他者像）で再構成できたと絶対に言いきれる尺度などというものは存在するのか？」．端的に答えるならば，「再構成できた」という確信成立を尺度（条件）としているのであって，特定の外部実在的なモノサシで「ここからここまで」と実体論的に述べているのではない．そして，この疑問は「尺度」というもの，再構成ということを実体論化，絶対化していることを述べておく．本論は先にも述べたように，実体論化や絶対化を避けるためにそうした外的な尺度に頼らず，「うまくいく」か「いかない」かという不安定なバランスに立脚する「成り行き」のうちで，その都度の事象に即して新たに独自の尺度を再構成していくものとして，自己と他者の生成変化を捉えようとしているのである．

ひとまずまとめてみよう．本項においてロムバッハの引用を交えて述べてきたことは，自己経験も他者経験も，成り行きのうちで生じる根元的－他者という【意のままにならない】契機に出会いながらも，その都度の事象に即して（契機に応じて）

新たな自己像（他者像）の可能性を模索していく《構造》として生成変化しているということだった。そしてその生成変化が成されたと確信される条件は、ありえたかもしれない自己像（他者像）から、この自己（他者）に成っていったという【見越しえない諸々の可能性の解除】という首尾一貫性の確信(発現)であった。

　だが、いまだ次のような疑問が残るだろう。自己と他者が新たな存在可能性の再構成として生成するものならば、今まで存在した自己（他者）のイメージと新たに生まれた自己（他者）のイメージとはどのように関わっているのか——まったく消えてしまうのか、それとも存続し続けているのか。さらにいえば、自己の中に〈他者性〉が生成されるといった事態は、今までの記述の中では基礎づけられないのではないか。これらの問いを理論的なレベルに置き換えると、それぞれが「構造」として生成されると捉えるならば、それら構造同士の関係性はどのように基礎づけられるのだろうか？　構造内における異他的な構造同士の関係性の生起はどのように基礎づけられるのか？　という問いになるといえよう。

(2) 自己−他者関係の生成変化——**構造重複**

　結論から言えば、「異なる構造同士はどのように関わっているのか？」という問い自体が、ある程度実体論的な前提を基にしている[41]。つまり《構造》は「相互にその生成変化に関与している諸契機の連関」としてのみ生起するのであるから、諸構造が互いの生成変化に関与しているならば、《構造》も他の諸構造にとっての《契機》として生起していると捉えることが可能なのである。したがって構造同士の関係性は、相互に相関しあう成り行きのうちで新たに構成されていく《構造》自身における「多重性」として捉えられる。

> 　構造の多数性は実体の場合のように外的（偶有的）ではない。構造の場合には「そと」という何もない空間や、「外的」というための関係可能性が存在しないのであるから、そのようなことはありえない。それゆえ構造の多重性は構造自体のうちのそれぞれ別な多重性として構成される。構造の多重性は自己自身をもとに己れを多様化するのである。(p.320)

> 　各々の構造は多様な契機を含んでいる。これらの契機の各々はそれ自体またひとつの構造であり、さらにまた契機を含んでいる。諸構造は包含しあっている。(p.342)

　そのためロムバッハは、（後に詳論するが）「そと」という何もない空間や、「外的」（偶有的、偶然的）な関係可能性といった実体論的な様態も、すでに諸契機との連関性（首尾一貫性の解釈）が関与している《構造》として考えるため、諸構造

同士の関係性（多数性）は——「多数」という一見個々の実体の集合として捉えがちな様相ではあるが——実体的に基礎づけられることは「ありえない」とされているのだ。このゆえに構造の多数性は，諸契機（構造）がその都度の契機に応じて，既に生起している諸構造とは「異なる関わり方（連関）」を生成することによって——《構造》のうちで他の構造とは異なる新たな「ひとつの構造」が重複していくという，《構造自身における多重化のプロセス》として基礎づけられるのである。

　例を用いてわかりやすくいえば，年を経ていくごとに増えていく多種多様な人々との独自な関わりの全体（構造）が，総体的にはその都度質の異なる人間関係が重なり合っていくなかで拡がっていくという様相を呈するように，「その都度の契機に応じて他の諸構造との新たな関わり方が生成し，関係性が多重化していく」様相として捉えるのである。各々の人間関係（構造）が築かれるには多様な「きっかけ」があり，その「きっかけ」に関与している各々の契機（自分や相手，コトバ，身振り，環境など）はそれ自体また「ひとつの構造」といえ，それを構成している諸契機の連関を含んでいる。これは原子論的関係ではないし，先の「《構造》は実在しない」との言明とも矛盾しない。たとえば，この多重的な人間関係そのもの（構造）は厳密には目に見えない（実在しない）が，その関係に関わっている私（一契機）にとって，その人間関係は私の多様な存在意味（構造）の生成変化に関与する重大な《契機》として発現しているといえる——つまり契機の考え方においては，その都度の相互の関わり方如何によって，ある契機は他の諸契機を含む構造として新たに発現し，構造は他の構造を生成変化させる内なる契機（きっかけ）として発現する。このゆえに「諸構造は包含し合う」のである。

　このように考えることによって，自己と他者とその関係性をそれぞれ《構造》という概念で捉えつつ，それら異なる存在意味の生成変化をも構造の多重性として担保することができるようになる。つまり，自己と他者とはそれぞれどのような「何らかの立ち現われ（発現）」を契機として構成されていく構造であるのかを明らかにすることによって，自己と他者の差異を「関わり方（連関）の違い」として，またそれぞれ異なる構造の関係性の生成過程を——どちらも不変的に実体化することなく——構造の多重性として基礎づけることが可能となると考えられる。以下では再びロムバッハの引用を交えて，自己－他者関係の生成変化を生活的遠近性，内－外，自－他，現臨－脱去，隔絶－包含という段階を通し考察していく。

　　　　今の「（私は）ある」とはあのプラタナスであり，そのプラタナスが私の眺望の中央部にきて鮮明なシルエットを描いて，山鼻の端を突き出て夕空に達しているということである。「（私は）ある」とは，これらのものや夕食が近づいているということが「私に対して－ある」ということであり，つまり

それらのものの生活的遠近性であって，決してあれこれのものの寄せ集めではない。(中略)すべての遠近性は——私が関与していることの諸形式として——ひとつの裂きえない連関を形成し，私はその連関としてある。(pp.330-331)

　実体論的に考えるならば，「私が今ここに実在しているから，私の体験が生じている」とするだろう——だからこそ，「私がここに実在しなければ，この体験も生じないはずだ」という擬似問題が生じてしまう[42]。そこでロムバッハは，〈遠くにプラタナスがあること〉や〈夕飯が近づいていること〉といった「〈他なるものが私に対して‐あること〉が，〈ここに私がいること〉を確信する契機」であり，その逆も然りと考えるのである。そして，こうした〈ここにいる私〉と〈あそこにあるプラタナス〉といった構造相互の連関が由来するところとして，「生活的遠近性」という《構造》が生起していることが分析されている。
　そしてロムバッハは，この生活的遠近性を精緻にしている構造として，自他の確信を構成している「内‐外」という構造を挙げている。後で詳しく取り上げるが，以下で述べられる〈内〉とは「主体・自我・意識などの存在論的公分母」を意味し，〈外〉とはこの〈内〉に対応して立ち現れている事象の「立ち現われ方」を表している（実体論的な「何もない空間」のことではない）[43]。これらの内‐外構造も多重性として相互に相関し重なり合っており，自他の構成においては，他なる〈内〉からの「脱去」が，自他の確信条件として論じられる。

　　　　見ている人間の「体験」には他のものが〈あそこにあること〉が含まれているだけではない。それにはまた，彼らなりの別の「あそこ」と別の「ここ」とをもった他の見ている人間たちの可能な〈他なるものとしてあること〉も含まれているので，他の見ている人間たちは他の人間たちとして，この見ている人間の構成現分に含まれている。(中略)——さて，しかし「わたし」は事実として他の「わたし」とは別の「わたし」であって，それらの「わたし」が有している〈内〉の〈内〉所与性を持ってはいないのではないだろうか。もちろんそのとおりではあるが，他のものからのこの「脱去」がわたしの「所与性」である——また，わたしの「主観的な」体験が〈内〉にとらわれているということがわたしの「世界」の客観性および没関係性という性格である。「自我」が「世界」の「内」にあるのではなく，世界ーではーない「自我」が「その内にあること」が世界である。世界は「自我」という形式では自己自身の内にある。重複。「自我の形式」とは常に「この自我だけ」の形式，「他のものとは違う」形式である。「世界」は（自我の）〈内〉構成

　　　　　に必要な〈外〉であり，同様に自我は〈外〉構成に（世界に）必要な〈内〉
　　　　　である。(pp.109-111)

　「私がこの自我として実在しているからこそ，他者の自我としては存在できない」
と捉えてしまうと，「なぜ私はこの人間であって他の人間ではないのか」という擬
似問題が生じる[44]。そうではなく，そもそもそうした擬似問題が，他者とは異な
る私の内面と，私とは異なる他者の内面が実在していることを前提していることを
考慮しなければならない。そこでロムバッハは，自他の内面がそもそも異なるとい
うことはどのように確信されるのかを，「現臨」，「脱去」という概念を用いて究明
する。
　たとえば相手の意図を尋ねても教えてくれなかったり，自分の意図が伝わらなか
ったりするとき，私は〈あの人の心から切り離されている（他の〈内〉から脱去さ
れている）〉と感じることが，そのように感じるこの心は〈私のもの〉なのだと深
く了解する契機になっているということである。同様にこの人は〈私の心から切り
離されている〉と感じることが，この人の心は〈この人のもの〉なのだと，自他の
内面の違いを深く確信する契機になっているということだ。
　ゆえに「自我」の構造は「他の〈内〉からの脱去（複数の他人の心から切り離さ
れていること）」によって常に「この自我だけ」の「他のものとは違う」構造に成
ると基礎づけることが出来る。そして「この自我の構造」を生起させる契機である
「他のものからの脱去」の確信もまた，「この自我（この心）のみ与えられている」
という現臨の経験によって生起していると考えることによって，自他（内外）関係
を相互相関的な関与のうちで生起する構造として基礎づけることが出来る。

　　　　　「ここ」では私に多くのものは与えられてい「ない」。そのようなものがわ
　　　　　たしに与えられてい「ない」ということは，私に「ここ」と「これ」とが与
　　　　　えられているということとまったく同じである。私には「これ」しか与えら
　　　　　れていないということは，私にそれが他のものから与えられてはい「ない」
　　　　　ということと厳密に一致する。所与のものとともにすべては一緒に与えられ
　　　　　ている。所与のものとともに所与性が与えられている。構造には「非」は存
　　　　　在しない。脱去は能与である。このものが与えられているということは，常
　　　　　に，他のものが一緒に与えられているということ──そして，与えられてい
　　　　　ないものが一緒に与えられているということである。所与性は諸々の所与性
　　　　　からなる複雑な機構（構造）である。（中略）あらゆるものの現実性（客観
　　　　　的に与えられているということ）は，何ひとつ「あり」はしないということ
　　　　　に依拠している。(pp.325-326)

例を用いて上記引用を説明するならば，以下のようにいえるだろう。過去への郷愁や将来への希望を想像するとき，今の私には「そのようなもの（過去や未来の事象）が与えられていない」という経験が，今の私には「これが与えられていること」を確信させる契機となっているといえる。同様に自分の知識の無さに気付いたり，相手の持ち物を羨んだりするときのように，「私にはこれしか与えられていない（私にはこれがあたえられている）」経験が「私には他のものが与えられてはいない」こと，即ち「自他（内外）」の存在・意味・価値の差異を確信させる契機となっている。

念のため補足しておくと，上記引用の後半（「このものが与えられているということは，常に，他のものが一緒に与えられている」「与えられていないものが一緒に与えられている」）は矛盾に聞こえるかもしれないがそうではない。「与えられていないもの」が与えられているというのは，要は「与えられていないもの（脱去）」が立ち現れることが，「与えられているもの（現臨）」を確信する契機となっており，その逆も然りなのだということである。ゆえに，「所与性は諸々の所与性からなる複雑な機構（構造）である」と述べられているのである。

> 「客観的実在性」はあらゆる解釈の基盤ではなく，それ自体もうひとつの解釈である。（中略）あらゆる契機とアクセント，あらゆるアスペクトと展望の生動性としての現実性は，脱去したものを現臨するもののうちに，また現臨するものを脱去したもののうちに現臨させる。この現実性は静的な動向ではなく，相互代表を間断ない修正によって制止させる変貌過程である。(pp. 327-328)

実体論的前提に立つと，今ここで与えられている自己や他者がいる現実世界だけが確か（客観的）で，その他の現実観や空想，夢などは頭の中にしかないため不確か（主観的）なものだということになるだろう。ここから「今ここの現実が実在していなければ全ては消え去る」「この現実も夢かもしれないと疑いうる」といった擬似問題が生じる。そこでロムバッハは，現実性というものを客観・主観どちらかに転倒させるのではなく，たとえば悪夢から目を覚まし辺りを見回してあれは夢だったのかと確かめたり，過去におきた事件の痕跡を見て今のこの現実を再認識したりするときのように，このものが〈今在るとする解釈〉を契機として他のものが〈消えていること〉が確信され，このものが〈消えている（実在しない）とする解釈〉を契機として他のものが〈今在ること〉が確信される様相として，その都度の自己や他者，世界の現実性は現臨－脱去の相互代表の解釈が変貌していく過程として構成されるとするのである。「実在だけが現実である」も「現実も夢である」も，実

体論化すると擬似問題化するが，それらはさまざまな存在の現臨−脱去関係の「解釈」であるとすれば，問題ではなくなる。

そしてロムバッハは，生活的遠近性，自−他，内−外，現臨−脱去というその都度の存在意味の違い（差異）が構成されていく経験を，「隔絶」と「包含」という概念で言い当てていく。

> 「（私は）ある」ということにおいて対決は全面的である。諸事物が私から隔絶され，大部分は私のほうに向かないということが，くっきりと私の現実存在である。他の現実存在が私のものではなく，それぞれ違った方向を向いているということが，私の現実存在が私のものであることである。私がまず最初に与えられ，それから私に世界が与えられているというわけではなく，振り向きおよび背向きというアクセントをもった構造における世界の押し迫りが，私が私に与えられる仕方なのである。世界の押し迫りは私を私に押し付ける（pp.331-332）

すなわち「私なるもの」や「他者なるもの」，「世界なるもの」があらかじめ存在して相互に関わるのではなく，今まで述べてきたような〈他のものが私に対して−ある〉，〈他人の心から切り離されている〉，私には〈これしか与えられておらず，他のものが与えられていない〉といった，諸事物が私から隔絶され，大部分が私には与えられない違った志向や考えをもって私に迫ってくるという「その都度の隔絶の経験」を通して，私にはこれが与えられているという「包含の経験」から，私，他者，世界といった内−外関係の確信が生成・変化していくということである。

そしてこの内−外関係は，その都度生成変化していくものである。たとえばこの身体が疲弊して動けなくなったり，心にさっきまで忘れていた嫌な思い出が突如訪れて気が滅入ったりして，心身（内）のうちに意のままにならない疲労感や憂鬱さ（外）が入り込んでも（ある「内」を〈外〉性が隔絶しても），その後の休息や忘却がうまくいけば，ふたたびこの私の心身は健康状態に成ったとして再構成され，先ほどの疲弊や嫌な思い出に感じた「意のままにならなさ」は解消される（〈外〉が新たに「内」に包含される）といえよう[45]。もちろんそのような嫌な思い出や疲弊といった現象が，忘却や休息といったプロセスを経ることで解消されるからといって（「内」に包含されるからといって），「包含されれば完全に消え去ってしまう」といっているのではなく，それらは外なる「今はもう与えられていないもの（脱去したもの）」として今の「内」を構成している。「外」は内を与え，内のうちなる構成素となる[46]。内なる私を構成する記憶や他者との関係性も外から迫られた事象であるように，ある内−構成（包含）は外−構成（隔絶）を通してのみ可能なので

ある[47]。

> 　　　内と外とはひとつの構造を形成する。両者が一緒になってひとつの「事象」であるから，一方がなければ他方もない。各々の構造が内－外を表出する。なぜなら各々の構造はその構造自体の解釈であり，したがって（内としての）己れを（外としての）己れへ関係させるからである。内－外は常にあるのであって，ただそれがきわめてまちまちの形式を取りうるだけのことである。（中略）「外界問題」などというのは発想が誤っているというしるしである。対応する外がなければ内はなく，ある秩序をもって関係する内がなければ外はない。ある現実領野の構成はある主体所与性の構成と同一である。主体性はありとあらゆる〈内〉所与性からなる複合的機構であり，これらの〈内〉所与性は分化した〈外〉領野の複雑に入り組んだ諸性格に各々特殊な仕方で関係している。諸々の〈内〉性格の境界は重なり合わない。ある〈内〉性格は他の〈内〉性格にとっては〈外〉性格である。構築関係は絶えず変化する。(pp.323-324)

　「世界や他者が実在するからこそ私が存在する」「私が実在するからこそ他者や世界が存在できている」といったように実体論的な考えを元にしていると，「世界（または他者）が消えてしまえば私も存在できない」「私が消えてしまえば世界も他者も消えてしまう」という擬似問題が生じることになる[48]。そこでロムバッハは，世界や他者，私は個々独立的に実在していると考えるのではなく，両者が一緒になって互いの事象（構造）を構成していく，欠かざる契機として相互に関与している（発現している）のだと考える。

　上記に述べたことを，例を用いて示せば以下のようにいえるだろう。たとえば，「消えた世界に取り残された私」といういくらか文学的な実感（または哲学的懐疑）も，世界が「消えてしまったもの」として経験される（脱去された〈外〉性として隔絶される）ことによって，「私」は孤立させられているのであるから，「消えてしまった世界」は実体的に消えてしまったわけではなく，私の内なる孤独な実感を構成するのに欠かざる〈外〉性の契機として関与している（発現している）。

　この意味で，各々の構造（「世界から孤立した私の実感」といった事象）は，その構造自体の解釈（この私と世界との関係の解釈）であり，それはまちまちの「内－外関係」（隔絶－包含関係）を表出する，とされているのである。すなわち，いわば両者の関係解釈を通して，孤立した私の実感や消えてしまった世界の実感といった，それぞれの「事象」が構成されているというわけである。ゆえにこの考え方を基にすれば，私や他者，世界が消えてしまっているという懐疑的な実感において，

私や他者，世界は（実体論的に，実在として）本当に消えているのではなく，それらは「脱去された〈外〉性」として隔絶される（解釈される）ことによって生起している「内」性格（たとえば，何ものも存在しないまったくの「無」）を構成している，欠かざる契機として発現している（関与している）のだと基礎づけることが出来る[49]。

さて，上記引用の後半を参考にすることによって，私たちは自己の他者化，他者の自己化[50]といった複合的な事態も洞察できるようになるだろう。例を用いて言えば，大事なものを喪ってもう自分が今までの自分ではなくなってしまったように感じたり，今まで抑圧していた「やりたい事」に挑戦して自分が自分らしくなったように感じたりといった，ある事象が「きっかけ」で構成されていった自己（他者）像が，それまで自分（他者）だと思っていたイメージとは異なるイメージを打ち立てていく（今までの性格を自己から隔絶することで，新たな性格が包含されていく）といった自己－他者関係の生成変化を，契機相関的な構造重複プロセス（隔絶－包含過程，構造の多重化）として基礎づけることが可能になる。

ひとまずまとめておこう。自己－他者という異なる存在意味やその関係性は，生活の遠近性や現臨－脱去，内－外といった相補的な構造解釈における，その都度の事象に即した隔絶－包含過程を通して生起しているということであった。そしてこのプロセスを通して生成変化して行く自己や他者における諸性格（構造）の多数性は，その構造自身の隔絶－包含関係の生成・変化による多重化として発現しているため，それらは言わば《構造重複》として生起しているといえる。このように述べることで，自他の本質をあらかじめ内在させたうえで外部に独立的に実体化させることなく，それらの存在意味の規定を特定の閉じた全体性に求めることなく，個々の異なる世界観に求めずに，その都度の事象に即して，意のままにならない根元的－他者に遭遇しながら，新たな存在可能性を模索し，その都度新たに生成変化していく自己－他者関係の存在論を構成出来るといえよう。

なお，この《構造重複》という概念は筆者の造語であり，ロムバッハは自己－他者関係の重複関係，諸構造の重なり合いに留まらないより広範な構造論的探求を含意するために，《構造結合論》（pp.297-356）と呼称していることをここに述べておく[51]。

3．契機相関的－構造重複の定式化

本項では，今まで述べてきたことをまとめつつ，「契機相関的－構造重複」として，自己と他者の生成変化の存在論を基礎づける新たな視点（理路）の構築を試みる。その内実を言えば，契機相関的－構造生成のその都度性（構造の自己生成性）と，ロムバッハの構造の多重化の理路を援用して構成された理路であるといえる。

結論から言えば，契機相関的－構造重複は《構造は諸契機と相関的に生成変化する》という契機相関性の原理を，ロムバッハの構造の多重性原理を援用することによって，《構造は諸契機と相関的に多重化する》という，生成変化によって生じた諸構造同士の関係性を存在論的に基礎づけたものである。この理路によって，いわば自己と他者の異他性，志向性と諸々の存在との関係性，コトバ（名付けられた広義の構造）と名付けられていない存在との関係性など，構造構成主義において広義の構造として述べられてきた諸々の「存在」同士の生成論的な関係性に対する実体論的・帰趣全体論的誤解を回避する道筋が拓かれる。

　たとえば共通了解過程において，自己と他者とはその都度相補的に生成変化していく構造として分節化されており，諸契機を連関させていく中で互いの存在意味が生成され多重化されていく過程として基礎づけることができる。また「主体の関心」といった関係性は，「主体」と「関心」を実体化しているのでも，主体や意識という閉じたシステムに関心を従属させているのでもなく，その都度立ち現れていく諸契機（志向・存在・意味・価値）の連関として生成変化していく，諸構造の《多重化（重複）》として生起していると基礎づけることが可能になる。このような基礎づけによって，たとえば志向相関性に対する「現象を分節化する独在的な視点」といった誤解に対し，現象を分節化していく志向性もまた「多重的に生成変化する構造のうちの一契機」であると言い当てることで解消することができる。

　この意味で，本論は自己－他者の関係性の生成変化を，相補的な構造の隔絶－包含過程——生活的遠近性，現臨－脱去，内－外の修正過程——として基礎づけることを通して，諸構造の多数性を《構造の自己多重化》として基礎づける新たな原理的生成論を構築しえたといえるだろう。以下では，この広義の構造（現象の分節）の相補的生成性，多重性を「モデル図」として構成することを通して，本論の意義を明確にすることを試みてみようと思う。

(1) 現象分節の相補的生成性，多重性のモデル化

　図Ⅱ-4-1の右図を見て，驚いた読者もいるかもしれない。言うまでも無く，右図は「太極図」（または陰陽図）と呼ばれる，中国道教における陰陽論の陰陽二気説に基づいて考案された，陰と陽の関係を視覚的に説明するモデル（図Ⅱ-4-1）である[53]。あらかじめ述べておくが，本論は道教の陰陽論について解説するつもりも，援用するつもりも無い。その上で，本項において太極図を契機相関的－構造重複のアナロジカルな概念図として選択した理由は，このモデルが①「左図との視覚的特徴の類似性」を有し，②「左図にはない，相補的な構造の隔絶－包含過程を表現するのに適した視覚的特徴（陰－陽の相補性，生成性，多重性）」を有していたため，③左図の構造概念の解釈との差異を示し，本論で述べてきた考え方を定式化し表現する（モデル化する）目的において効果的であろうと考えたからである。

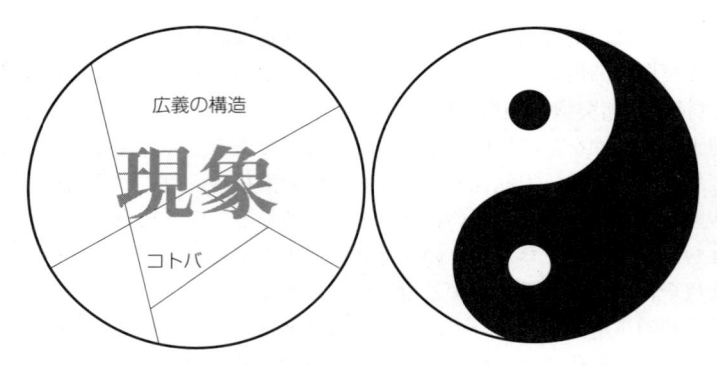

現象分節の恣意性モデル[52]　　　現象分節の相補的生成性，多重性モデル

図Ⅱ-4-1　構造構成主義における「現象と広義の構造とコトバの関係」解釈の対比

　たとえば，左図においては縦横無尽の境界線によって「現象の分節」が生起し，他の分節との「かたちの差異」においてそれぞれの構造が立ち現われていることが視覚的に表現されている。そしてそうした広義の構造のうちに，「コトバ」（名付けられた広義の構造）として，言語の恣意的な分節化が生起することを示している。このモデルの有効な点は，現象という「円」がランダムな直線によって区切られていることによって，「あらゆる存在・意味・価値は現象の恣意的な分節化として立ち現れている」という考え方を理解するのに効果的な点である。

　しかしこのランダムな直線による分節化によっては，実際に試してもらえばわかるだろうが，本論で述べてきたような自己－他者関係の生成変化といった構造の相補的な生成変化や，構造における自己多重化（重複）といったプロセスを表現しにくい。左図は現象と広義の構造とコトバの関係性や現象分節の恣意性を表現するのに適したモデルではあるのだが，現象分節の相補的生成性・多重性を表現するモデルとして作成されたものではないのである。したがって本項では，自己と他者の生成変化の存在論を基礎づける「契機相関的－構造重複」の意義を明確にするために，現象分節の相補的生成，多重化モデルとして「太極図」を用い解説することを試みる。

　まず図Ⅱ-4-1左図と同様に「円」によって「現象」，立ち現われ全体を表現する。そして現象の分節化は，左図では恣意的な線引きによって表現されていたが，右図においては白と黒の相補的な塗り分けによって表現される。この塗り分けによる分節化は，白と黒の双方が互いの生成変化（この図では白と黒の面積の生成変化）に関与していることで，互いの「かたちの差異」を構成し合っているということ，本論でいう生活的遠近性，現臨－脱去，内－外といった構造の相補性を表現すること

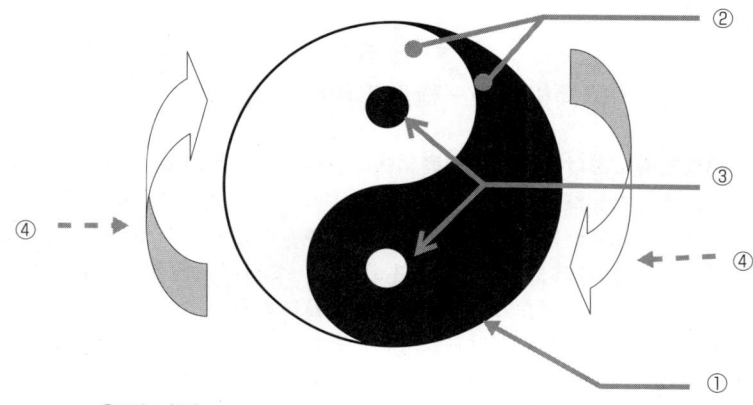

①現象（円）
②生活的遠近性，現臨－脱去，内－外，コトバ－非コトバの相補性
　（白と黒の相補的な塗り分けによる現象の分節化）
③隔絶－包含による相補的構造の自己多重化
　（白からの隔絶による黒の包含，黒からの隔絶による白の包含）
④根元的－他者の契機，成り行きにおけるその都度の自己生成
　（その都度の転回における白 - 黒関係の生成変化）

図Ⅱ-4-2　現象分節の相補的生成性，多重性モデル

が可能になるといえよう（名付けられた構造と名付けられていない構造も，この相補性によって基礎づけることが出来るだろう）。

　次に，陰中の陽（黒の中の白），陽中の陰（白の中の黒）は構造の隔絶－包含過程，多重化を示すことができる。つまり，白から隔絶されることで包含できている黒，黒から隔絶されることで包含できている白として，自己や他者のうちに生じた〈内〉性格の〈外〉性を表現することが可能となる。さらに，この図における白と黒は互いに転回していくなかで，両者の関係性や面積がその都度生成変化していく動的モデルであるとすることによって，白と黒の相補性のみには含意できない根元的－他者（【意のままにならない不可能性】）の契機を含んだ，その都度の諸現象の継起把捉のうちで諸構造の関係性が生成変化していく成り行き上の自己生成性や多重性といった概念もまた，含意することが出来る。

　したがって上記のモデル図によって，契機相関性が基礎づけた構造の自己生成性や，ロムバッハの構造重複の理路に在る構造の相補性，多重性をも，ひとつの構造（モデル図）のうちで言い当てることが可能になったといえよう。

●●● 4節 ●●●
契機相関的−構造重複の意義と限界

1．構造構成主義における自己−他者関係の生成変化の基礎づけ

　本論で定式化した契機相関的−構造重複によって，構造構成主義における自己と他者の生成変化の基礎づけに資する視点が構成されたといえよう。結論を言えば，1節で述べたように，これまで構造構成主義において自己と他者とは現象の分節（広義の構造）として等価な存在であり，その存在意味の差異は志向相関性による価値付けや意味づけによって基礎づけられていたといえるが，本論で提起した構造の相補的生成性や多重性によって，その存在意味の差異をより厳密に提起できるようになり，それによって自己と他者のコミュニケーション過程を通した構造化（信憑化）を基礎づけることが可能になるといえる。

　この理路を，自己−他者関係におけるコミュニケーションの具体例を交えつつ解説すると，以下のようにいえるだろう。コミュニケーションは常に，相手の言葉の意味するところを尋ねたり，自分の言葉の意図を相手にうまく伝えようとしたりといった経験からその都度確信されていく，「他の内面からは切り離されていて，この内面のみが私に与えられているという相互確信」の基に行われる。そのため，自分にしろ相手にしろ，「その内面で何を思い考えているのか，そしてその内面はどんな性格（気質）なのか」といった「自己のイメージや他者のイメージ」は，ふいに出ため息に退屈さを感じたり，話の流れを断つような台詞から空気の読めなさを見取ったりするように，「その都度の会話や身振りなどを一つの意味（イメージ）にまとめ上げていくプロセス」から構成されていく。そしてそのようなイメージの構成は，いわば「他の可能性もあったが，このイメージでいくとうまく意味をまとめることができる」という確信において生じているため，常に「仮説」に留まっているということだ。

　このことから，たとえばその時は優しい台詞に聞こえていたのに，後々考えると皮肉を言われていたのかもと気付き，信用に足る人物なのかどうかと迷うことがあるように，その都度の会話や身振り，志向をまとめ上げていくなかで構成される自己（他者）イメージには，「異なる仮説がその時々で複数成立し，互いに相反することがある」という複雑な事態が起こることを導き出せる。そのように述べることで，たとえばどれが本当の自分（あの人）なのか，嘘ばかりで本当の自分（あの人）がどこにもないといった迷いを，本当の自分（あの人）という実体は存在せず，どれも自分（あの人）を構成する一仮説であると，「自己（他者）内での異なる性格（仮説）の重なり合い」として理論上は解消することができよう。また，そうした

重なり合いのうちでの葛藤や迷いを経て，新たな自己像（他者像）が生起するとき，今までの自己像（他者像）はいわば今のイメージからは切り離されるが，新たなイメージに完全に取り込まれ消えてしまったわけではなく，今のイメージを構成（包含）するために隔絶されたイメージという意味において，新たな自己像（他者像）と関わっている（重なり合っている）といえる。

したがって，自己－他者関係におけるコミュニケーション過程は，相手の内面から脱去されているという経験を契機として，私にはこの内面が与えられている確信が発現するため，相手の内面と私の内面との相補的な確信構造をもとに行われると考えられる。そして，自分にしろ相手にしろ，その都度の存在意味の生成変化による存在意味の多元化を，その都度の自己（他者）構造における隔絶－包含関係解釈の多重化として基礎づけることが可能に成る。そして，これらの構造重複は意のままにならない不可能性に対処するなかで，見越しえない可能性が解除されえたという首尾一貫性の確信によって生じているため，常に恣意的な信憑（構造）にとどまっているということである。このように述べることで，自己と他者の存在意味の差異を現臨－脱去などの相補的構造から，自己（他者）における存在意味の多元化を構造の多重化（隔絶－包含）から，そしてそれら存在意味の恣意性（信憑性）の構造化過程を，その都度の首尾一貫性の確信を通して成される構造の生成性から基礎づけることができる。

さらにいえば，本論は自己と他者の生成変化の契機を特定の媒体（言語や身体など）に限定して論じてはいないため，ある意味であらゆる媒体を自己－他者関係の生成変化（構造の多重化）に関与している契機（構造）として基礎づける可能性があるといえよう。その際に言語（コトバ）や身体はもちろん，たとえば神の啓示といった宗教的事象や，不意に到来するインスピレーションといった非人称的な事象をも──現臨－脱去などの相補的構造に基づいた，隔絶－包含化（多重化）の契機（構造）として──含意し，自己と他者の二者関係に留まらない《構造重複》過程として記述することが出来るだろう[54]。しかし厳密に言っておかなければならないが，このコミュニケーション過程の媒体ごとの本質論は言語行為論や身体論といった理路の精査，検討が必要になるといえよう。以降の精緻な検討を期待したい。

2．多様な自己観・他者観の基礎づけ──独我論・他者問題の理論的解消

本論は自己－他者関係の生成変化の基礎づけを行ってきたが，この理路はまた，独我論的体験や他者問題的懐疑をも含めた多様な自己観・他者観が，《どのような》確信構造として立ち現れているかを基礎づける理路にもなっている。

たとえば，「自分だけが存在し自分以外のものは（自分の心の中にしか）存在しない」という独我論は，この自己から脱去しているあらゆる存在が自己の外に隔絶

されているのではなく，自己のうちなる内面に包含されているとみなす《解釈》であるといえ，それに反する独我論批判は，そのような自己から脱去されている存在は，自己や他者を包含しつつ自己の外に隔絶されている「世界」という構造に包含されているとみなす《解釈》であるといえよう。また「自分の外に存在している他者にその独自の内面が存在することを，なぜその内面を知りえない私は認識できるのか」という他者問題は，生活的遠近性において分節化されている〈他なるもの〉から〈脱去されている内面〉が，この自己（の了解）のうちに包含されているとみなすか，この自己から絶対的に隔絶されているとみなすかという《解釈》の違いから生じているということができる。さらにいえば，永井が探究していたこの〈ぼく〉の「独在性」や，内田が言及している自己の「被投性」や他者の「語り尽くせなさ」といった諸本質についても，その本質を実体化させることなく，その都度の成り行きのうちで遭遇する「根元的-他者」という【構造の首尾一貫性を変貌させる「立ち現われ」】（意のままにならないこと，うまくいかないこと）の契機に応じて発現する自己-他者構造の《解釈》（自己の独在性，被投性，他者の隔絶性）として基礎づけることができるだろう。

　つまり本論の理路を用いれば，それら独我論的-独我論批判的，または他者問題的自己像・他者像も，契機相関的な構造重複関係――その都度生成変化し多重化していく，相補的構造の隔絶-包含関係――における自己-他者構造《解釈》のヴァリエーションとして基礎づけることができ，さらに構造構成主義における志向相関性を援用することで，それら多様な自己観・他者観への意味づけ・価値付けも関心・身体・欲望・目的といった志向性に応じて立ち現れると基礎づけることができる。このことによって，たとえば独我論的な不安（世界には私一人しか居ないんじゃないか，すべて嘘なんじゃないか）を感じていたり，他者問題的な諦念（そもそも相手の内面を理解することなんて出来ない）を感じていたりする人に対して――その実感が正しいのか間違っているのかといった批判ではなく――まずは「そのような自己-他者関係に対する《解釈》（構造）と意味づけがその人に立ち現れているのだ」と，相手の《現象》を尊重する構造化が理論上は可能になるだろう。さらにいえば，独我論と批判されたデカルト哲学やフッサール哲学[55]，それら近代哲学への独我論批判を行い他者問題へ論及したポストモダン思想においても[56]，どちらの自己-他者観が本当に実在するものなのか，本当に正しい思想なのかと争うことなく，それらの思想における自己観・他者観を，構造重複関係における自己-他者構造《解釈》の「認識論」として，志向相関的に選択可能になる。これにより，それぞれの思想を対立的関係としてではなく，それぞれの自己観・他者観の意義（志向）を明確にしたうえで，「自己と他者をめぐる思想の可能性の豊かな拡がり」として肯定的に受け止めることが可能になるだろう。ただし厳密に言っておかなけれ

ばならないが，この自己観・他者観に関する「思想的対立の解消」や「理路の意義の明確化」については，多くの文献や先行研究を検証することによる，より精緻な検討が必要になるといえるだろう。今後の詳細な思想研究を期待したい。

【註および文献】

［１］ 永井　均　1996　〈子ども〉のための哲学　講談社　pp.12-108.
［２］ 永井　均　1995　翔太と猫のインサイトの夏休み―哲学的諸問題へのいざない　ナカニシヤ出版　pp.51-111, 196-212.
［３］ 渡辺恒夫　2009　自我体験と独我論的体験―自明性のかなたへ　北大路書房　p.197.
［４］ 渡辺恒夫　2008　構造構成主義か独我論的体験研究か―主客の難問 vs.自他の難問　構造構成主義研究，2, 111-133.
［５］ Bernstein, Richard J. 1991 *The new constellation : The ethical-political horizons of modernity/post-modernity*. Cambridge/Oxford : Polity Press in association with Blackwell Publishers. 谷　徹・谷　優（訳）1997　手すりなき思考―現代思想における倫理‐政治的地平―　産業図書　pp.21-79, 81-111, 311-359, 461-528.
［６］ Nancy, J-L. (Ed.) 1989 *Cahires confrontation 20 : Apres le sujet qui vient*. Paris : Aubier. 港道隆・鵜飼　哲　他（訳）1996　主体の後に誰が来るのか？　現代企画室
［７］［３］の pp.21-79, 81-111, 311-359
　　　特に近代哲学へのポスモダン思想からの主体批判，さらにその主体批判への批判に関しては［４］のアラン・バディウ（Alain Badiou）『市民主体』pp.36-74，ジャック・デリダ（Jacques Derrida）『「正しく食べなくてはならない」あるいは主体の計算』pp.146-184，ヴァンサン・デコンブ（Vincent Descombes）『「主体の批判」と「主体の批判の批判」について』pp.185-208を参照。
［８］ 内田　樹　2007　構造主義の思想史的意義　現代のエスプリ475　pp.43-52.
［９］ 西條剛央　2009 JNNスペシャル　研究以前のモンダイ　看護研究で迷わないための超入門講座　医学書院　pp.120-129.
［10］［１］の p.43
［11］［８］の p.51
［12］ 内田　樹　2001　レヴィナスと愛の現象学　せりか書房　pp.145-158.
　　　引用箇所は p.158. 内田自身，「他者」とはあらかじめ「他者性」という属性を具備した自存者ではないと論じながらも（pp.79-80)，フッサールの自我‐他我観についてはその他者性が消失しているとし，絶対的他者から隔離され，未知なるものを持たない孤立した自我こそ「自我の本質」(p.164)なのだと批判してしまっている。
［13］［３］の pp.25-238
［14］ 西條剛央　2005　構造構成主義とは何か―次世代人間科学の原理　北大路書房
　　　なお，本論で引用した志向相関性の定義は，［９］の p.14「存在や意味や価値といったものは身体や欲望，関心，目的といったことに応じて（相関的に）立ち現れる」という定義と，［14］の pp.51-81での定義を考慮して記述している。
［15］ 京極　真　2007　他者問題に対する構造構成主義的見解　西條剛央・菅村玄二・斉藤清二・京極　真・荒川　歩・松嶋秀明・黒須正明・無藤　隆・荘島宏二郎・山森光陽・鈴木　平・岡本拡子・清水　武（編著）エマージェンス人間科学　北大路書房　pp.56-59.
［16］［14］の pp.122-133, 190-191
［17］ 西條剛央　2008　ライブ講義・質的研究とは何か　SCQRMアドバンス編　研究発表から論文執筆，評価，新次元の研究法まで　新曜社　pp.188-189.

[18] ［14］の p.184
[19] 池田清彦　構造主義科学論の冒険　講談社　pp.31-52, 72-81.
[20] 京極　真　2007　構造構成的医療論の構想―次世代医療の原理　構造構成主義研究, 1, 104-127.
　　　［5］の pp.81-94
[21] ［16］の pp.15-21, 191-195
[22] 竹田青嗣　2004　現象学は〈思考の原理〉である　筑摩書房
[23] 西　研　2005　哲学的思考―フッサール現象学の核心　筑摩書房
[24] 桐田敬介　2009　契機相関性の定式化へ向けて―構造構成主義におけるその都度性の基礎づけ
　　　構造構成主義研究, 3, 159-182.
[25] 西條剛央　2007　メタ理論を継承するとはどういうことか？―メタ理論の作り方　構造構成主義
　　　研究, 1, 11-23.
　　　［16］の p.13, 131, 144
　　　［23］の pp.57-139
[26] ［24］参照。
[27] Rombach, H. 1971 *Strukturontologie : Eine Phanomenologie der freiheit*. München, Germany : Verlag Karl Alber Gmbh Freiburg. 中岡成文（訳）1983　存在論の根本問題―構造存在論　晃洋書房
[28] Heidegger, M. 1927 *Sein und zeit*. Halle a. d. S. : Niemeyer. 細谷貞雄（訳）1994　存在と時間（上・下）　筑摩書房　（上）pp.25-101.
[29] ロムバッハも述べている通り，この定義が実体存在論的な思想を展開した哲学者すべてを代表するものであると一義的には言及できないが，「実体」が「それ自身で自存している」ことを意味していることは確かであるということができる。
　　　Rombach, H. 1965/66 *Substanz system struktur in 1*. München : Verlag Karl Alber Gmbh, Freiburg. 酒井　潔（訳）1999　実体・体系・構造―機能主義の有論と近代科学の哲学的背景　pp.1-6.
　　　Aristotelis *Metaphysica*. 出　隆（訳）1961　形而上学（上・下）　岩波書店
　　　Descartes, R. 1642 *Meditationes de prima philosophia*. 山田弘明（訳）2006　省察　筑摩書房
[30] ［27］の pp.22-39, 161-214
[31] このことはたとえば，ゲーデルの不完全性定理が端的に示している事柄である。高橋昌一郎　1999
　　　ゲーデルの哲学―不完全性定理と神の存在論　講談社
[32] ［28］の（上）pp.190-202
[33] ［27］の p.144, 326，［28］の（上）p.406，（下）p.307
[34] ［27］の pp.308-309　また，ハイデッガー自身もそのような問題意識を述懐していると考えられる。
　　　［28］の（下）pp.424-427
[35] ［24］の pp.165-166
[36] ［24］の pp.166-179
[37] ［27］の p.18, 25, 26, 31, 102, 137, 151
[38] ［27］の pp.38-63, 151-169, 292-295
[39] ［27］の pp.60-114, 125-168, 206-214, 328
[40] ［27］の pp.155-169, 225-226, 238-243
[41] ［27］の pp.320-336
[42] ［13］に同じ，［3］の pp.25-238
[43] ［27］の pp.98-133
[44] ［1］に同じ，［3］の pp.25-238
[45] ［27］の pp.322-323
[46] ［27］の p.323
[47] ［27］の p.126, pp.334-336, 342-349

[48]　[13] に同じ，［3］の pp.25-238
[49]　本文で引用した，「あらゆるものの現実性（客観的に与えられているということ）は，何ひとつ「あり」はしないということに依拠している」（[27] の p.326）という言明の意味を念のため補足しておく。「あらゆるものが現実的に実在している」という確信は，「何ものも存在していない」のではないという「無（脱去）」を隔絶する解釈を契機として成立しているということである。同様に，何ものも存在していないという確信は，あらゆるものが実在しているのではないという「有（現臨）」を隔絶する解釈を契機として成立している。つまり，双方とも互いの「内」性格（無・有）を構成するために隔絶されている，欠かざる〈外〉契機として発現している。こう述べることで，実体論のように無と有のどちらが本当に実在しているのかという擬似問題を避けることができる。
[50]　浦田　剛　2008　総合知としての文学の本義―構造構成的言語行為論に基づく言表価値性の立ち現われ体系　構造構成主義研究，2, 56-87.
[51]　構造の多重化，重複関係について述べられている箇所を以下に挙げておく。[27] の pp.99-117, 320-336, 342-349
[52]　[7] の p.139
[53]　太極図を思想的に援用している試みとして以下のものをあげておく。
　　　菅村玄二　2003　構成主義，東洋思想，そして人間科学：知の縦列性から並列性へ　ヒューマンサイエンスリサーチ，12, 29-48.
　　　Rombach, H. 1983 *Welt und gegenwelt*. Basel: Herder. 大橋良介・谷村義一（訳）　1987　世界と反世界―ヘルメス智の哲学　リブロポート　pp.252-258.
[54]　[27] の pp.237-243, 318-319, 336-345
[55]　[7] に同じ．[14] の pp.22-50, 114-122
　　　Husserl, E. 1977 *Cartesianische meditationen eine eineleitung in die phänomenologie*. Hamburg: Felix Meiner. 浜渦辰二（訳）　2001　デカルト的省察　岩波書店　pp.161-280.
　　　Lévinas, E. 1961 *Totalité et Infini. Essai sur l'extériorité*. Martinus Nijhoff. 熊野純彦（訳）2005, 2006　全体性と無限（上・下）岩波文庫（上）p.62, 70, 240.
[56]　[7] に同じ。
　　　Janicaud, D. 1991 *Le tournant théologique de la phénoménologie frnçaise*. Éditions de l'éclat. 北村　晋・阿部文彦・本郷　均（訳）　1994　ヴァリエ叢書　1　現代フランス現象学　文化書房博文社　序文，pp.1-31, 41-57, 70-77, 119-146.
　　　関根小織　2007　レヴィナスと現れないものの現象学―フッサール・ハイデガー・デリダと共に反して　晃洋書房

原著論文（研究）

II-5 アサーション（自他を尊重する自己表現）とは何か？
——"さわやか"と"しなやか" 2つのアサーションの共通了解を求めて

三田村 仰・松見 淳子

●◆● 1節 ●◆●
問題と目的

1．人は「空気」を読むべきか？

　人はほとんど誰でも「空気が読めない」と言われる事態は避けたいと願うだろう。「空気」[1][2]とは，様々に捉えうる概念であるが，ここでは「空気」を，聞き手のもつ"このように接して欲しい"，"このように振る舞って欲しい"という暗黙の期待（もしくはルール）という意味で用いる。つまり，話し手が「空気」を読んで（聞き手の期待を解読しそれに沿って）自己表現すれば聞き手は満足し，話し手が「空気」を読まずに自己表現すれば聞き手は気分を害するといったものである。

　日本社会では，誰もがこの「空気」を敏感に察知し，それに抵触しないよう振舞おうと努力する。つまり「空気を読む」ことは，人が社会に受け入れられる為の重要なスキルであるといえよう[3]。

　日本でいう「空気」に限らず，人が集団で生活する以上，社会には様々な社会的・対人的な期待が存在する[4]。こうした社会的・対人的な期待は，特定の集団や個人にとって不利益だったり理不尽であったりすることも多い。1970年代の欧米においては，それまで社会において権力や自由を奪われてきた女性が立ち上がり女性の人権運動が興った。その時，社会による理不尽な期待から女性の権利を守り，より自由で豊かな女性の生き方を後押ししたのがアサーションの概念である。

(1) 率直型アサーション——"さわやかな自己表現"

アサーション（assertion, assertiveness）とは「自他を尊重する率直な自己表現」もしくは「適切で率直な自己表現」として発展してきた。本稿では、「自他を尊重する率直な自己表現」[5][6][7][8]という典型的なアサーションの概念を率直型アサーションと呼ぶことにする。率直型アサーションを促すためのトレーニング・プログラムであるアサーション・トレーニング（assertiveness training）では、クライエントに対し、相手や周囲に気を遣り同調するのではなく、自分の率直な気持ちを相手に伝える術を教える。言うなれば、率直型アサーションとは、周囲の期待に対し明示的に、しかし周囲を尊重しながら異議を申し立てるような"敢えて「空気」に流されない"自由な自己表現である。

こうしたアサーションは、ともすれば、自分勝手な自己主張と誤解されやすい。そこで、平木[5]はアサーションのもつ他者の尊重という特徴を日本人にもより直感的に伝えるため、「assertion（もしくはassertiveness）」の語をそのまま「自己主張」とは訳さずに、「自己表現」もしくはカタカナ表記で「アサーション」と表記した。また、平木は、率直に伝えながらも相手を尊重するアサーションを"さわやかな自己表現"と呼び、今日、"さわやかな自己表現"は、理想のコミュニケーション・スタイルとして教育、医療、カウンセリング、企業など幅広い領域で親しまれている[9]。

(2) 機能的アサーション——"しなやかで芯のある自己表現"

しかし、本当に人は、率直であるべきなのだろうか。

三田村と松見[10]は、より柔軟なアサーション・トレーニングの実践を目的に、率直さにこだわらない「機能的アサーション」の概念を提唱した。

機能的アサーションは、アサーションの概念としては傍流であるがユニークなアサーションの捉え方である「機能的定義」[11][12]の考えに基づいている。機能的定義の特徴は、アサーションをその「表現形態（topography）」によってではなく、その「機能（function）」によって定義する点にある[13]。つまり、機能的定義ではアサーションを「効果（機能）的な自己表現」と捉える。機能的アサーションでは、効果的で適切であれば、自己表現形態は必ずしも率直である必要はないと考え、状況と目標に合わせた柔軟な自己表現を推奨する。

本稿では、機能的アサーションを、「話し手がある課題達成の必要性に迫られた状況下で、当該の課題をより効果的に達成し、かつ聞き手から、より適切と判断される自己表現」と定義する。

例えば、隣の家の犬の夜鳴きに迷惑している場合、直接的に「お宅のワンちゃんの夜鳴きがひどくて夜も眠れません。何とかしていただけませんか？」と言うと、聞き手（隣人）に過度の心理的負担を与える恐れがある。そこで、間接的に「お宅

のワンちゃん最近夜中によく鳴いているみたいだけど，どこか具合が悪いんですか。いつも元気なのにどうしたんだろうって家族で心配していたもので。」[14]などと心配を伝えるように言うことで，聞き手にとっての負担感を抑えたより適切な自己表現をおこなえるかもしれない[15]。

この例のように，状況に応じて柔軟に自己表現をおこない，その結果話し手の課題を効果的に達成し（夜中，犬の鳴き声がしなくなる），聞き手にとってより適切と判断される（隣人が「不適切だな」とより判断しない）自己表現を機能的アサーションと呼ぶ。

自らの目的のために自己表現の形態を柔軟に調整する機能的アサーションは，言わば"しなやかで芯のある自己表現"[10]であるといえる。

2．アサーションにおける信念対立

「アサーション」は多義的な概念であり，多数の異なった定義が提唱されてきたため[16][17][18]，正当なアサーションの概念を巡って半世紀に亘る議論がなされてきた[12][18][19][20][21]。特に，従来から我が国でも馴染みのある率直型アサーション[5][6]に対し，機能的アサーションは提唱されてまだ間もない。また，多くの実践家・研究者は率直さをアサーションの柱に置いている[5][6][7][8]。そのため，機能的アサーションについては，「それは（私の知っている）アサーションではない」，「それはアサーションの価値観とは異なる一種の処世術ではないか」との批判を受ける可能性がある。実際に第1著者はこれまでアサーションの実践家・研究者との議論において，「それ（機能的アサーション）はアサーションといえるのだろうか？」という反応を受けてきた。

また，率直型アサーションと機能的アサーションとでは，"本質的に，率直であることは望ましいか否か"という新たな対立を生じさせると考えられる。

こうしたアサーションの正当性やアサーションの根本的な信念を巡る対立は，客観的な科学によって実証的に解決し得るタイプの問題ではない。むしろ信念の対立とは哲学的な原理によってのみ解かれ得る哲学的な難問なのである[22]。

3．本稿の目的と構成

本稿は，前半部（2～6節）と後半部（7～13節）および，まとめと考察（14節）から構成される。本稿ではまず，アサーションにおける難問の共有を目的とする。その上で，本稿では最終的に，率直型アサーションと機能的アサーションとの共通了解への道を示すことを目的とする。

2節
本稿前半部の目的

本稿の前半部では，最初にアサーションとは何であるかを論じ，次に，率直型アサーションと機能的アサーションそれぞれのアサーションにおける難問について論じる。前半部では，最終的に2つのアサーションの視座まで掘り下げて論じることで，2つのアサーションにおける難問を明らかにし，この難問の共有を目指す。

3節
広義のアサーションの定義

「アサーション」とは，広くは「適切な自己表現」もしくは，「自他を尊重する自己表現」と定義される。なお，本稿では，便宜上「適切」と「自他の尊重」とを同義語として用いることにする。

広義のアサーションの概念は，「自らの尊重」と「他者の尊重」を条件として成り立っている。したがって，広義のアサーションは，この2つの条件を満たさない「受け身的行動もしくは非主張的行動（nonassertive）」と「攻撃的行動（aggressive）」との差異として[6]理解することができる。

1．アサーションにおける「自らの尊重」

アサーションの概念は初め，「自らの尊重」という発想[23]を基に提唱された。アサーションにおける「自らの尊重」とは，ある自己主張が受け身的行動でないことを意味する条件である。受け身的行動とは，聞き手に配慮するあまり，自分を尊重しない，従順で非自己主張的な行動を指す。例えば，受け身的行動として，はっきりしない意思表示や思ったことを主張しない行動，不必要な謝罪や前置きを用いたあいまいな自己主張などがしばしば挙げられる。

2．アサーションにおける「他者の尊重」

「自らの尊重」を示すアサーションには，やがて"社会的・対人的にみて適切であるべき"との考え[24]から「他者の尊重」の条件が加えられた。

アサーションにおける「他者の尊重」とは，ある自己主張が攻撃的行動でないことを意味する条件である。攻撃的行動とは，聞き手を尊重しない身勝手な行動であり，しばしばその代表として，脅しや命令などが挙げられる。

3. 議論のスタート地点としての広義のアサーション

「自らの尊重」と「他者の尊重」という2つの条件による広義のアサーションの定義[5][25][26]は，多くの実践家・研究者が了解し得るアサーションの定義であると考えられる。したがって，広義のアサーションの定義は，アサーションに関する議論のスタート地点として捉えることができる。

本稿では，以降，率直型アサーションおよび機能的アサーションを広義のアサーションの派生として捉え，アサーションについて論じていく。

4節
率直型アサーションの限定性

広義のアサーションの中でも，率直型アサーションは，その枠組み（視座）の内側からは解決しえない難問を抱えていると考えられる。率直型アサーションの難問とは，アサーションの効果的な適用領域の限定性である。

本稿では，この限定性を1）率直さが聞き手からみて不適切となる状況と2）アサーション・トレーニングのクライエントもしくは参加者（以下，単にクライエント）が自らの自尊心の向上や自己実現を課題としていない状況，の2つに分けて考える。

1. 率直さが聞き手からみて不適切となる状況

人は何時でも誰にでも率直にものを言って良い訳ではない。例えば，相手の欠点や容姿については率直に言わないことがしばしば重要である。そこで，人は，相手に配慮して間接的な自己表現をおこなう[27]。必ずしも率直に言わない状況に合った自己表現は，実社会においては「オトナ」の振る舞いとして評価され，間接表現は重要な対人スキルとみなされている[3][15]。

しかし，率直型アサーションを基にしたアサーション・トレーニングでは，他者配慮を目的とした謝罪表現や間接的な自己表現方法を極力教えないようにする傾向にある[5][20]。代わってトレーニングでは，率直さを維持した状態での他者配慮を教える。例えば「僕は君のやり方が好きじゃないな。もっとさわやかに振舞ってほしい。君はどう思う？意見を聴かせて。」など率直に気持ちを伝えた後で相手の率直な意見を求めるといった方法[28]がこれにあたる。

結局は，思ったことをストレートに表現するこの自己表現の形態は，状況によっては聞き手にとって不適切（不快）な自己表現と映るだろう。実際，率直な自己表現は，聞き手からは必ずしも肯定的に受け取られないことが多くの研究から示されており[16][29]，クライエントに対し，ある状況でアサーティブに振舞った場合のリ

スクについてクライエント自身がアセスメントできるように十分トレーニングして置く必要性[30]も指摘されている。

　率直型アサーションを学んだクライエントが，もし，率直型アサーションの効果的な適用領域を超えて自らの率直な自己表現を周囲に押し通した場合，クライエントと周囲との対立や不和を引き起こす可能性が考えられる。例えば，アメリカ人日本語学習者は，日本語でものを断る際に，断り方が直接的過ぎることが指摘されている[31]。この問題は，英語圏での効果的な自己表現の形態をそのまま日本語圏で転用すること（語用論的転移）により生じるもの[31]である。欧米から日本に帰った帰国子女が，はっきりものを言い過ぎると周囲から指摘される事態[3]もこれと同様の事態と考えられる。

　つまり，米国由来の率直型アサーションを日本で教えることは，状況によっては擬似的に帰国子女の苦難をクライエントに味わわせ，周囲を当惑させる可能性が考えられる。

2．クライエントが自らの自尊心の向上や自己実現を課題としていない状況

　率直型アサーションでは，話し手が率直に自己表現することで，副次的に話し手の自尊心が向上し，自己実現につながると仮定し，これを重要な目標と考えている[6]。しかし，実際には，人は必ずしも自尊心の向上や自己実現を課題として自己表現するわけではなく，単に対人的葛藤の解決を優先課題としていることも多い[10][12][15]。また課題の達成という意味では，正当性を主張するよりも遠まわしな表現の方が状況によっては聞き手からの協力が得られやすい[32]といった知見も得られている。

　もし，クライエントが対人的葛藤の解決を第1の目標としている状況で，トレーナーがクライエントに対し，率直であることの重要性を過度に押し出してトレーニングをおこなった場合，今度はトレーナーとクライエント間の信念対立が生じることになる。トレーナーとクライエント間の信念対立の実例としては，日系アメリカ人のカウンセラーであるヤナギダ（Yanagida, E.H.）が異性に対する不安をもつ20代女性クライエントにアサーション・トレーニングを実施した事例を挙げることができる。ヤナギダの事例では，クライエントはアサーション・トレーニングを受けたことで，よりアサーティブに振舞うことが可能になった。しかし，自らのアサーティブ（主張的）な振舞いによって，クライエントは自身のもつ"主張的に振舞うことで無礼に見られたくない"などの信念と行動との不一致を経験し，結果的にアサーティブであり続けることに抵抗を示すようになった[33]。この事例はクライエントの価値観をトレーナーが尊重すること[34]の重要性を物語っている。

　したがって，クライエントが自尊心の向上や自己実現に直接関心をもっていない状況では，率直型アサーションはその有効性を充分発揮しえないと考えられる。

5節
機能的アサーションによる新たな適用場面と機能的アサーションの難問

1. 機能的アサーションによる新たな適用場面
　三田村と松見[10]は機能的アサーションに基づくアサーション・トレーニングとして，発達障害児の保護者向け機能的アサーション・トレーニング（以下，保護者向けアサーション・トレーニング）プログラムを開発した。
　ここでは保護者向けアサーション・トレーニングを例に，機能的アサーションによるアサーションの新たな適用領域について論じる。
(1) 率直さが聞き手からみて不適切となる状況へのアサーションの応用
　発達障害児の保護者は，しばしば子どものクラス担任に対し「授業中，子どもの注意が逸れたとき声かけをしてほしい」，「子どもを一番前の座席にしてほしい」などの要望をおこなう。保護者から担任への要望をおこなう場面は，他者配慮が特に必要となる対人場面である[10]。この他者配慮の必要性は，保護者から担任への要望が，多くの場合担任の管理する教室（教師の領域）内の活動について変化を求める内容であることに由来する。さらに，教師は学校教育の専門家であるのに対し，多くの保護者は学校教育については素人である。そうした素人から専門家への申し出は，一層教師の面目を脅かす可能性が高いと考えられる[27]。
　また，比較的，教師の受け取り方が肯定的な場合であっても，保護者が否定的な感情をもっていた場合，率直に本音を伝えるとなると問題が起こり得る。
　保護者向けアサーション・トレーニング[10]では，率直さを強調する代わりに，聞き手である教師に対し配慮を示す自己表現の形態として，間接表現の使用や相談形式での依頼スキルなどの教示を重視している。その結果，現役教師による印象評価によれば，トレーニングを受けたことでクライエントである保護者の自己表現が，トレーニング前と比べてより"望ましい"と受け取られるようになった。
(2) クライエントが自尊心の向上や自己実現を課題としない状況へのアサーションの応用
　保護者向けアサーション・トレーニング[10]のクライエントが課題とするのは，子どもへの支援を担任に実施してもらうことやその為の相談を担任と行うことであった。したがってトレーニングでは，この課題を達成するための自己表現方法として，期待する支援策を具体的で分かりやすい形で伝える方法を教示した。もし，クライエントの目的がこれ以外にあったならば，機能的アサーションの観点からは，当該のクライエントの目的に沿った形でのプログラムを改めて組むことが重要であっただろう。機能的アサーションに基づくトレーニングでは，クライエントの目的

に合致したプログラムを組むことで，クライエントのもつ信念をより尊重することが可能になると考えられる。

2．機能的アサーションにおける難問——共約不可能性

機能的アサーションによる適用領域の拡大は，機能的アサーションが自己表現の形態において，率直な自己表現方法も間接的な自己表現方法も含んだ包括的なアサーションであることを意味している。

しかしながら，機能的アサーションは率直型アサーションを完全に包括するような原理的な概念ではなく，率直型アサーションと機能的アサーションとは異なる視座に基づいている。そのため2つのアサーションの立場は，ある現象について共通して了解を得られる可能性（共通了解可能性）が担保されない「共約不可能」な状態にある。

6節
2つのアサーション間の信念対立と共約不可能性

1．共約不可能性を生み出す2つのアサーションの視座の相違

率直型アサーションと機能的アサーションとは，双方が「アサーション」という同一の言葉を用いながらもいくつもの強調点が異なっている。

(1) アサーションのモチーフ

率直型アサーションの前提にあるモチーフは「基本的人権（主に言論の自由）[5]の擁護」である。基本的人権の擁護は，"人には皆，自由に自らの考えや感じたことを自己表現していい権利がある"というアサーション権[6]の発想に由来する。率直型アサーションでは，アサーションという考えを通して，話し手と聞き手の双方の人権が最大限尊重されることを理想としている。つまり，率直な自己表現とは，人権の行使と表明を意味する概念であるといえる[5]。

一方，機能的アサーションは，「人と人との円滑な会話」[27]を根本モチーフとしている。人と人との円滑な会話とは，ブラウンとレヴィンソンのポライトネス理論[27]において鍵となるテーマで，「話し手が聞き手の面目を尊重し，相手や状況に合った発話をおこなった結果として得られる，話し手と聞き手との相互作用」のことである。

(2)「自己の尊重」の意味

率直型アサーションにおいて「自己の尊重」とは，自らがもつ基本的人権を自らで尊重することを意味する。したがって，率直な自己表現は，自らの基本的人権の尊重[35]と捉えられている。また，自らの人権を尊重できるようになることで，自

尊心が向上し，自己実現に繋がると考えられている。

一方，機能的アサーションにおいて「自己の尊重」とは，自らの「価値」に対し忠実に行動することを意味する。「価値（value）」とは，個人が選択した人生の方向性である[34]。機能的アサーションにおいては，自らの「価値」を道標に具体的な課題を設定し，その具体的な課題達成に向け自己表現する一連のプロセスを「自己の尊重」であると考える。このように機能的アサーションは，自己表現方略の柔軟性という特徴だけでなく，価値という軸を中心に据える特徴をもって，"しなやか"であるのみならず"芯のある自己表現"[10]と称される。

(3) 「他者の尊重」の意味

率直型アサーションによる「他者の尊重」とは，他者の基本的人権の尊重を意味する。多くの実践家・研究者は，アサーション権に基づき"聞き手の自己表現する権利を侵さない限り自己主張は一貫して適切である"[6][20]と考えている。したがって，相手に対しても同じく率直な自己表現を認めるのが率直型アサーションにおける「他者の尊重」である。また，率直型アサーションでは，他者の権利を尊重しようという努力自体を「他者の尊重」であると考える場合もある。

一方，機能的アサーションによる「他者の尊重」とは，基本的に他者の「面目（face）」の尊重[27][36]であり，聞き手にとって「無礼でも慇懃無礼でもなく丁度いい」と受け取られること[37]を意味する。ゴフマン（Goffman, E.）は，相手の面目を守ることは，それ自体が会話の目的ではないが，会話を行う上での基本的なルールであるとしている[36]。

機能的アサーションにおける「他者の尊重」の特徴は，率直型アサーションにおいては話し手の努力目標とされていた基準が，聞き手の受け取り方によって判断される点である。機能的アサーションでは，こちらの意図した配慮と聞き手が期待する配慮との間にはズレがあるとの考えから，敢えて適切性の判断を聞き手に委ねている。

(4) トレーニングの目的

アサーション・トレーニングは元々，「列への横入りの拒否」や「注文と異なる品物の返品」など話し手の自己表現の権利が明らかな場面[24]を想定し，クライエントが自己表現すべき場面で率直に自己表現できるようになることを目的に発展してきた[24]。率直型アサーションは，アサーション・トレーニングを受けたクライエントが，より率直な自己表現をおこなうようになり，更にはクライエントが自尊心を向上させ，より自己実現を達成できることを目的とする。

一方，機能的アサーションでは，クライエントが，恣意的に設定した課題をより効果的に達成することを目的とする。また，クライエントが自ら選択した価値に沿って自己表現するプロセスそのものも重要であると考え，そのプロセスの支援[38]

も目的とする。

2．2つのアサーションの中核的な前提
(1) 率直型アサーションの中核的な前提
　率直型アサーションの根底には，"本質的に，率直に自己表現することは率直でない自己表現よりも望ましい"（以下，率直理想仮説と呼ぶ）という前提がある。
　アルベルティとエモンズ（Alberti, R. E. & Emmons, M. L.）は「（人は）率直な自己表現により，主体的に行動できるようになりストレスが低減し，自尊心が高まる」[6]と考え，また菅沼は，率直な自己表現は「自分らしく疲れない生き方」[39]につながるとした。反対に，率直さを抑えた「受け身的行動」については，望ましくない自己表現とみなされている。例えば，受け身的行動は，「誤った学習もしくは自己主張行動の未学習が原因であり，不健康な状態である」[23]とされたり，「自分から自分の言論の自由（人権）を踏みにじっているような言動」，「劣等感やあきらめの気持ちが付きまとう」，「『私の気持や考え，言っていることは取るに足りません無視しても結構です』と伝えているようなもの」[40]などと言われている。
　更に，率直理想仮説の存在を裏付けるものとして，率直型アサーションの定義と矛盾するような「アサーティブにならない（率直に自己表現しない）権利」[35]の存在が挙げられる。「アサーティブにならない権利」は，アサーション権[35]の一つであり，この権利の行使は，それ自体がアサーションである（アサーティブにならないことをアサーティブに選択した）[26]とされる。「アサーティブにならない権利」は，クライエントが，どうしても率直に自己表現できない，もしくはしたくない際の最後の選択肢である。間接表現を導入すれば済む問題を，わざわざダブルスタンダードを起こしてまで間接表現の導入を避けるその理由は，"間接表現（率直でない表現）は教えるべきでない"という率直理想仮説に対する強い確信に由来すると考えられる。
　また我が国では，米国においてみられる率直な自己表現が引き起こし得るリスク[16]についての検討がまだみられない。これも我が国のアサーションの実践家・研究者における率直理想仮説に対する強い確信の現れかもしれない。あるいは，日本では率直型アサーションであっても，実践場面となると聞き手に配慮した間接的表現が自然と含まれているのかもしれない。少なくとも，率直型アサーションの難問は，その視座まで掘り下げられて検討されるには至っていないといえるだろう。
(2) 機能的アサーションの中核的な前提
　率直型アサーションが率直理想仮説という前提を仮定するのに対し，機能的アサーションは人や社会から独立した普遍的な理想の実在を仮定しない。根本的には機能的アサーションは，より相対的な世界観として外部実在を先験的に仮定しない

「文脈主義（Contextualism）」[41]の立場にある。文脈主義は「その恣意的なゴールが達成されたか否か（successful working）」[41][42]を真理の基準としている。つまり，文脈主義においては，物事を評価する人間が存在してはじめて真理が作り出される[43]という視点に立ち，アサーションについても"アサーションという絶対的に望ましいコミュニケーションが話し手や聞き手の存在と独立して存在する"とは考えない。むしろ，文脈主義の観点からは，機能的アサーションという枠組みを採用することで，"その都度，機能的アサーションが立ち現われる"と考える。文脈主義からみたアサーションとは，人が価値に沿って行動していく上での一つの手段なのである。

3．2つのアサーションの間に生じる難問

ここまで論じたように，率直型アサーションと機能的アサーションとは異なった視座に依拠している。ある視座（メタ理論）が，超メタ理論として，アサーションにおける信念対立を根本的に解消するためには，①先験的仮説に依拠せず，かつ②相対主義に陥らない理論構造をもつ必要がある[44]。機能的アサーションの視座である文脈主義はこの基準をクリアーできるだろうか。

文脈主義には様々な亜種が存在し，それぞれがそれぞれの前提や相対性をもっている[45]。また，文脈主義全体としても，それ自体が絶対的な優位性をもつ世界観ではなく，その他の世界観である機械主義（Mechanism），形相主義（Formism），有機体主義（Organicism）との間に相対的な関係をもつ[46]。

したがって，文脈主義は信念対立を解消する超メタ理論としての特性を備えたものではなく[44]，機能的アサーションによって，率直型アサーションを完全に包括することはできないと結論づけられる。この信念対立（共約不可能性）こそが2つのアサーションにおける難問である。

●●● **7** 節 ●●●
本稿後半部の目的

本稿後半部の目的は，構造構成主義の理路を用いて，率直型アサーションと機能的アサーションとの信念対立を解消し，共通了解可能性への道筋を示すことである。最終的に，本稿では，構造構成主義の立場から，率直型アサーションと機能的アサーション，更にはその他の様々なアサーション概念をも包括する"関心相関的アサーション"の構築を試みる。

8節
難問の解消に有効な構造構成主義の理路

西條[22]は,「数量的アプローチ」対「質的アプローチ」,「理論」対「実践」などといった,一方を正当化することでもう一方を不当としてしまうような人間科学における信念対立を解消するために「構造構成主義（Structural-constructivism）」を体系化した。構造構成主義は,論理的に考えれば誰もが納得できる哲学的原理から構成されるため,様々なアプローチが対立を超え,建設的に議論するための共通の基盤を提供することができると考えられる。

本稿後半部では,構造構成主義における「記号論的還元」および「現象学的還元」によってアサーションの相対化と理解を図る。そして,同じく構造構成主義における「関心相関性」の原理をもとに「関心相関的アサーション」の概念化をおこなう。それぞれの理路の詳細は,その都度必要に応じて説明していくことにする。

9節
記号論的還元によるアサーションの多様性の基礎づけ

本稿後半部では,2つのアサーションにおける共通了解に向けた最初のステップとして,率直型アサーションも機能的アサーションも同様に「アサーション」であることを記号論的還元によって論証する。

記号論的還元[47]とは,ソシュール（Saussure, F.）の言語学に基づいた,コトバを相対化するための思考方法である。本稿では,特に,構造構成主義[22]において扱われている「恣意性」,「差異性」,「蔽盲性（へいもう）」というコトバのもつ3つの特徴を取り上げる。

1．アサーションの恣意性

ソシュールは,連続した世界をどのようにコトバで切り分けるかは,人間の恣意的な営みによるとした。例えば,「異なる温度の水（H_2O）」のように連続した物体に対しても人間は恣意的にそれを切り分けている。日本語では,温度や形状,文脈に応じて,H_2O を「氷」・「水」・「湯」と分節する。一方,英語では「ice」・「water」としか分節せず,マレー語に至っては「air」と一まとめになっている[48]。また,英語話者が自然と切り分ける「r」,と「l」の分節が,日本語の中には存在していない。つまり,ある連続したものをどこで切り分けるかは恣意的（歴史・社会・文化的）[47]だと考えられる。

図Ⅱ-5-1 「アサーション」の多様性

アサーションは「自己の尊重」の分節と「他者の尊重」の分節とによって切り分けられる。また，その分節は恣意的（歴史・社会・文化的）である。

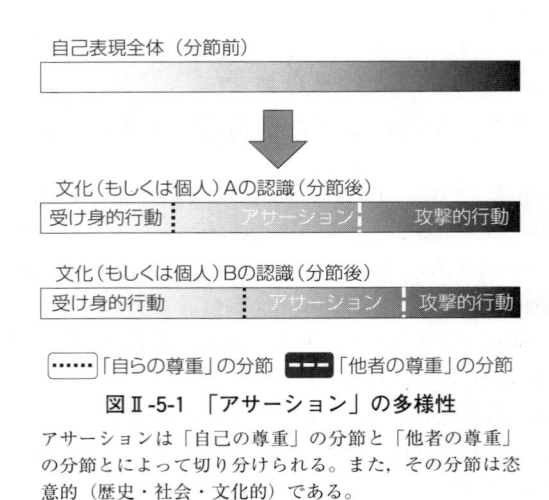

　同様にアサーションにおける「他者の尊重（攻撃的行動でない）」とそれ以外について，「自らの尊重（受け身的行動でない）」とそれ以外についての分け方も恣意的，つまり，歴史・社会・文化的であり，自然な分節や正しい分節が存在するわけではない。ある実践家・研究者は「自らの尊重」を"感情や考えを率直に伝えること"[5][6][7][8]と捉え，ある別の実践家・研究者は"自らの価値観に沿って柔軟に伝えること"[10]と捉えるだろう。
　こうしたコトバによる分類（分節）の恣意性について，池田は「分類することは思想を構築すること」[49]と表現している。つまり，アサーションを定義する行為（図Ⅱ-5-1）とは，それ自体が思想の表明なのである。

2．アサーションの差異性
　様々な概念や対象は，コトバによって分節されることで初めて意味を生じさせる。「r」や「l」という独立した音が世界の中に先験的に存在するのではなく，様々な音がある中で「r」でない音として「l」が初めて存在し，「l」でない音として「r」が初めて存在するように，全てのコトバは，「Xでない」というようなXとの差異の関係性の中で生じる非実体的な概念（関係性概念）である[47]。
　同様に，「自らの尊重」と「他者の尊重」も，また「アサーション」自体についても，等しく非実体的概念であるといえる。現に，ほぼ全てのアサーションの啓蒙書が，アサーションの説明と同じくらいの分量を受身的行動と攻撃的行動の説明にあてているのは，アサーションが関係性の中でしか表現されえない非実体的概念であるからに他ならない。

3．アサーションの蔽盲性（へいもう）

　コトバのもつ恣意性と差異性という特徴から，コトバの相対的を理解することができる。それにもかかわらず，コトバは知らず知らずの内にそのコトバを用いる人の中で確信を強め絶対化されていく。西條[22]はこれをコトバの「蔽盲性」と呼んだ。この考えを基軸として西條[22]は，元来相対的なはずの「科学」というコトバがいかに科学者間でそれぞれに絶対化され，信念対立を引き起こしているかを論じた。人は，自らが習い覚えたコトバの意味を絶対的に信仰してしまうのである[22]。

　したがって，アサーションの非実体性についても，通常は他のコトバと同様に蔽盲されているということができるだろう。

　ここではほとんどの場合「率直なもの」と確信されるアサーションの概念が，実は相対的なものであり，結果的に多様なアサーションが存在し得ることを記号論的還元によってまずは示した。

10節
現象学的還元による共通了解可能性への理路

　信念対立を解消するには，様々な信念（概念や視座など）を相対的に捉えることが必要である。構造構成主義は，信念対立を回避する為の「認識装置」としての機能をもっている[22]。構造構成主義における「認識装置」の機能とは，それまでは十分意識されることのなかった信念対立の生起過程や信念対立の根本を対象化もしくは可視化する「視点」としての機能である[22]。

　次に，この「認識装置」の機能をもった現象学的還元という思考方法について紹介する。現象学的還元によって，各々の実践家・研究者は，特定の信念に対する絶対視を避け，特定の信念がなぜある実践家・研究者の前に立ち現れるのかをその信念の支持者とより近い視点から理解することが可能と考えられる。

1．自然的態度による信念対立

　「自然的態度」は，本来相対的なはずの仮説を絶対視してしまう要因の一つで，目の前にとまった蝶の存在について，"蝶がいるから蝶がみえる"と思うような自然なものの見方である[22]。自然的態度は目の前の蝶の存在のように誰からも明らかな事象を議論する際にはなんら問題にならない。しかし，蝶の「美しさ」や「存在意義」などの抽象的な対象については，"蝶が美しいから美しいと感じる"などと自然的態度で挑むと個人間や文化間に容易に信念対立を引き起こしてしまう。

2．信念が確信に至る過程についての「判断中止」と「還元」による理解

　西條[22]は，自然的態度による信念対立を回避するため，竹田の現象学[50]を基に「判断中止」と「還元」という現象学的思考方法を構造構成主義に導入した。「判断中止」とは，"蝶が美しいから美しいと感じる"という自然的態度を一旦止める（括弧に入れる）思考方法である。その上で，「"蝶が美しいから美しいと感じる"と，なぜその人（もしくは自分自身）は確信するのだろう？」と新たな問いを立てるのが「還元」である。この「判断中止」と「還元」という2つの思考方法を援用することで，特定の仮説への確信を離れ，お互いの立場をより理解した上での議論が可能となる。つまり，信念対立を避け建設的な議論をおこなうためには，それぞれが自らの信念を「戦略的に」相対化して，その上でそれぞれの信念の価値を吟味する必要がある。

11節
率直理想仮説が確信に至る過程の理解

　アサーションにおける信念対立を解消するには，率直型アサーションの前提である率直理想仮説も機能的アサーションの前提である文脈主義も，共に仮説として相対的に捉える必要がある。機能的アサーションの場合，その前提である文脈主義はそもそも相対的な世界観であり，また，機能的アサーション自体は提唱されて間もない。したがって，機能的アサーションの前提については，比較的，相対的に捉えやすいと考えられる。一方，率直型アサーションにおける率直理想仮説はこれまでアサーションの実践・研究において非常に強く確信をもたれ続けてきた信念であり，より丁寧に検討する必要があるだろう。

　記号論的還元に基づけば，これらアサーションの前提の相対性を理解することができるが，ここでは，現象学的還元によって率直理想仮説が確信に至る過程について紐解いていくことにする。

1．自然的態度により生じるアサーションの信念対立

　他の概念や信念と同様，アサーションについても自然的態度で挑むと個人間や文化間に容易に信念対立を引き起こしてしまう。例えば，実践家・研究者Xは"率直な自己表現は望ましい（という真実が存在する）から，率直な自己表現は望ましいと私は感じる"と自然的態度で結論づけ，実践家・研究者Yは，"率直な自己表現は望ましくない（という真実が存在する）から，率直な自己表現は望ましくないと感じる"と同じく自然的態度で結論づけたならどうなるであろう。恐らくは，実践家・研究者Xと実践家・研究者Yとの間に"率直な自己表現は望ましいか否か"

II-5 アサーション（自他を尊重する自己表現）とは何か？ 177

という信念対立が生じる。

2．「判断中止」と「還元」による率直理想仮説の理解

それでは"率直な自己表現は望ましい"という確信を一旦「括弧に入れて」戦略的に「判断中止」し，その上で，「なぜその人（もしくは自分自身）は"率直な自己表現は望ましい"と確信するのだろう？」と「還元」してみたい。

この作業によって，ある歴史・社会・文化的な文脈がその中に生きる人々に対し率直理想仮説を確信させるプロセスを明らかにできる。

人は意識的にも無意識的にも自分が置かれた環境によって，その思考や行動に影響を受けている[51]。中でも，「文化」は，その内部の個人にとっては，自明すぎて容易にはその存在に気付けない存在である。一方で文化は，当人の気づかないところで非常に大きな影響を人に与える[52][53][54]。

(1) 率直理想仮説を含んだ信念体系としての文化的自己観

文化とは様々に定義し得る概念であるが，一つには，様々な価値観や行動規範を含みこんだ信念体系もしくは，様々な事象に対して意味を付与するような世界観として捉えることができる。

マーカスとキタヤマ（Markus, H. R., & Kitayama, S.）[55]は，人が世界に意味を与えるような文化的な準拠枠として「文化的自己観（self-construal）」の概念を示した。文化的自己観は，欧米文化に代表される「相互独立的（independent）自己観」と日本を含む東洋で優勢な「相互協調的（interdependent）自己観」とに分けられる。

マーカスとキタヤマによれば，相互独立的自己観は，自己を他者から独立した存在として捉える自己観で，相互独立的自己観の傾向が強い文化においては，人は独自性をもった個人として自己を主張することが重要とされ，個人が自尊心を高めることや，自らの権利に自覚的になることに強い関心が向けられる。一方の相互協調的自己観は，自己を他者との関係性の中で捉えようとする自己観で，相互独立的自己観の強い文化では，周囲と調和することが重要な関心とされ，自己の主張は慎まれる傾向にある。

したがって，相互独立的自己観は丁度，率直理想仮説の母体となる世界観として理解することができる。

(2) 率直理想仮説を生み出す文化的な随伴性（フィードバック）

文化的な信念とそこに生きる個人の信念とは相互に影響し合う関係[56]にある。そのため，個人の信念の発生とその確信は文化的な随伴性によって理解することができる[54]。ここでの文化的な随伴性とは，個人の振る舞いに対する，当該文化の他の成員からのフィードバックのことを指す。こうした随伴性を理解することは，

人がある信念をもつに至るプロセスを理解するのに役立つと考えられる。

相互独立的自己観の傾向が強い文化においては，個人は，自分の意見や能力を表現することで周囲から妥当な待遇を受け，もし自己主張を抑制したり避けたりすれば社会的な不利益を受けることになる[7][57][58]。したがって，相互独立的自己観の傾向が強い文化で生活する個人にとっては，率直理想仮説は，生活の上でも理に適った信念として確信されるだろう。

また，文化を反映したしつけや教育も強力な文化的な随伴性だと考えられる。東による一連の研究[3]によれば，日本人の母親は子どもに対し従順や礼儀，情緒的統制の獲得を期待しているのに対して，米国の母親は子どもに対し自己主張性の獲得を期待している。また両国の母親のそういった期待は実際のしつけや教育の仕方に影響を与えているとされる。

したがって，相互独立的自己観の傾向が強い文化において個人は，幼少期から成人するまで一貫して率直理想仮説が妥当とされるような文化的なフィードバックを与えられ続け，自ずと率直理想仮説を確信するものと理解できる。

(3) 率直理想仮説への確信を強める歴史的誘因

率直理想仮説への確信を強める歴史的誘因としては，社会的弱者やマイノリティーに対する人権の抑圧の歴史が挙げられる。社会的な抑圧は，当然の結果としてそれへの反動を引き起こすだろう。アサーションは，米国の中流階級に属する白人男性の自己表現方法がそのロールモデルであるとの指摘がある[30][59]。すなわち，女性が社会から与えられた不自由な型から逃れ目指した先に，権力と自由（男性性）の象徴として率直な自己表現があったと考えられる。こうした経緯から欧米の女性を中心に率直理想仮説が広く確信されるに至ったと考えることができる。

つまり，率直理想仮説は，伝統や権威（"女性はお淑やかであるべきだ"などの信念）に対するアンチテーゼとして，それらを相対化する機能をもっていた。伝統や権威に対して，社会は一般に強い確信をもつものである。そのため，伝統や権威といった既存の信念を相対化するには，それに対抗できるだけの同様に強い確信を与える信念が必要である。その強い確信を与える信念こそが「アサーション権（基本的人権）」という先験的に措定された絶対的な概念であったと理解できる。

(4) 率直理想仮説への確信を強める個々人の体験

率直理想仮説への確信が強い文化は，相互独立的自己観の傾向が強い文化だけではない。東洋文化を中心とした相互協調的自己観の傾向が強い文化においては，謙遜や周囲との調和が美徳とされ，個人の自己主張はしばしば，"空気が読めない"[1][2]，"分をわきまえない"などという周囲からの非難の種となる。こうした文化内で不自由さを感じる個人にとって，率直理想仮説は社会的な拘束からの解放の象徴として確信されるものと考えられる。特に，パワーハラスメントやセクシャル

ハラスメントなどのように，理不尽な「空気」によって言いたいことが言えない経験は，"言いたいことを率直に言ってもいい（ハズである）"という率直理想仮説を強く確信させるだろう。

3．アサーションにおける多様な信念の相互承認

　機能的アサーションや率直型アサーションを含め，いかなるアサーションの概念も何らかの視座に依拠している。しかし，各々のアサーションのもつ視座は，しばしば，互いの依拠する視座との間に共通了解が得られずに，アサーションの正統性を巡る信念対立を生む要因となり得る。率直型アサーションのもつ率直理想仮説といった価値的命題についても，一方では"自己表現は本音と建前を使い分けてこそ大人の振る舞いであり望ましい"といった対立する価値的命題が存在し得るため信念対立を引き起こす要因となり得るのである。

　アサーションについて建設的な実践・研究をおこなっていく為には，それぞれが自分（達）の価値観こそがエティック（絶対的）[60]であり，唯一の真実だと自然的態度でみなすのではなく，戦略的にそれぞれの価値観を一旦「括弧に入れて」捉えることで，各々のアプローチがもつ価値観の違いを乗り越える努力が必要である。

　特に，これまで強く確信されてきた率直理想仮説については，ここまでで示したような取り立て丁寧な，対象化および相対化の作業が必要であったと考えられる。

12節
関心相関性の原理によるアサーションにおける関心の可視化

　以上，「アサーション」の記号論的還元，「率直理想仮説」の現象学的還元の議論を経由して，率直型アサーションと機能的アサーションが原則等価であることを基礎づけてきた。しかし，アサーションについての建設的な議論を進めるためには，最終的にアサーションが「何でもアリ」の概念になってしまってはならない。

　そこで，現象学的還元と同様に「認識装置」の機能をもち，更に「何でもアリ」の事態を効果的に回避可能とする理路である「関心相関性の原理」を導入する。

1．関心相関性の原理

　西條[22]は，各々の信念は，単に相対的な存在ではなく，実践家・研究者の関心と相関的に立ち現れる現象であり，関心こそが各信念に対する妥当な評価基準であることを言い当てた。この構造構成主義における中核となる原理は「関心相関性の原理」と呼ばれる。例えば，死にそうなほど喉が渇いていたら「水たまり」も「飲料水」という存在（価値）として立ち現われることになるように，ある対象の価値

はそれを認識する人の目的や関心によって決まる。

　関心相関性の原理に従えば，価値観や信念はその人のもつ関心によって規定される側面があるため，議論の出発点としてまずは実践家・研究者のそれぞれがお互いの関心を可視化し理解し合うことが重要である。例えば，ある蝶の美しさについて対立が生じた場合，美しいと感じる人にとっては，"旅先で見つけた小さな美（蝶）を写真に収めること"に関心があり，美しくないと感じる人にとっては，"農作物を頻繁に食い荒らす害虫（蝶）をいかに駆除するか"に関心があるかもしれない。

　このように関心相関性の原理は，ある対象を前にして，そもそも相容れない複数の信念が立ち現れた際，それら異なった視点からの議論を有意義に進めることに貢献するものと考えられる。そこで，アサーションに意味や価値を与える中核であるアサーションへの「関心」について整理しておくことが有用と考えられる。

2．アサーション理論共通の関心

　アサーションへの関心は半世紀を越える歴史の中で様々な広がりをもちまた変化してきた[13]。最も初期において，ウォルピ（Wolpe, J.）はアサーションのもつ対人場面での不安の低減機能にも関心をもっていた[61]。

　アサーションの誕生から現在まで一貫して流れるアサーション理論共通の関心には主に3つのものが考えられる。

(1)「自らの尊重」という関心

　アサーション理論に共通する第1の関心は"人が対人関係において，より主体的に振舞えるようになること（主体性の獲得）"である。率直型アサーションにおける率直さの強調は，個人が受け身的になるのではなく（「自らの尊重」の分節），主体的に他者に働きかけることの強調と捉えることができる。既に触れた「アサーティブにならない権利」の存在も，率直型アサーションが個人の主体的な選択を非常に重要視していること[7][26]の現れとして理解できる。機能的アサーションにおいても，間接表現を認めるというのはあくまで目標達成への手段であって，根本的には様々な表現形態を戦略的に用いることで，話し手が聞き手に対し主体的に（"芯をもって"）働きかけることを意味している。

(2)「他者の尊重」という関心

　アサーション理論に共通する第2の関心は"（自分に対してと同様に）相手を（も）尊重すること（他者の尊重）"である。率直型アサーションと機能的アサーションという区別によらず，アサーション研究の歴史は，"アサーションの概念にいかにして他者尊重を取り入れるか"という挑戦の歴史であったと言える[13]。つまり，アサーション理論共通の第2の関心は，"アサーションと攻撃的行動をいかに切り分けるか"（「他者の尊重」の分節）という関心の言い換えに他ならない。

(3) 「『自らの尊重』と『他者の尊重』の均衡化」という関心

更に，アサーション理論に共通するこれら二つの関心は，相補的な関係にある。第1の関心である「自らの尊重」が過剰になれば，第2の関心である「他者の尊重」が犠牲になり，反対に第2の関心である「他者の尊重」が過剰になることで，第1の関心である「自らの尊重」の抑圧を引き起こす。つまり，アサーション理論では，"「自らの尊重」と「他者の尊重」の均衡化を図ること（以下；自他尊重の均衡化）"が二つの関心の上位に，第3の関心として位置づけられると考えられる。

3．率直型アサーション理論の関心

率直型アサーションの前提となっている関心は，"人が人から正当に扱われること"や"規範や権威などによる不自由さから人が開放されること"などにある。また，"世界中における人権侵害や不平等な扱いに対する抵抗や自律，革命"といった関心[20][62]も率直型アサーションは備えている。端的に示せば，率直型アサーションの関心は，個人が本来内に備えている能力や権利を解放・表現するという"エンパワメントの促進"[7]にあるといえる。

4．機能的アサーション理論の関心

機能的アサーションの関心は，"クライエントの目的を尊重し，実際にその目的に沿ったクライエントの円滑で柔軟なコミュニケーション[10][12]を促進すること"である。

5．関心相関性の原理による多様な信念の相互理解

ここで整理したように率直型アサーションと機能的アサーションは，いずれも同じ「アサーション（自他を尊重する自己表現）」に関心を寄せつつもその根本的な動機が異なっていた。その為，率直型アサーションの立場から「率直な気持ちを歪めてまで，聞き手に配慮する必要はない」というとき，機能的アサーションの立場からは「なぜ，間接表現を使えば円滑に進む場面でまで直接的な表現の使用にこだわるのか？」という反論が生じただろう。反対に，機能的アサーションの立場から「間接的な言い回しは聞き手に配慮する上で有用だ」というとき，率直型アサーションの立場からは「率直さを尊重もしないような処世術は，アサーションといえるのか？」という反発を生じさせたと考えられる。

したがって，多様なアサーションの共通了解の可能性を担保するには，双方がアサーションに対する双方の関心を可視化し，お互いの関心に沿ってお互いのアサーションを理解することが有用である。

13節
関心相関的アサーションの構成と評価

1．関心相関的アサーションの構成

　関心相関性の原理に基づけば，率直型アサーションと機能的アサーション，更にはその他の様々なアサーションを含みこむ「関心相関的アサーション」を構成することができる。関心相関的アサーションとは，広義のアサーションの定義である「自他を尊重する自己表現」を土台に実践家・研究者が各々の関心に応じて，アサーションの視座とそれに応じた「自らの尊重」と「他者の尊重」の意味を選択・構成する，通常のアサーションよりもメタ次元のアサーション概念である（表Ⅱ-5-1および図Ⅱ-5-2）。

表Ⅱ-5-1　率直型アサーションと機能的アサーションおよび関心相関的アサーションにおける視座の相違

	率直型アサーション	機能的アサーション	関心相関的アサーション
モチーフ	基本的人権（主に言論の自由）の擁護もしくはエンパワメント（empowerment）	人と人との円滑な対話	目的に応じて，様々なアサーションを柔軟に活用するための原理
アサーションの意味	個人の生き方（それ自体が目的の一部）	個人が生きる上での道具（目的のための手段）	関心相関的に構成された構造で，率直型アサーションと機能的アサーションの双方を含み，かつそれ以外の様々なアサーション（未知のものまで）も包括する
「自己の尊重」の意味	自らがもつ基本的人権を自らで尊重することや率直に表現すること	自らの「価値」を道標に具体的な課題を設定し，その具体的な課題達成に向けた自己表現する一連のプロセス	
「他者の尊重（適切性）」の意味	他者の基本的人権を尊重しようとすること	聞き手が話し手の自己表現を適切と受け取ること	
世界観・認識論	普遍的，理想主義的，自律的	文脈依存的，実利主義的	認識論的多元主義[22]
本質の所在	主体の内側	主体と環境との相互作用	実践家・研究者の関心
アサーションの機能	主体性の獲得，自他の権利の自覚と尊重，個人の自己実現	（聞き手にとっての適切性を最大限維持しての）個人が恣意的に選択した課題の達成	関心相関的に様々な機能を持ちうる
アサーション・トレーニングの主な対象	自己表現が苦手で自尊心の低い個人，格差の解消を必要とする個人	対人コミュニケーションを通して何かを獲得しようと希望する個人	「自他を尊重する自己表現」が有効と考えられる個人全般

II-5 アサーション（自他を尊重する自己表現）とは何か？　183

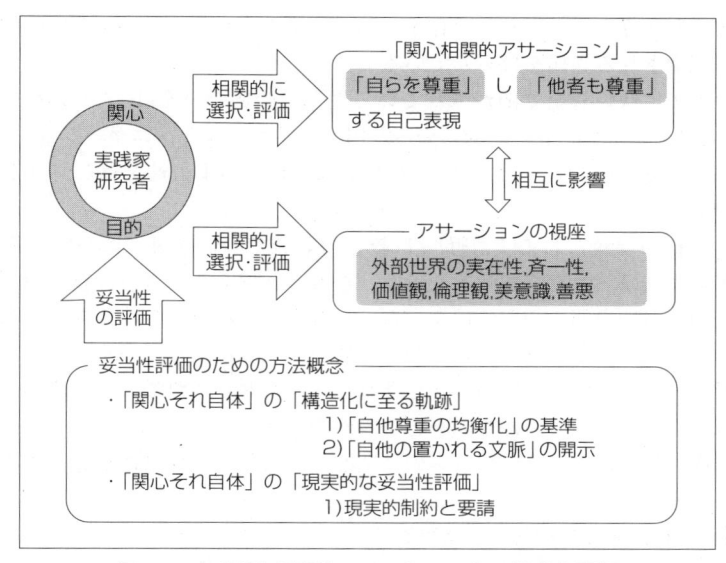

図II-5-2 「関心相関的アサーション」の構成と評価

灰色の箇所は，関心相関的に構成される「構造」（右側の四角）および「関心それ自体」（左側の円）

　例えば，不当に低い賃金で働かされている従業員がクライエントとしていたとする。この時，"エンパワメントの促進"に関心のある実践家・研究者は，アサーション権を基にしてアサーションを"相手の意見を聞きながらの率直な自己表現"と定義することができる。また，同じクライエントが，「雇用者に賃金を何とか上げてほしい」と訴えている場合に，"クライエントの目的に沿った円滑で柔軟なコミュニケーションの促進"という関心をもつ実践家・研究者は，機能的アサーションの定義を採用し，アサーションを"クライエントの賃金水準をより向上させ，雇用者の面目をできるだけ守る自己表現"として捉えることができる。

　したがって，関心相関的アサーションの枠組みでは，実践家・研究者の関心に応じた多様なアサーションを認め，関心に沿ってアサーションの概念の妥当性を評価することを重視する。さらには，関心に応じて率直型アサーションと機能的アサーションの特徴を合わせたようなアサーションの構成も可能となる。

2．関心相関的アサーションを構成する「関心それ自体」の妥当性の評価
(1)「関心それ自体」の妥当性評価をおこなう必要性

　関心相関的アサーションが多様なアサーションを認めることは，一方では「関心

それ自体」が多様かつ並行して存在する場合，様々なアサーションが原則的に等価であると認識される課題をはらんでいる。

既述の不当に低い賃金で働かされている従業員の例でいえば，"エンパワメントの促進"と"クライエントの目的に沿った円滑で柔軟なコミュニケーションの促進"という二つの関心を並列させると，「関心それ自体」の正当性を巡る対立が生じる可能性がある。

これと同様の課題として，苫野[63]は教育の領域での信念対立について論じている。苫野によれば，教育を比較的「私的」なものと捉える場合には教育の「関心それ自体」の妥当性を問う必要性はないが，教育を「公的」なものと捉えた際には，教育の「関心それ自体」の妥当性を問う必要性が生じるとしている。

そこで，実践家・研究者間の「関心それ自体」が対立した際，どの関心が理論的もしくは実践的に最も妥当かを問う方法論が必要となる。

構造構成主義では，アサーションの「関心それ自体」の妥当性を評価するのに有用な理路を備えている。

(2)「関心それ自体の構造化に至る軌跡」

苫野[63]は，教育の領域における"どのような教育がよいのか"という教育的価値観の対立の解消を試み「関心それ自体の構造化に至る軌跡」という方法概念を定式化した。「関心それ自体の構造化に至る軌跡」とは構造構成主義における「構造化に至る軌跡」[22]を継承したものである。

「構造化に至る軌跡」とは，ある構造の有効性や射程について建設的な議論をおこなうことを目的として，構造が構成された条件を開示すること（条件開示）である。更に，開示すべき条件は無限に想定し得るため，「構造化に至る軌跡」では，関心に沿って条件を開示する（条件開示範囲の方法論的限定性）[22]。つまり「関心それ自体の構造化に至る軌跡」とは，文字通り「関心それ自体」における「構造化に至る軌跡」のことである。

更に，苫野[64]は，公教育における「関心それ自体」の評価基準として，公教育の本質としての「一般福祉」を挙げ，「関心それ自体の構造化に至る軌跡」と「一般福祉」という基準による，公教育における関心それ自体の妥当性評価の道を開いた。同様に，京極[65]は，医療の領域における「関心それ自体」の妥当性評価についても「関心それ自体の構造化に至る軌跡」に加えて，相互承認された評価基準が必要であるとした。最終的に，京極[65]は医療の領域において「よい生（Quality of life）の実質化」を評価基準として挙げた。

(3) アサーションへの「関心それ自体の構造化に至る軌跡」の継承

アサーションにおいても「関心それ自体の構造化に至る軌跡」を継承することで，「関心それ自体」の妥当性を問うことが可能と考えられる。また，苫野[63][64]と京

極[65]それぞれの議論から，アサーションの「関心それ自体」についても何らかの評価基準を示すことが必要と考えられる。

本稿では，アサーションにおける「関心それ自体」の妥当性を問う基準として，アサーション理論に共通の第3の関心である「自他尊重の均衡化」を挙げて置く。自他尊重の均衡化の基準は，「関心それ自体」が，かえって自他の尊重の均衡を著しく崩すようなものでないことを確認するものである。例えば，クライエントがクライエントの周囲の人間を搾取しやすくする目的でアサーションが構成されたとする。このアサーションへの関心は，「他者（周囲）の尊重」を一方的に引き下げることで「自ら（クライエント）の尊重」を不当に高めようとする関心であり，自他尊重の均衡化の基準から"妥当でない関心"として判断される。反対に，クライエントの周囲の人間こそが正しい判断力をもつ人間であるとして，クライエントの主体性や選択の自由を抑制しようとする関心も，自他尊重の均衡化の基準から"妥当でない関心"として判断される。

しかしながら一方で，「自他尊重の完全な均衡化」は，現実の世界では考えがたい状態である。そのため，上記の例のように自他尊重の均衡化は，あるアサーションの関心が"現状と比較して将来，自他尊重の均衡を著しく崩すものではない"というように否定的に判断されることとなる。

自他尊重の均衡化は，アサーション理論に共通する関心から引き出されるため，アサーションの実践家・研究者間での共通了解が得られるものと考えられる。

また「自他尊重の均衡化」の基準から「関心それ自体」を評価するには，とりわけ「自他の置かれる文脈」の開示が要請される。喩えていえば，"1ドル紙幣と100円硬貨の交換"という関心があったとする。この関心が"どの程度公平な交換（基準）であるか"を評価するには，「為替相場」という文脈（条件）が開示されていなくてはならない。つまり，複数の対象の均衡を評価するという関心からは，複数の対象の置かれる文脈の開示が必要である。したがって，アサーションにおける関心それ自体の評価には，①「自他尊重の均衡化」の基準と②「自他の置かれる文脈」の開示の両者が必要である。

「関心それ自体の構造化に至る軌跡」のアサーションにおける使用例を簡単に挙げて置く。例えば，アサーションによる"エンパワメントの促進"という「関心それ自体」の妥当性を評価するのに"話し手の能力や権利が，聞き手により不当に抑圧されているという文脈（自他の置かれる文脈）"が開示されたとする。この場合，抑圧された話し手に対するエンパワメントの促進は，自他尊重の均衡を高めると考えられるため，"妥当な関心である"と評価できるだろう。

また，開示された文脈が，次のようなものであった場合，評価は異なるだろう。"聞き手が「向こう（話し手）もこちらに気を遣って，はっきりとは自己主張しな

いだろう。それでももしはっきりと自己主張してくるようならば、それは余程の事だろうから、その時はこちらも向こうを配慮して断らずにおこう」と考えている[3]文脈（これはしばしば日本人の特性として挙げられる）"。この場合、"エンパワメントの促進"という関心は、話し手の権利主張を促進することで、自他尊重の均衡を著しく崩す可能性が考えられる。したがって、自他尊重の均衡化の基準からみて、この「関心それ自体」は妥当ではないと評価できるだろう。

(4) 関心それ自体の現実的な妥当性評価

「関心それ自体の構造化に至る軌跡」という方法概念以外にも、構造構成主義における「関心相関的選択」[66]を継承した方法概念を援用することもできる。西條は、構造構成主義によって質的研究を基礎づけようという文脈の中で、「方法」とは、ある現実的制約（状況）の中で、特定の目的を達成するための手段であるという「方法の原理」[67]を定式化した。「関心相関的選択」とは、この「方法の原理」を踏まえ、①現実的制約と、②研究者の関心を勘案して、研究方法を選択するというものである。

「関心相関的選択」を拡張すれば、アサーションの「関心それ自体」も①現実的制約と要請を勘案してその妥当性を評価することができる。この考えは、京極[68]による「実践効果の目的相関的評価」とほぼ同じものであるが、本稿では、"「関心それ自体」の妥当性評価"という関心から、敢えて「関心それ自体の現実的な妥当性評価」と呼ぶことにする。

例えば、三田村と松見[10]のおこなった保護者向けアサーション・トレーニングでは、"クライエントに課題達成的な自己表現スキルを修得させる"という関心をもっていた。この関心の妥当性は、"クライエントが課題の達成を望んでおり、率直なだけのコミュニケーションでは相手と関係をこじれさせている例が存在する"という現実的要請によって、多くの実践家・研究者から妥当であったと共通了解が得られると考えられる。

また、もし「自他尊重の均衡化」の基準を"全人類の融合"という怪しげな関心が通過してしまった場合でも、"全人類を融合させる実際的な方法論がない"という現実的制約によって、この関心を妥当でないものとして選別することができる。

14節
まとめと今後の課題

本稿では、前半部と後半部のそれぞれにおいて、アサーションの難問の共有とその解消とを試みた。

従来から主流であった率直型アサーションは、アサーションの効果的な適用領域

Ⅱ-5 アサーション（自他を尊重する自己表現）とは何か？

の限定性という難問を抱えていた。もし，率直型アサーションによって，この適用領域を無理に押し広げると，トレーナーとクライエントとの信念対立や，クライエントと周囲との信念対立を引き起こす可能性も考えられる。そこで，機能的アサーションによって，効果的な適用領域を新たに広げることが可能である。

しかし，機能的アサーションは，率直型アサーションとは異なった視座に基づく概念であり，率直型アサーションと機能的アサーションとの信念対立（共約不可能性）という難問を生じさせる。本稿前半部ではこのアサーションの難問を明らかにし，難問の共有を促した。

本稿後半部では，この難問を解消すべく構造構成主義の理路によって，率直型アサーションと機能的アサーションの双方の背後にある関心を可視化し，最終的に双方のアサーションを包括する「関心相関的アサーション」を概念化した。関心相関的アサーションは，各々の実践家・研究者が，機能的アサーションや率直型アサーションといったアサーションの概念を相対化し，その都度の関心に自覚的になることで構成することができる。これにより例えば，"敢えて率直に自己表現した方がよい"のか，あるいは"柔軟に自己表現した方がよい"のかは，関心相関的に判断されることになる。更に，アサーションの「関心それ自体」についても構造構成主義の理路によってその妥当性を確認することが可能である。

結果的に，関心相関的アサーションは，文化や価値観，時代や領域といった時間と空間を超え妥当となり得るメタレベルでのアサーションの概念であると考えられる。そのため，アサーションの実践家・研究者は，関心相関的アサーションによって，正当なアサーションの概念を巡る不毛な信念対立に陥ることなく，関心に応じた建設的な実践・研究を進めることが容易となった。関心相関的アサーションは，半世紀を超えるアサーションの混乱[13][16]にメタなレベルでの決着をつけるものと期待される。

本稿では，全体を通して，アサーションの概念そのものについて論じた。しかし，アサーションとは本来，実践のための概念である。今後の課題は，関心相関的アサーションの構成によって，アサーション・トレーニングの実践そのものをいかに充実させ発展させていけるかにある。信念対立や理論間の相違を超えた有効な方法概念として，作業療法の領域で発展が見られる京極の「目的相関的実践原理（メタ実践法）」[44]を援用することもできるだろう。今後さまざまな立場のクライエントに対し効果的なアサーションの指導をおこなっていくためにも，本稿で検討した関心相関的アサーションの実践的検討が期待される。

【註および文献】

[1] 山本七平　1983　「空気」の研究　文春文庫
[2] 冷泉彰彦　2006　「関係の空気」「場の空気」　講談社
[3] 東　洋　1994　日本人のしつけと教育―発達の日米比較にもとづいて　東京大学出版会
[4] Argyle, M., & Henderson, M. 1985 *The anatomy of relationships: And the rules and skills needed to manage them successfully*. London: Penguin Books. 吉森　護（編訳）1992　人間関係のルールとスキル　北大路書房
[5] 平木典子　1993　アサーショントレーニング―さわやかな「自己表現」のために　日本・精神技術研究所
[6] Alberti, R. E., & Emmons, M. L. 1970 *Your perfect right: assertiveness and equality in your life and relationships*. San Luis Obispo, CA: Impact. 菅沼憲治・ミラー・ハーシャル（訳）2000　自己主張トレーニング　東京書籍
[7] 森田ゆり　1998　エンパワメントと人権―こころの力のみなもとへ　解放出版社
[8] Lange, A. J., & Jakubowski, P. 1976 *Responsible assertive behaviour: Cognitive behavioral procedures for trainers. Illinois*: Research Press.
[9] 平木典子　2004　アサーション・トレーニング　現代のエスプリ450　至文堂
[10] 三田村仰・松見淳子　2009　発達障害児の保護者向け機能的アサーション・トレーニング　行動療法研究, 35, 257-269.
[11] Goldfried, M. R., & D'Zurilla, T. J. 1969 A behavioral-analytic model for assessing competence. In C. D. Spielberger (Ed.), *Current topics in clinical and community psychology*. New York: Academic Press. pp.151-196.
[12] Linehan, M. M., & Egan, K. J. 1979 Assertion training for women. In A. S. Bellack, & M. Hersen, (Eds.), *Research and practice in social skills training*. New York: Plenum.
[13] 三田村仰　2008　行動療法におけるアサーション・トレーニング研究の歴史と課題　人文論究（関西学院大学人文学会）, 58, 95-107.
[14] [15] を参考に作成
[15] 近藤珠実　2005　感じのいい断り方、言いにくいことの伝え方―お母さんのためのおつきあい講座　PHP研究所
[16] Wilson, L. K., & Gallois, C. 1998 *Assertion and its social context*. Tokyo: Pergamon Press.
[17] Galassi, M. D., & Galassi, J. P. 1978 Assertion: A critical review. *Psychotherapy: Theory, Research & Practice*, 15, 16-29.
[18] Galassi, J. P., Galassi, M. D., & Vedder, M. J. 1981 Perspectives on assertion as a social skills model. In J. D Wine, & M. D. Smye, (Eds.), *Social competence*. New York: Guilford Press. pp. 287-345.
[19] Lazarus, A. A. 1971 *Behavior therapy and beyond*. New York: McGraw-Hill.
[20] Jakubowski-Spector, P. 1973 Facilitating the growth of women through assertive training. *Counseling Psychologist*, 4, 75-86.
[21] Serber, M. 1971 Book Reviews. *Behavior Therapy*, 2, 253-254.
[22] 西條剛央　2005　構造構成主義とは何か―次世代人間科学の原理　北大路書房
[23] Salter, A. 1949 *Conditioned reflex therapy, the direct approach to the reconstruction of personality*. Oxford, England: Creative Age Press.
[24] Wolpe, J. 1982 Assertive training. In J. Wolpe (Ed.), *The Practice of Behavior Therapy*. New York: Pergamon Press. 内山喜久雄（監訳）2005　主張訓練法　神経症の行動療法―新版　行動療法の実際　黎明書房　pp.168-497
[25] 用松敏子・坂中正義　2004　日本におけるアサーション研究に関する展望　福岡教育大学紀要, 53, 219-26.

［26］平木典子　2000　自己カウンセリングとアサーションのすすめ　金子書房
［27］Brown, P., & Levinson, S. C. 1978 *Politeness : Some universals in language usage*. Cambridge University Press.
［28］八巻香織　2006　こじれない人間関係のレッスン―7 days アサーティブネス　太郎次郎社エディタス
［29］Kelly, J. A., Kern, J. M., Kirkley, B. G., Patterson, J. N., & Keane, T. M. 1980 Reactions to assertive versus unassertive behavior : Differential effects for males and females and implications for assertiveness training. *Behavior Therapy*, 11, 670-82.
［30］Rakos, R. F. 1991 *Assertive behavior : Theory, research, and training*. London : Routledge.
［31］生駒知子・志村明彦　1993　英語から日本語へのプラグマティック・トランスファー―「断り」という発話行為について　日本語教育, 79, 41-51.
［32］Imai, Y. 1991 Effects of influence strategies, perceived social power and cost on compliance with requests. *Japanese Psychological Research*, 33, 134-144.
［33］Yanagida, E. H. 1979 Cross-cultural considerations in the application of assertion training : A brief note. *Psychology of Women Quarterly*, 3, 400-402.
［34］Hayes, S. C., Strosahl, K. D., & Willson, K. G. 1999 *Acceptance and commitment therapy : An experiential approach to behavior change*. New York : Guilford Press.
［35］Smith, M. J. 1975 *When I say no, I feel guilty : How to cope, using the skills of systematic assertive therapy*. New York : Bantam Books.
［36］Goffman, E. 1967 *Interacion ritual : Essays on face-to-face behavior*. New York : Pantheon Books.
［37］宇佐美まゆみ　2002　ディスコース・ポライトネス理論構想(5)―DP 理論の展開　ポライトネス理論の展開（連載）　言語, 31, 96-101.
［38］Hayes, S. C., Luoma, J. B., Bond, F. W., Masuda, A., & Lillis, J. 2006 Acceptance and commitment therapy : Model, processes and outcomes. *Behaviour Research and Therapy*, 44, 1-25.
［39］菅沼憲治　2002　セルフ・アサーション・トレーニング―疲れない人生を送るために　東京図書
［40］Lange, A. J., & Jakubowski, P. 1976 *Responsible assertive behaviour : Cognitive behavioral procedures for trainers*. Illinois : Research Press. pp.20-21.
［41］Hayes, S. C. 1993 Analytic goals and the varieties of scientific contextualism. In S. C, Hayes, L. J. Hayes, H. W. Reese, & T. R. Sarbin (Eds.), *Varieties of scientific contextualism*. Reno, Nevada : Context Press. pp.11-27.
［42］武藤崇　2006　アクセプタンス＆コミットメント・セラピーの文脈―臨床行動分析におけるマインドフルな展開　ブレーン出版
［43］Gergen, K. J. 1999 *An invitation to social construction*. London : Sage.
［44］京極真　2007　作業療法の超メタ理論の理論的検討―プラグマティズム, 構成主義, 構造構成主義の比較検討を通して　人間総合科学会誌, 3, 53-62.
［45］Hayes, S. C., Hayes, L. J., Reese, H. W., & Sarbin, T. R. 1993 *Varieties of scientific contextualism*. Reno, Nevada : Context Press.
［46］Pepper, S. C. 1942 *World hypotheses : A study in evidence*. Berkeley, Los Angeles and London : University of California Press.
［47］丸山圭三郎　1983　ソシュールを読む　岩波書店
［48］鈴木孝夫　1973　ことばと文化　岩波新書
［49］池田清彦　1992　分類という思想　新潮社
［50］竹田青嗣　2004　現象学は〈思考の原理〉である　筑摩書房
［51］Skinner, B. F. 1974 *About Behaviorism*. New York : Vintage Books.
［52］Markus, H. R., & Hamedani, M. G. 2007 Sociocultural psychology : The dynamic interdependence among self systems and social systems. In S. Kitayama, & D. Cohe (Eds.), *Handbook of*

Cultural Psychology. New York: Guilford Press. pp.3-39.
［53］Matsumoto, D. 2000 *Culture and psychology: People around the world*. Belmont, Calif.: Wadsworth. 南 雅彦・佐藤公代（訳） 2001 文化と心理学―比較文化心理学入門 北大路書房
［54］Biglan, A. 1995 *Changing cultural practices: A contextualistic frame work for intervention research*. Reno, Nevada: Context.
［55］Markus, H. R., & Kitayama, S. 1991 Culture and the self: Implications for cognition, emotion, and motivation. *Psychological Review*, 98, 224-53.
［56］Kitayama, S., Sean, D., & Uchida, Y. 2007 Self as cultural mode of being. In S. Kitayama, & D. Cohe, (Eds.), *Handbook of cultural psychology*. New York: Guilford Press. pp.136-174.
［57］坂本正裕・チャールズ・プリブル 1998 コミュニケーション回避研究の歴史と現状 心理学研究, 68, 491-507.
［58］Phillips, G. M. 1968 Reticence: Pathology of the normal speaker. *Speech Monographs*, 35, 39-49.
［59］Gervasio, A. H., & Crawford, M. 1989 Social evaluations of assertiveness. *Psychology of Women Quarterly*, 13, 1-25.
［60］エティック（etic）：普遍的であり，文化にとって普遍的である原理。
　　　Matsumoto D. 2000 *Culture and psychology: People around the world*. Belmont, Calif.: Wadsworth. 南 雅彦・佐藤公代（訳） 2001 文化と心理学―比較文化心理学入門 北大路書房
［61］Wolpe, J. 1958 *Psychotherapy by reciprocal inhibition*. Stanford, Calif.: Stanford University Press. 金久卓也（監訳） 1977 逆制止による心理療法 誠信書房
［62］福沢諭吉 1978 学問のすすめ（改版） 岩波書店
［63］苫野一徳 2008 構造構成主義による教育学のアポリアの解消―教育学研究のメタ方法論 構造構成主義研究, 2, 88-110.
［64］苫野一徳 2008 どのような教育が「よい」教育か，ヘーゲル哲学の教育学メタ方法論への援用 ラチオ, 5, 218-64.
［65］京極 真 2009 「よい医療」とは何か―構造構成主義的見解 看護学雑誌, 73, 78-83.
［66］西條剛央 2007 ライブ講義質的研究とは何か SCQRM ベーシック編 新曜社
［67］西條剛央 2009 看護研究で迷わないための超入門講座―研究以前のモンダイ 医学書院 pp.13-16.
［68］京極 真 2008 「目的相関的実践原理」という新次元の実践法―構造構成的障害論を通して 構造構成主義研究, 2, 209-229.

【謝辞】

本稿の執筆にあたりご協力をいただきました清水裕士氏（日本学術振興会特別研究員，関西学院大学社会学部）に心より感謝申し上げます。

原著論文（啓蒙）

II-6　心理療法に共通原理はあるのか？

山竹　伸二

●●● 1節 ●●●
心理療法における理論対立

　古代から連綿と続く呪術的な心理的治療を除けば，およそ百年にわたる近代的な心理療法の歴史は，多種多様な心理療法の分裂と対立，論争の繰り返しであった。現在でも，どの心理療法が最も有効で理論的にも正しいのかと問われれば，多くの専門家は答に窮することだろう。それは，各心理療法に共通する治療原理は存在するのか否か，心理療法の本質とは何か，いまだ明確にされていない，ということでもある。

　本論文はこの問題に一定の答を見出そうとする試みだが，まず代表的な心理療法にはどのようなものがあり，それらの間にどのような理論的対立があったのか，その歴史を簡単に紐解いてみることにしよう。

　19世紀末に流行した催眠療法に対して，フロイトが催眠を放棄して精神分析を生み出したことは周知のとおりである[1]。続く20世紀初頭には精神分析が繁栄の時代を迎え，自我心理学，対象関係論，新フロイト主義など，複数の精神分析学派が対立，論争を繰り返しながら発展を続けていた。ユング派やアドラー派のように，フロイトの性欲論を批判して精神分析と袂を分かつ学派もあったが[2]，無意識が一貫して重視されている点では変わりがなかった。20世紀の前半は，まさに深層心理学的な心理療法の時代だったと言える。

しかし，20世紀の後半になると精神分析の繁栄にも陰りが見えはじめ，深層心理学とは異なった理論的枠組みを持つ心理療法が数多く台頭してきた。なかでも行動療法は精神医療の現場で急速に普及し，現在では認知的技法をも取り入れ，最も強力な技法として信頼を集めている。

行動療法は実証科学的な立場を標榜し，条件づけの理論に基づく心理療法である。その提唱者はスキナー，アイゼンクといった行動主義の心理学者だが，彼らの精神分析に対する批判は激烈で，容赦のないものであった。たとえばアイゼンクの『精神分析に別れを告げよう』を読めば，「フロイトの科学的態度の完全な欠如，ほとんど仮説に過ぎない解釈への素朴な信仰，観察された事実の無視と黙殺，他の理論の可能性を考慮しないこと，批判者への軽蔑，自分に誤りがないというメシア的信仰」[3]といった批判的言説を目にすることができる。アイゼンクに限らず，行動主義者はフロイト理論の非科学性を徹底的に批判してきたのである。

一方，行動療法の登場とほぼ同時期に登場したのが，現象学と実存思想の影響を受けた実存主義的な立場の心理療法であった。その中心は，ロロ・メイ，マスロー，ロジャーズらの人間性心理学の技法だが，特にロジャーズの来談者中心療法は現代カウンセリングに絶大な影響を与え，現在でも広範な影響力を持ち続けている。また，フランクルのロゴセラピーなども実存主義の立場に属しており，根強い人気を保っている。

実存系の心理療法も精神分析を批判して登場したのだが，その批判の中心点はフロイトの過去決定論にあった。幼少期の親子関係がその後の人生や病理を決定する，という過去決定論においては，人間には自らの意志で人生を選択する自由は存在しない，ということになる。しかし，人間を自由な存在として捉える実存主義においては，問題は過去がどうであったかではなく，これからの将来をどう生きたいのかである，という目的論へと視線変更されている[4]。

また，実存系の心理療法はクライエントの主観性を重視しているため，科学的な客観性を重視する行動療法とも理論的に対立している。有名なのはロジャーズとスキナーの論争である。

行動療法の主唱者でもあるスキナーは，行動主義の考えを応用すれば，あらゆる行動の予測と制御が可能になると主張していたが，これに対してロジャーズは，そのような制御は恐るべき管理社会に行き着くはずだと批判し，こう述べている。「責任ある個人的選択は人間として存在するときに最も本質的な要素であり，それがサイコセラピィにおける核心的経験であり，科学的努力に先行しているものでもあるし，われわれの生活の中で科学と等しく重要な事実である」[5]。実存主義の考え方からすれば，自由な選択を度外視する行動主義の考え方は，到底納得できないものなのだ。対するスキナーもまた，「私は科学の実践に，目標あるいはさきに価値の

選択をする必要があるという考えにあまり賛成できない」[6]と反論しており、この議論は平行線をたどっている。

　精神分析、行動療法、来談者中心療法は、現在でも代表的な心理療法と見なされているが、いま見てきたように、それらの間には激しい論争が繰り広げられてきた経緯がある。しかも一部の心理療法の学派を除けば、基本的には互いに歩み寄ることなく、各々の学派内においても数多くの分派、新技法が生み出されてきた。また、これらの心理療法とは異なった技法も次々に生まれ、マイナーなものも含めれば、現在、何百種類もの心理療法が存在する。まさしく百花繚乱と呼ぶにふさわしい状況だが、理論的な対立は解消されていない。

2節
共通要因の探求

　これほど理論的に異なる心理療法が乱立していても、今日ではかつてほどの対立や論争は見られない。特定の学派に執着せず、病気に応じて複数の技法を使う折中派、統合的アプローチを採る治療者も多く、アメリカではすでに多数派を占めている。20世紀の終わりとともに、心理療法は対立の時代を終え、統合の時代に向かいつつある、と言えるかもしれない。

　日本でも村瀬嘉代子が「治療経過につれて変容する状態に即応して、治療技法を個々のクライエントのその局面に合わせて工夫することの必要性」[7]を指摘しており、心理臨床の領域で統合的アプローチへの意識は高まっている。また精神科医の加藤温は構造構成主義の立場から、患者を取り巻く諸要因を「関心相関的観点」[8]から捉え、必要に応じて薬物の調整をしたり、部分的に家族療法、認知療法、精神分析などのエッセンスを取り入れるような治療が望ましい、と主張している[9]。

　代表的な心理療法にはどれも一定の治療成果が見られ、しかもその治療成果はほぼ同程度であり、特に突出した成果をあげている心理療法があるわけではない。おそらくこうしたことが、これらの治療者たちの「治れば特定の技法にこだわらない」というプラグマティックな発想を支えているのだろう。確かにどの技法を使ってもあまり治療効果が変わらないなら、患者の病、性格、価値観に適した心理療法を、その都度選んで使うほうが理に適っている。

　しかし、このような心理療法の動向において、見過ごされがちな問題がある。それは、心理療法の効果が同程度であれば、そこには各学派の理論的差異を超えた、治癒をもたらす共通要因があるのかもしれない、という問題である。折中派の中には、別に共通要因を探る必要はない、むしろ唯一の治療原理に固執すれば治療における柔軟さが失われてしまう、と考える人も多い。だが、心理療法によって治らな

いケース，むしろ悪化するケースも数多く存在する以上，やはり有効な心理的治療の条件とは何か，その共通性を見定める必要があるだろう。

これまでに共通要因に焦点を当てた研究がないわけではない。各学派の共通要因を重視した最初の人物はローゼンツヴァイクであり，彼は治療者のパーソナリティなど，いくつかの共通性を各学派に固有な理論よりも重要だと主張している。また，臨床心理士の杉原保史は「一つの援助的介入が，複数の異なる学派が唱道する異なった援助的介入を同時に体現している」と主張し，これを「多元的に機能する援助的介入」と呼んでいる[10]。同じ一つの介入が「共感」であると同時に「解釈」でもあり，「暗示」でもある，という場合があるわけだ。これは至極もっともな見解であり，だとすれば，実はまったく同じ事象を学派によって異なった概念で説明している可能性がある。

だが，この領域で最も注目すべき研究者はジェローム・フランクであろう。彼はジュリア・フランクとの共著『説得と治療―心理療法の共通要因』において，各種の心理療法を比較検討し，こう指摘している。「異なった治療法は，特定の問題それぞれに異なった効果を持っているかもしれないが，どの治療法も全体としての改善率が類似しているのは，すべての治療法に共通する治療要因が反映された結果と理解してよいであろう」[11]，と。

フランクによれば，心理療法は科学というよりも雄弁術（レトリック）に近いものであり，その治療効果はプラシーボ（偽薬）の効果に似たところがある。たとえば，患者に対する無意識の解釈は，その正しさを科学的に証明することはできない。しかし，患者がその解釈を信じれば，それまで強固に信じられていた物の見方は変容し，体験の意味をより好ましいものに修正することができる。「患者の報告は意味深い物語であり，治療者との共同作業によって修正される」[12]というわけだ。

要するに，患者の主観的な理解の修正＝「意味の変容」こそ，さまざまな心理療法に共通する治癒のプロセスである，というのがフランクの主張である。

これまで精神分析や来談者中心療法をはじめ，多くの心理療法が患者の欲望や不安に焦点を当て，それに対する患者の理解を深めること，あるいは誤った理解を修正することを治療目的に据えてきた。そしてこれらの治療においては，無意識の解釈や「本当の自分」への気づきによって，患者の主観的な自己理解が修正され，自己の物語の変化，「意味の変容」が生じている可能性が高い。一見すると意味に注意を払わない行動療法においても同様で，おそらく患者は治療者とともに行動の意味づけを変更しているのだろう。各々の学派において自覚されているかどうかはさておき，ここには一貫した共通性がある，と考えることができる。

3節
心理療法と科学

 こうした事実を踏まえているかのように，近年では，患者の主観的理解の修正＝「意味の変容」に焦点を当てた心理療法が増えつつある。

 ワツラウィックやウィークランドらの家族療法では，早くから家族関係において構成された意味に焦点を当て，この意味を変容させること，構成された現実を再構成することに主眼を置いてきたが[13]，この考え方は構成主義と呼ばれ，現在，ナラティブ・セラピーなどに受け継がれている。その主唱者の一人であるガーゲンは，「構成主義は，前提条件は異なるがコンストラクティヴィズムや現象学とともに，〈科学者としての治療者〉という考え方の基盤となってきた主観－客観という二項対立の伝統に疑いを抱く」[14]と述べ，治療における解釈は治療者と患者の間で構成された物語である，と主張している。

 同様に精神分析の領域でも，コフート理論を受け継いだストロロウは，ブランチャフ，アトウッドとの共著『間主観的アプローチ』において，「精神分析的に知り得るのは，主観的現実——患者のそれと治療者のそれ，そして，両者の相互作用によって創造され，絶えず変遷しながら展開を続ける間主観的な場——である」[15]と指摘している。精神分析における解釈は治療者－患者間で構成された現実（間主観的現実）である，というわけだ。

 これらの新しい心理療法が古典的な心理療法（行動療法，精神分析，来談者中心療法）と違うのは，もはや客観的に正しい解釈や真実など信じていない，という点にある。古典的な科学が客観的真実の存在を前提にしている以上，こうした相対主義的な思考は従来の科学との決別を意味している。これは古典的な心理療法の学派が科学主義に偏重しているのと対照的である。

 しかし，古典的な心理療法がいかに自らの科学性を強調しようと，その内実が患者の主観的理解の修正＝「意味の変容」である以上，それは科学では説明できない問題を含んでいる。古典的な科学においては客観性のみが重視されるため，患者の主観的理解，患者にとっての意味，といった問題は対象外なのである。そもそも古典的な心理療法の学派は，自分たちの理論の正しさを治療実践のなかで実証しようとしてきたが，たとえどれだけ成功した治療ケースを数多く積み重ねても，その治療理論が正しいことの証明にはならない。

 ここで紹介した新しいタイプの心理療法は科学的客観性に固執せず，「意味の変容」それ自体を自覚的に目的化している点で，古典的な心理療法よりも理論的には一歩進んでいる。しかし治療の有効性としては，必ずしも古典的な心理療法より高

い評価を受けているわけではない。おそらく，治療成果は古典的な心理療法とあまり変わらないのだろう。その理由の一端は，これらの学派の相対主義的な態度に問題があるように思える。

確かに心理療法における解釈は構成された物語であり，客観的真実などではない。客観的真実に固執すれば，柔軟な治療ができなくなるだろう。しかし，あまりに常識から逸脱した解釈，偏った治療仮説であれば，患者がそれを信じることで，有害な影響を及ぼす可能性も否めない。客観的に正しい解釈が存在しないとしても，どんな解釈でも許されるというわけではないのだ。

この問題について，精神分析家のドナルド・スペンスは次のような鋭い指摘をしている。「意味は不変のものではない。だからといって同時に，何でもありというわけでもない。精神分析はあれかこれかという疑問を超えて，つまり客観主義と相対主義を越えて，その向こうを目指そうという気持ち，現代思想のあらゆる局面が直面している問題意識と同じ気持ちを共有している」[16]。客観的に正しい解釈ではなく，どんな解釈をも許容する相対主義でもなく，多数の人々が共通して了解できる解釈こそ必要だ，というのである。これはきわめて妥当な指摘であり，スペンスはこうした共通了解の方法として，ハーバーマスの考え方を応用しつつ，対話による意見の一致を主張している。ただ，そのようなプロセスを治療に導入することは，現実的にはなかなか厳しいだろう。私としてはもっと別の方法を考えているので，この点については後で詳しく説明する。

ともあれ，代表的な心理療法の治癒過程に共通する内実は，自覚的であろうとなかろうと，患者の主観的理解の修正＝「意味の変容」である。では，一体なぜこうした「意味の変容」が生じているのだろうか。それは本当に治療効果をもたらす要因なのだろうか。これは科学では答えることのできない，心理療法の本質に関わる問いなのである。

4節
現象学の射程

各心理療法のプロセスに共通する意味を知ること，つまり心理療法の本質を明らかにするためには，現象学という思考方法が有効だと私は考えている。現象学には，心理療法において「意味の変容」が生じている理由や，心理的治療における治癒の本質を解明する可能性がある。本論では実際に現象学的な視点から各心理療法の本質を明らかにし，根底にある共通原理を示したいと思うのだが，その前に，まずは現象学について簡単に説明しておこう。

一般に，現象学は意識に現われた現象だけを対象としているため，意識の外部を

認めない観念論，独我論として，哲学の世界でも長く批判されてきた[17]。だがフッサールは『イデーン』のなかでこう述べている。「あたかも現象学的観念論の説くところでは，実在的世界は一つの仮象であり，自然的思考や実証科学的思考は，たとえそれと気付かれずとも，この仮象に陥っているということにでもなるかのごとく，実在的世界の現実存在を，否定したりするものではない」[18]，と。

　たとえば，私たちは眼の前に広がる世界が実在していると信じている。視覚や聴覚，触覚をとおして多少歪んだ形で捉えているとしても，そこに世界があること自体は通常疑わない。しかし原理的には，私の意識の外部に世界があるという証明は不可能であり，ただそう確信しているにすぎない。といっても，現象学は意識の外部世界を否定しているのではなく，その実在性については保留（エポケー）にしておき，「世界が実在する」と確信しているのはなぜなのか，その条件を問い直す。そして，この確信の底板になっているのが，意識に現われていることの不可疑性である。目の前のコップが実在するか否かは疑えるが，コップが見えていること自体は疑えない。この「見えている」という現象の不可疑性こそ，「コップがここに実在する」という確信が成立する根拠なのである[19]。

　このように，眼の前に見えている世界は実在しているのか否か，という問いは超越論的問題と呼ばれ，近代哲学における最大のアポリアと見なされてきた。デカルト，ヒューム，カントらは，この問いと格闘し，一定の成果を残してきた偉大な哲学者たちである。ただ，彼らは主観と客観の二元論から完全には脱け出せなかったが，フッサールは二元論を廃棄し，すべてを主観（＝意識）に還元して考えようとした。超越論的問題を主観における確信成立の問題として捉えなおし，世界の実在性を前提にした諸学問（特に自然科学）の哲学的な基礎づけを試みたのである[20]。

　こうした超越論的問題を対象とした現象学を，フッサールは「超越論的現象学」と呼んでいるが[21]，一方，意識に現われた対象の実在性を問うのではなく，対象の意味を問う現象学を形相的現象学または「本質観取」（本質直観）と呼んでいる。本質観取とは，誰もが共通して了解し得るような意味，つまり「本質」を取り出すことを目的としている。フッサールによれば，「本質（形相）は，一つの新種の対象である。個的直観もしくは経験的直観によって与えられてくるものは，個的な対象であるが，それと同様に，本質直観によって与えられてくるものが，純粋本質である」[22]。意識において直観された意味を，他者と共通了解し得るものに練り上げていく作業，それが本質観取である。

　たとえば「死」の本質観取であれば，「死」と聞いてすぐ直観された「死」の意味をよく検討し，それは誰もが認め得る「死」の意味と言えるかどうかを考える。そして他者と共通了解できる「死」の意味を取り出すことができるなら，それが「死」の「本質」だと言える[23]。他にも，自由，不安，社会，欲望，身体，言語など，

さまざまな概念に含まれている共通の意味（＝本質）を取り出すことができるだろう[24]。

各心理療法のプロセスに共通する意味，すなわち心理療法の本質を解明するに当たって，現象学的方法が有効だと先に述べたのは，この本質観取という方法を念頭に置いた上でのことである。フッサールもまた，この方法が「心」の問題を考える上できわめて有効だと考えていた。『ブリタニカ草稿』においても，「心理学的現象学は，こういう仕方において明らかに，「形相的現象学」として基礎づけられることができるのであって，このとき，それは，もっぱら不変な本質諸形式のみに目を向けるのである」[25]と述べている。彼はこの領域を純粋心理学または現象学的心理学と呼び，超越論的現象学と区別していたのだ。

フッサールのいう「現象学的心理学」とは，エポケーによって意識の現象に眼を向け，「心」に関わる諸概念（知覚，感情，記憶，欲望など）の本質を本質観取によって明らかにする，というものであった。しかもフッサールによれば，心の本質を突き詰めていくと，あらゆる対象は意識において確信されている，という超越論的問題に突き当たる。「こうして，われわれは，心の固有な本質をことばにもたらさんとする記述的心理学の理念の純粋な展開のうちで，現象学的－心理学的な判断中止と還元との超越論的なそれへの転換が必然的に達成されるのを，驚きをもって──とわたしは思うのだが──認める」[26]。要するに，現象学的心理学は超越論的問題を明らかにする役割を担っている，というのである。

ところで，現象学的立場による心の研究といえば，ヤスパース，ビンスワンガー，ブランケンブルク，木村敏らの現象学的精神病理学が有名である[27]。ヤスパースによれば，「現象学の行おうとすることは，患者が実際に体験する精神的状態をはっきりとわれわれの心の中に描き出し，それに似たいろいろの関係とか状況に基づいて観察し，できるだけはっきりと区別をつけて，しっかりと定まった述語をつけることである」[28]。このような考え方は，治療者の先入見を排し，患者の主観性（主観的な自己理解，世界観）を理解しようとする点で，確かに現象学的と言える面があるし，一定の有効性があることも否定できない（有効性については後で詳しく説明する）。

しかし，こうした現象学的精神病理学の考え方はフッサールの現象学的方法を十分に活かしたものとは言えない。それは，「他者と共通了解可能な意味を取り出す」という本質観取の作業がおこなわれていないからだ（厳密に言えば，ある種の精神病理の本質を鋭く取り出している者もいる。ブランケンブルクによる分裂病論[29]，木村敏による精神病の時間論[30]はその典型である）。

そこで以下においては，現象学の思考方法である本質観取を使って，心の病の本質，心の治癒の本質を考えてみることにしよう。その際，まず「無意識」の概念を

足がかりにして，精神分析などの深層心理学的心理療法の原理を解明する。次いで，他の心理療法も現象学的な視点から考察し，各心理療法を比較検討した上で，その根底に横たわる共通原理を明らかにしたいと思う。

5節
〈無意識〉の現象学――深層心理学的心理療法

　深層心理学的な心理療法――すなわち無意識に焦点を当てた心理療法――では，「無意識」を意識化することが大きな意味を持っている。たとえば精神分析の理論では，無意識的な性欲や超自我を解釈し，これを患者が理解することで治る，と主張されている。同じように，アドラー派では無意識の権力欲を，ユング派では無意識にある真の自己を意識化することが重視されている。自由連想法，催眠療法，夢分析，遊戯療法，箱庭療法など，方法はさまざまだが，いずれも無意識を明らかにする手法であることに変わりはない。

　では，「無意識の自覚」には治療効果をもたらす何かがあるのだろうか？

　この問いに答を見出すためには，無意識の本質を明らかにする必要がある。すでに私は拙著『「本当の自分」の現象学』[31]において，現象学的な視点から無意識の本質的考察（本質観取）を試みているので，ここではその要点のみを示しておこう。

　現象学は意識に現われた対象のみを扱うため，意識に現われない対象＝「無意識」の存在は最初から認めていない，と考えられがちである。そのため多くの思想家から，無意識の存在を否定している思想と見なされてきた[32]。しかし，このような理解は現象学への誤解から生じたものにすぎない。なぜなら現象学の立場からは，無意識の存在は意識においてのみ確信される，と考えるからだ。日常のなかで，「無意識の欲望があった」「あれは無意識だった」などと感じるとき，私たちは無意識の存在を確信し，意識している。無意識は「意識されていなかったもの」として意識に現われる，と言ってもよい。したがって，現象学によって無意識の本質を取り出すことも不可能ではない。

　無意識の本質観取に当たっては，まず日常生活のなかで「無意識」の存在を確信する経験とはいかなるものか，それを振り返ってみる必要がある。すると，私たちが無意識の存在を確信する経験は，①習慣化した行為，②自律神経反応，③感情，④イメージ，⑤他者の反応，という五つに分けることができるだろう。

　たとえば車の運転やスポーツなどで瞬時に身体が反応していたり，テレビを見ながら頭を掻いたりしていた場合，私たちは後になって，「無意識のうちにやっていた」と思うだろう（①習慣化した行為）。また，スピーチの際に発汗し，「無意識のうちにプレッシャーを感じていた」と考える場合もあるし（②自律神経反応），落

着かない感情や不吉な夢から,「無意識の不安があるのかも…」と感じる場合もある(③感情,④イメージ)。あるいは,誰かに「本当はそれが望みなのだろう」と指摘され,無意識の欲望を認める場合もあるはずだ(⑤他者の反応)。

　これらの経験はいずれも「自己了解」が生じている点で共通している。自己了解とは,自分の欲望や関心,不安,態度などに気づき了解することであり,それは自己像を刷新する契機でもある。無意識の欲望や不安に気づくことは,自分はそのような欲望や不安を抱えた人間なのだ,という確信をもたらし,それまでの自己像が修正される経験である。しかし,それは真の自己像に気づいたとは言えないし,真の欲望や不安が無意識の中にあった,という証明もできない。無意識とは,自己了解が生じた後で想定されたものであり,こうした無意識の欲望や不安も,真の自己像も,事後的に想定されたものにすぎない。無意識とは事後的に自己了解された観念なのである。

　また,ここに挙げた無意識の経験をさらに吟味すれば,無意識の確信(＝事後的な自己了解)をもたらすのは,「身体現象」「他者関係」「承認欲望」という三つの本質契機に絞ることができる。

　「身体現象」が無意識の経験において重要な意味を持つことは,すぐに理解できるだろう。実際,無意識を確信する経験の多くは身体現象と深く関わっており,私たちは自分の身体的反応のなかに,無意識的な欲望や不安を読み取ることに慣れている。それはつまり,身体現象が自己了解による自己像の刷新をもたらす,ということでもある。

　しかし,大幅に自己像を修正するような内容,あるいは都合の悪い内容に関しては,それを無意識として認めること,自分自身で気づくことは難しい。新しい自己像として無意識を受け入れることは,それまで理解していた自分を否定することになり,アイデンティティの不安がともなうからだ。こうした自己了解が生じるためには,「他者関係」という別の要因が必要になる。自分では気づけないこと,気づきたくないようなことでも,他者の指摘によって気づかされることは少なくない。このとき私たちは,他者によって自分の無意識に気づかされた,と思うのである。

　言うまでもなく,それは相手が誰であってもよいわけではなく,信頼できる他者の指摘であればこそ,自分の間違いや否定的な側面をも受け入れることができる。それは,相手の指摘が合理性や人間性,自分との親しさの面から信頼できる,というだけではない。そのような自分にとって重要な相手には嫌われたくないし,やはり認めてもらいたいからだ。相手に承認されたいという欲望(「承認欲望」)を持っていれば,普通はその相手の指摘を無視することはできない[33]。

　以上のように,自己了解による無意識の確信が生じる要因として,主に「身体現象」「他者関係」「承認欲望」という三つを挙げることができる。深層心理学的な心

理療法が「無意識の自覚」を促すものだとすれば、それは患者と治療者の関係(「他者関係」)において、患者の「承認欲望」と「身体現象」をとおして、無意識の確信＝自己了解が生じることだと言うこともできよう。その際、治療者は信頼できる他者として、無意識の自覚を促す位置に立っているのではないだろうか。

　無意識が性的に解釈されるにせよ(精神分析)、権力欲(アドラー派)、真の自己(ユング派)として解釈されるにせよ、その解釈を受け入れることは、自己了解することを意味する。また、対話、夢、遊び、絵などから無意識を解釈する各種の心理療法にも同じことが言える。これらの技法では、患者による解釈の受容によって「無意識の確信」が生じることになるからだ。夢分析、芸術療法、箱庭療法、遊戯療法など、数多くのセラピーがこの原理を含んでいる。深層心理学的な心理療法はどれも「自己了解」を内実としている、と考えることができるのだ。

6節
欲望と当為の自己了解

　では、一体なぜ自己了解が起きることで治療効果が生じるのだろうか？

　ハイデガーは『存在と時間』においてこう述べている。「了解するということは、実存論的には、現存在自身がおのれの存在可能を存在することであり、そのさいこの存在は、おのずからして、おのれ自身の要所(おのれ自身が何に懸けられているか)を開示しているのである」[34]。人間は気分を了解することで自己の関心・欲望を自覚し、それを実現する可能性に向けて歩み出すことができる。自己了解は自分の欲望や不安に気づくことであり、これよって自分が本当はどうしたいのか、何を怖れているのかを自覚し、納得できる行為の選択が可能になるのだ。

　たとえば、あるパーティに出席していて、イライラした気分に気づけば、「ここにいたくない」という自分の欲望を自覚し、その場を去ろうとするかもしれない。逆にワクワクした気分であれば、楽しんでいる自分を自覚し、もう少しその場に居続けようとするだろう。人間は自分の気分を了解しつつ、自分なりに納得できる行動をとろうとする。それはまた、そのような欲望や関心を持った人間として自分を理解することにほかならない。

　普通、自己理解(自己像)の歪みが大きければ大きいほど、自分の感情が意味するもの、すなわち欲望や関心に対して無自覚になりやすい。それは自己不全感を生み出し、不必要な苦悩を呼び寄せる場合もある。しかし、そのような人であっても、誤った思考に惑わされず、静かに自分の感情に注意を向けるなら、自分が本当はどうしたいのか、進むべき道を見出す可能性が生まれる。ハイデガーは「自己像」「自己了解」という言葉こそ使っていないが、気分を了解しつつ可能性をめがけること、

それが人間の存在本質であることを鋭く捉えていたのである。

もう少し私なりに敷衍して考察を進めてみよう。

自分の感情から欲望に気づく場合，そこには「私は無意識のうちにこんなことを望んでいたのか」といった無意識の確信も生じやすい。だがこれは，それまで意識されていた欲望が偽りで，新たに自覚された欲望が真の欲望である，というわけではない。人間はときに二つ以上の矛盾した欲望を抱えることがあり，その葛藤に無自覚な場合もある，というだけである。ではなぜそのような葛藤が起きるのかと言えば，様々な理由が考えられるが，ひとつには人間が自我の幻想性に基づく欲望，自己価値の承認に関わる欲望を持っているからだと考えることができる。

たとえば，ボランティア活動に誘われたとき，本当はのんびり過ごしたいのに断れなかった，という場合，そこには「のんびり過ごしたい」という欲望とは別に，「善いことをして周囲に認められたい」という自己価値の承認に関わる欲望がある。だが多くの場合，後者の欲望はあまり自覚されず，「世のために奉仕せねばならない」という当為の意識として現われる。「〜したい」という欲望と「〜ねばならない」という当為の葛藤として顕在化するのである[35]。

当為（〜ねばならい）の意識を現象学的な視点（本質観取）から捉えてみると，そこには欲望充足と不安回避という動機を見出すことができる[36]。たとえば「仕事をがんばらねば…」と感じる当為の動機としては，周囲に認められるため，という欲望充足の動機と，周囲に批判されないため，という不安回避の動機が考えられる。特に自己価値の承認を失いたくないという不安回避の動機から生じる当為（〜ねばならい）は，ときとして歪んだ自己のルール（内的な規範）として定着し，強迫行為や問題行動，妄想的言動を生み出しかねない面があり，そこから心の病が生み出されることも珍しくない。

親に勉強ばかりさせられ，試験で悪い成績をとると非難され，有名校への入学だけが価値あることのように言われ続けると，「他人の何倍も勉強せねば」という当為の意識，強迫観念につきまとわれるだろう。一方では，「遊びたい」「休みたい」という欲望があるのだが，その欲望は過度に抑制され，なかなか気づくことができなくなる。それは，いい成績をとれば自己価値が保証される，親に愛され，承認される，という考え方（価値観，自己のルール）が形成されているからだ。そして，過剰な勉強によって疲弊し，受験に失敗する恐怖，つまり自己価値が下落し，親に見捨てられる恐怖のなかで，不安発作，抑うつ状態が生じてくる場合もある。

そこで，「他人の何倍も勉強せねば」という自己ルールが理不尽なものであること，親の愛と承認を求めるあまり，親の偏った価値観を受け入れていたにすぎないこと，こうした当為（〜ねばならい）の自己了解が必要になる。そして，過度に勉強しなくとも大丈夫，多少休んでも周囲の人たちは決して見放しはしない，と考え

られるようになれば，生き難さも薄れてくるだろう。

　心の治療における自己了解では，欲望や不安に気づくというパターンだけでなく，当為に気づくというパターンがしばしば見られる。当為が何らかの欲望充足もしくは不安回避から生じているとすれば，当為の自覚から欲望と不安の自覚に至ることができるだろう。また，特に自己価値の承認に関わる当為に気づくこと，この当為から発生した自己ルールの歪みに気づくことによって，自己ルールは適切なものに修正され，不必要な強迫行為，逸脱行為，過度の不安感が解消する。そして，欲望と当為の葛藤を自覚した上で，自分が本当に望んでいる方向，納得できる方向へ歩み出すことができるのだ[37]。

7節 治療関係における承認

　先に述べたように，自己了解の契機となるのは何も感情だけではない。たとえば，早まる動機や発汗など，自律神経反応から自分の不安に気づく場合もあれば，夢や空想など，イメージから自分の欲望に気づかされる場合もある。これらは無意識を確信させる「身体現象」であり，私たちは誰でも，身体現象を介して自分の無意識の欲望や不安を知り，自己像を刷新しながら生きている。

　だが，さらに重要なのは無意識を確信させる「他者関係」である。

　信頼できる他者の言動によって，私たちはしばしば自らの欲望や不安に気づかされる。親友に「本当はそれがしたいのだろう？」と言われて欲望に気づかされたり，恋人に「あなたの不安はわかるわ」と言われて不安を自覚したり，私たちの自己了解はいつでも親密な他者，信頼できる他者に多くを負っている。それは先に述べたように，人間が「承認欲望」を持った存在，自己価値の承認を求める存在であるからだ。相手にとって価値ある存在，認められる存在であるためには，相手の言動は無視できない。

　ただ，このような親密で信頼できる関係における自己了解では，お互いの共通了解だけが重要になりやすく，そこで生じる自己像には，相互の主観的な解釈，幻想が強く反映されやすいのも事実だ。こうした濃密な二者関係に特有な自己了解を，以下，「相互幻想的自己了解」と呼ぶことにしよう。それは確かに相互の主観が反映されやすい自己了解だが，しかし，歪んだ自己像や自己ルールを修正するきっかけとしては最適なものだと考えられる。なぜなら，そこには「彼だけは理解してくれる」という承認の実感がともなっているからだ。

　心の病を患った人は，強い不安を避けるために歪んだ自己像，自己ルールを持っており，それによって不合理な当為，強迫行為に悩まされる場合が少なくない。そ

れは不安の防衛としては失敗しており，かえって過度の不安増幅を招いていると考えられる。こうした問題を解消するためには，歪んだ自己像と自己ルールを修正せざるを得ないのだが，しかしこうした症状が不安への防衛反応である以上，自己ルールの修正は容易でないし，まず自分でその歪みに気づくことはできない。だからこそ，自己了解を促す他者が必要になる。

深層心理学的心理療法の治療者は，こうした自己了解を促す他者の役割を担っている。親密感や信頼感を抱いている人の指摘であれば，素直に自己像の歪みを認めて修正し，新しい自己像を受け入れる可能性は高くなる。その際，治療者の指摘は無意識の解釈・示唆という形式をとり，患者がその無意識の存在を確信すると同時に，欲望と当為の自己了解が生じ，自己像の刷新が起きる。

この場合，自己了解だけが心理的治療の効果というわけではない。クライエントは治療者との関係において，自分の本当の欲望，不安を理解し，なおかつ自分を受け入れてくれている，見捨てないでくれる，と感じることが重要になる。それは「承認されている」という実感である。多くの心の病は自己価値の承認に関する不安が原因となっているため，治療においても自己了解だけでなく，承認の実感が必要になるのだ。それは治療者の共感的・受容的態度によって生み出される，ありのままの自分が認められ，受け入れられている，という経験にほかならない。

以上のように，深層心理学的心理療法の治療形式である「無意識の自覚」は，「他者の承認を介した自己了解」を重要な契機としていると考えられる。他者（治療者）の承認を支えにして自らの無意識を受け入れることができれば，自己了解によって自己ルールと自己像を刷新し，新たな可能性を見出すことができる。その可能性に向けて，自分の意志で自由に行動を選択することもできる。それこそが，この種の治療法が一定の有効性を持っている大きな理由だと考えられるのだ。

8節
〈自己実現〉の現象学――実存主義的心理療法

ところで，代表的な心理療法における治癒のプロセスには共通して「意味の変容」（＝患者の主観的な理解の修正）が生じている，とフランクは主張していた。精神分析，来談者中心療法，行動療法など，代表的な心理療法の治癒過程を考えてみるかぎり，この主張には一定の妥当性がある。そしていま，精神分析をはじめとする深層心理学的な心理療法は，「他者の承認を介した自己了解」を重要な契機としていることが明らかになった。精神分析における「意味の変容」とは，まさにこのような内実を持っていたことになる。だとすれば，このことは来談者中心療法や行動療法など，他の代表的な心理療法にも当てはまる可能性がある。それを論証できれ

ば，「他者の承認を介した自己了解」は，心理療法一般に共通する本質と見なすことができるかもしれない。

　この点について，まず来談者中心療法をはじめとする実存主義的心理療法について確認してみることにしよう。

　ロジャーズの来談者中心療法では，精神分析のように無意識を積極的に解釈することはない。というより，患者の過去を理性的に分析・解釈すること自体おこなわない。患者が語る内容を傾聴しながら，声のトーン，身振り，表情，服装など，あらゆる徴候に感覚を集中し，自分が感じたことを言葉にしてクライエントに返すのだ。それによって，患者が自分の本当の気持ちに気づくことができれば，患者は成長した自己になることができる。それまでの自己理解をあらため，「本当の自分」に気づくことができる。

　こうした「自己への気づき」「本当の自分の発見」の内実は「自己了解」と基本的には変わらない。精神分析とは違って「無意識」という言葉はあまり使わないが，「本当の自分の発見」という言い方は，すでに新しい自己の了解を前提にしていると言ってよい[38]。「それがあなたの本当の気持ちだ」と言っても「それがあなたの無意識の欲望だ」と言っても，自己了解しているという点においては同じことなのだ。そこでは意識されていた自己像とは異なった自己像が見出され，自己像の刷新が起きている。

　ロジャーズによれば，「自己への気づき」が生じるためには，患者を無条件に受け入れる姿勢で臨むこと（無条件の肯定的配慮），患者の身になって考え，感じようとすること（共感的理解），そして自分の感じていることを自覚し，言動に矛盾がないこと（自己一致），この三つの条件が治療者には必要になる。特に重要なのは自己一致であり，たとえば患者の話にイライラする場合，その否定的な感情に気づいていなければ（自己不一致），患者はその矛盾に気づき，不信感を抱いてしまう。「彼がセラピィを最もよく促進できるのは，彼が，この関係のなかで統一された人間（a unified person）であり，その経験されている感情，その感情の意識，およびその感情の表現，これらすべてが一致しているか，または類似しているときなのである」[39]。

　これらは患者と信頼関係を築くために必要な条件であり，患者はこうした嘘偽りのない共感的・受容的態度によって，この人はありのままの私を受け入れている，私の存在を認めている，と感じはじめる。このように考えれば，来談者中心療法を「承認を介した自己了解」として理解することができよう。

　また，このことはフォーカシング[40]やゲシュタルト療法[41]など，「人間性心理学」と呼ばれる実存主義的心理療法の全般に言える。人間性心理学の心理療法では「自己への気づき」が重視され，「本当の自分」に気づくことで自己実現できる，と

考えられている。また，ロジャーズが「個人は自己の内部に自己理解や自己概念，基本的態度，自発的行動を変化させていく為の大きな資源を内在させている」[42]と主張するように，自己成長へ向かう潜在的な力（実現傾向）が「本当の自分」を実現させる，と考えている[43]。

こうした自己実現＝「本当の自分」の発見を治療目標に据える考え方は，人間性心理学だけでなく，ユング派や新フロイト主義者（ホーナイ[44]，フロム[45]）など，一部の深層心理学的心理療法にも共通する。彼らは無意識にある「真の自己」または「本来的自己」の意識化を主張しおり，特にユングは自己実現（＝個性化）を治療目標に据えた先駆的存在と言ってよい[46]。

正反対に見える深層心理学的方法と実存主義的方法が，ともに「本当の自分」の発見を重視するという共通性を持つのは，無意識の確信と「本当の自分」の確信が表裏一体の関係にあるため，と考えることができる。私たちは無意識の不安を認めるとき，不安を感じている自分こそ「本当の自分」だと確信する。それは結局，自己了解という点では同じなのである。

9節
行動と思考の修正——実証主義的心理療法

最後に代表的な心理療法のひとつである行動療法について検討し，精神分析，来談者中心療法との共通性（共通する内実）を探ってみることにしよう。

行動療法は条件づけの理論を応用した技法であり，その手法は自然科学的な因果論（刺激－反応の因果関係）に基づいている。たとえばウォルピの系統的脱感作という技法では，不安や恐怖の対象を少しずつ提示し，その都度リラックス状態を保てるように自律訓練法で練習する。すると次第に不安や恐怖の対象を前にしても，リラックスするように条件づけられるのだ。これは古典的条件づけを使った技法だが，オペラント条件づけもさまざまなかたちで応用されている。望ましい行動をしたときに褒美や高評価を与え，その行動を起こす動機を強化するトークン・エコノミーという技法などはその典型である。他にも，条件制止療法，嫌悪療法，セルフ・コントロール法，モデリング法など，その種類は多様だが，苦悩をもたらす身体反応に直接働きかけ，その反応様式を修正する点では変わらない。

不適切な行動や反応，たとえば強迫行為や恐怖反応などは，ある対象（刺激）に対して条件づけられたものだ。人前での失敗が続けば，人前に出るという刺激が，不安という反応に結びついて条件づけられ，対人恐怖症となるだろう。汚いと言って罵られれば，汚れという刺激に対して不安の反応が生じ，洗浄強迫になるかもしれない。神経症的な行動は，条件づけによって習慣化されているからこそ，逆の条

件づけによってその行動を修正することもできる。

　このような考え方は、一見すると自己了解とは無関係に見える。実際、行動療法では患者の身体反応（行動、症状）のみに焦点が当てられ、患者の主観的な意識、自己の理解については度外視されている場合が多い。行動療法を自然科学の枠組みで捉えてきた治療者にとって、自己了解が行動療法における治癒の重要契機であるなどという主張は、すぐには受け入れがたいかもしれない。

　しかし行動療法においても、過度な不安を抱えた自分、歪んだ行動をしていた自分に気づかなければ、それを修正することは難しいし、そもそも自分を変えたいという動機が生じない。また治療の途上においても、患者が変化する自己の感情や行動を内省すれば、治療へのモチベーションは高まり、行動療法はよりスムーズに進展するだろう。このように考えれば、行動療法においてもそこに焦点化されていないとはいえ、治療が成功する多くのケースでは自己への気づき（自己了解）がともなっていると言えよう。

　このことをより明確に示してくれるのが、近年において著しく発展している認知行動療法である[47]。それは行動だけでなく、心の内面（認知）をも考慮に入れた行動療法であり、自己を内省することで、より効果的に行動療法を推し進めるものだ。行動の歪みは思考の歪みに起因するため、歪んだ思考（誤った信念や価値観）を変えれば、歪んだ行動も変えることができる。このようなやり方においては、自己への気づきがより不可欠となる。自分の思考や行動パターンを内省し、その歪みを自覚すること、それは自己了解そのものだからである。

　認知行動療法が重視する「認知・思考の修正」という観点は、実は認知行動療法の登場以前からあり、エリスの論理情動行動療法、ベックの認知療法などが行動療法とほぼ同時期に誕生している。特に認知療法は、うつ病に効果的な心理療法として、今日ではかなり多用されている。

　認知療法の創始者であるベックは、「私自身の臨床観察や体系的研究からは、行動療法が効果的なのは、それによって心的態度や認知が変化するからである」[48]と述べている。これは自己了解の効果と言い換えることもできる。また、ベックとフリーマンの共著『人格障害の認知療法』には、「認知療法の基本原則の1つは、共同と信頼の意識を患者に教え込むことである」[49]とあり、治療者と患者の信頼関係の重要性が指摘されている。患者が自らの歪んだ思考を修正するには、それを指摘する治療者との間に信頼関係が成立していなければならない。歪んだ思考の自分を優しく受け止め、その思考とは矛盾する欲望を指摘されることで、はじめて自己了解、自己像の刷新は起こり得る。それはまさしく、「他者の承認を介した自己了解」なのである。

　このように考えると、認知的な技法を取り入れた認知行動療法に「他者の承認を

介した自己了解」が重要な治療契機として含まれているのは，ある意味で当然と言えるだろう。認知的技法を含まない行動療法でさえ，歪んだ行動を必要としていた自分の不安を理解し，共感してくれる人が治療者なら，その人と一緒に行動を変えようとする動機づけは高くなる。要するに，「他者の承認を介した自己了解」は，あらゆる成功した行動療法に共通して生じている。少なくとも，その可能性は否めないのである。

10節 相互幻想的自己了解の有効性と限界

　以上のように，代表的な心理療法，つまり一定の有効性が認められている心理療法においては，治療者という他者の承認を介して自己了解が生じている，と考えることができる。無意識の解釈，「本当の自分」の発見，自己実現，歪んだ行動・認知の修正など，どのような呼ばれ方をしていようと，「主観性の重視」対「客観性の重視」，「解釈」対「共感」など，どのような理論的対立が現われていようと，その本質を探ってみれば共通した原理に帰着するのである。

　だが，もう少しこの問題を踏み込んで考えてみよう。

　「他者の承認を介した自己了解」が心理療法の共通原理であるとすれば，この原理を含んでさえいれば，了解される内容は何であっても治療効果が得られる可能性はある。性欲や権力欲を無意識の解釈として受け入れようと，「本当の自分」の発見を確信しようと，自己了解は一定の可能性を意識の中に映し出す。どのような物語を信じるかは，患者の文化的基盤，教養，価値観によって異なるだけで，それに応じた心理療法であればよい，と一応は考えられる。こうした考え方からすれば，治療における解釈は客観的真実ではなく構成された物語だ，というナラティブ・セラピーや間主観的アプローチの理論はきわめて妥当なもののように思える。

　心理療法によって，患者はそれまでの自己理解（自己像）の歪みを修正し，新たな自分と向き合うことになるだろう。それは，治療者の承認に支えられながら，治療者と共同作業で紡ぎ上げた新しい自己像であり，これによって苦悩の源泉であった既存の自己像は廃棄され，自己への理解が刷新されることになる。

　たとえば，周囲の人間関係に過度に同調していたり，承認を得るために過剰な配慮をしていれば，神経症やうつ病など，心の病になってしまう場合がある。こうした患者に対して治療者は，周囲の人間の視線や思惑などあまり気にしないで，自分が感じたままを口にするように促す。そして患者が語ったことに共感したり，適切なタイミングで治療者なりの解釈を告げれば，治療関係は深い絆で結ばれていき，そこに新しい患者の自己像が浮かび上がってくる。自己了解によって自己像（自己

理解）は刷新され，新しい可能性が見えてくるのである。

　しかし，先に述べたように，治療者と患者の間に成り立つ自己像は，相互の主観的な解釈，幻想が強く反映されやすい相互幻想的自己了解による自己像（自己理解）でもある。そのため，（治療者以外の）周囲の人々が自分に対して思い描いている像と，治療者との間だけで共通了解された自己像の間には，大きな溝ができてしまう可能性もある。この場合，患者は周囲の共感や承認を得ることができず，人間関係の軋轢や「理解されていない」という孤独感が生じ，新たな苦悩が生み出されるかもしれない。状況次第では，再び不登校や出社拒否などをして，唯一の理解者だと信じている治療者のもとに戻ってくるだろう。

　こういう反論があるかもしれない。周囲への過度な同調や配慮が心の病をもたらしたのだから，もはや周囲の共感や承認など気にせず，自分の感じたまま，思ったままに生きればよいのではないか。「人は人，自分は自分だ」と思えるようになることこそ治癒への道であり，カウンセリングの重要な課題なのだから，周囲との共通了解を求めることはむしろ逆効果ではないのか，と。

　なるほど，この考え方は間違っていないし，患者が直面している危機的状況に対して，大いに有効な対応であろう。事実，このような考え方は古くからあり，たとえばユングは社会への適応よりも本来の自分（真の自己）を表現できること（個性化）が必要だと主張し，ロジャーズらの実存主義的心理療法においては同じことが自己実現と呼ばれ，一定の有効性を示してきた。

　しかし，それは急性期にある患者に対しては効果的であっても，治療の終盤にある患者に対しては，必ずしも有効とは言えないのではないだろうか。患者は治療を終えた後，治療者と別れ，周囲の人々と生活をしていく必要がある。患者は治療者と一生付き合うわけではないし，いかに自分の感じたままに生きるとしても，周囲の共感や承認なしに生きることは，やはり現実的にはとても難しい。勿論，過度な自己抑制や同調，過剰な配慮に戻ってしまうなら問題だが，最低限の共感や承認を得るための他者への配慮はむしろ必要なことであろう。

　したがって，治療の初期（急性期）では相互幻想的自己了解が必要だとしても，治療の終盤においては，治療者との間で成立していた自己像（自己理解）を，治療者以外の人々との間でも共通了解できるかどうか，あらためてその一般性を問い直してみることは，長い目で患者の生活を考えた場合には有効だと考えられる。

11節 一般的他者の視点

　ここで先に触れたドナルド・スペンスの主張を思い出してほしい。精神分析にお

ける解釈に客観的真実は存在しないが，しかしどのような解釈でもいいわけではない，と彼は主張している。多数の人々が共通して了解できる解釈こそ必要であり，解釈の真実性は対話による意見の一致によってもたらされる。そのため，「ハーバーマスが「強制されない意見の一致」と呼んだものに到達できる可能性がつねに提供されねばならない」[50]というわけである。

　これは大変興味深い考えだが，ではいかにして対話による意見の一致をもたらすのか，それはどのような場面を想定すればよいのか，といった具体的な内容については明確にされていない。敢えてこの発想を活かすとすれば，たとえば集団療法のような場面を設定し，そこで自分の考えや自己理解，自己像について意見を交換する，というやり方が考えられるかもしれない。最初は治療者との二者関係において自己了解を進めて自己像（自己理解）を刷新し，精神的にもある程度安定してきた段階で，少しずつ他の人々とも話し合い，治療者以外の人々との共通了解を深めるのだ。

　しかし，ただ自分の意見をぶつけ合うだけでは，なかなか共通了解ができるものではないし，どのようなメンバーでもいいわけではない。患者同士であれば，悪化のリスクも高いだろう。そう考えると，このアイデアは現実的にはなかなか難しい面もある。したがって，集団療法を導入するにせよ，導入せずに社会に出るにせよ，現実の他者と接し，話し合う前に，まず様々な立場の他者（他者一般）を想像し，彼らの視点から自分の行為を考えてみる必要がある。「どのような立場の人であっても，私の考えを理解してくれるだろうか？」「誰もが納得するだろうか？」といった具合に考えるのである。このような視点を私は「一般的他者の視点」と呼んでいる。

　「一般的他者の視点」は価値の一般性を判断する視点だが，洞察のレベルに個人差はあるとしても，このような視点は多くの人が持っている。それは人間が他者の承認や共感，受容を求めるかぎり，こうした視点による判断を必要とする理由があるからだ。ごく簡単に説明しておこう。

　最初に人間が求めるのは親の承認である。それは愛情的な色彩の濃い承認であり，幼い子どもにとって，それはすべてと言ってよいほどの重要性を持っている。そのため，親のほめる行為や親のしている行為が「よい行為」として認識され，最初に価値あるものになる。そして親の価値観やルールを自分の価値観，自己ルールとして取り込むことになるのだが，これはフロイトが「超自我」という概念で説明しているものにほぼ等しい。

　しかし，幼稚園の年長組み，小学校ぐらいの子どもになると，友だちや先生など，他の人々の承認も重要になってくる。そして，周囲のさまざまな人間の承認を意識するため，それまでの親中心の価値観と自己ルールは修正され，より一般性のある

価値観やルールに近づいていく[51]。クラスメイトであれ近所の人であれ，自分の行為に対する承認であれば相手は誰でもよい。その意味で，これは愛情的な承認というよりは社会的な承認と呼ぶほうが適している。

こうした社会的な承認への欲望は，やがて身近な人々を超えて，見知らぬ人々の承認をも想定するまでになる。テレビや書物などをとおして，実際には会ったこともない様々な立場や価値観の人々を知るようになれば，多様な人々を想像し，彼らの観点（「一般的他者の視点」）から「よい」「わるい」を考えてみることが可能になる。それは同時に，多くの人が共通了解し得る自己像（自己理解）に修正できるようになる，ということでもある。親や周囲の人間が指摘する「私」の像だけでなく，「一般的他者の視点」から見た「私」の像を想定できるなら，より一般性のある自己像（自己理解）に修正できるのである[52]。

したがって心理療法においても，治療者との間で成立した相互幻想的な自己像を，「一般的他者の視点」から捉え直してみることは，社会のなかで一定の承認や共感を得ながら生きてゆくためには，とても有効な方法だと私は考えている。ただ，「一般的他者の視点」を意識させるといっても，治療者自身がこの視点を持っていなければ容易なことではない。またその反対に，最初から「一般的他者の視点」で治療者が語りすぎれば，その解釈は患者の自己理解との差が大きすぎて，おそらく拒否反応を示すだろう。病理が深ければ深いほど，この傾向は強いはずだ。

治療者は絶えず「一般的他者の視点」を意識しながらも，最初は患者の世界像や自己理解に寄り添い，共感し，共通了解できる自己像（相互幻想的自己像）を見つけ出さねばならない。この共同作業によって信頼感が増した後，徐々に「一般的他者の視点」を患者に意識させるような対話を続けることが好ましい。場合によっては，集団療法などを導入し，治療者以外の人々と話し合いながら自己理解の一般性を深めていく方法も有効かもしれない[53]。ただその際には，メンバーや話の進め方に注意する必要があるだろうし[54]，話し合うにしても，やはり「一般的他者の視点」を意識するようになってからのほうが悪化のリスクは少ないだろう。

12節
原理的考察の可能性

さて，最後に本論で考察した心理療法の原理について総括し，その可能性について触れておきたい。

これまでの議論を整理すると，心理療法のプロセスはおおよそ三つの段階に分けることができる。まず序盤では患者（クライエント）との信頼関係の構築が主になる。中盤では信頼関係に基づく相互幻想的自己了解が中心になるが，これは病の原

因となっていた自己像・自己ルールを認識して廃棄し、より納得して生きやすい自己像・自己ルールに改める作業を意味しており、心理療法の山場と言えるかもしれない。そして終盤では「一般的他者の視点」を意識し、この観点から相互幻想的自己了解による自己像・自己ルールを見直す作業をおこなう。

多くの心の病では歪んだ自己像・自己ルールに固執しているケースが多く、この歪みは「他者に嫌われたくない」という承認の不安から形成されている可能性が高い[55]。たとえば親の過剰な期待や要求は、第三者から見れば実現困難で過酷過ぎるように見えるとしても、子どもは親の愛と承認を維持するために、その期待や要求に「応えねばならない」と考える。そしてその当為に苦しめられつつも、それを自分自身の望みであると思い込み、誤った自己理解から脱け出せない。そのため、誰かの愛と承認が確保できると思えなければ、この歪んだ自己ルールと自己理解を変えられないし、自分一人ではこの歪みに気づくこと（＝自己了解）が難しい。

しかし、患者は治療者が信頼できる他者だと感じられるとき、治療者に承認されたい（自分を見捨てないでほしい、わかってほしい）という気持ちに押されて、治療者の指摘する自己像、自己ルールの歪みを重要なものとして受け止める。そして、相互の主観が絡み合うなかで新しい自己理解、自己像が形成されるのであり、こうした二者の信頼関係における自己了解が「相互幻想的自己了解」である。

愛と信頼の関係にある人物（親友や恋人など）の言動には、他者の承認が確保されることで、歪んだ自己像や自己ルールを刷新する力がある。だからこそ、心理的治療者が患者との間に信頼関係を築き、無意識を解釈するとき、あるいは患者の発言に共感し、「本当の自分」の発見を促そうとするとき、さらには思考（認知）の歪みを指摘するとき、そこに相互幻想的自己了解による効果が期待できるのだ。そして代表的な心理療法においては、こうした相互幻想的自己了解が治癒の重要契機として含まれている。

治療者との間で共通了解できさえすれば、どのような自己了解であったとしても、さしあたって病因となっていた（歪んだ）自己像は刷新できる。それが相互幻想的自己了解の利点であり、そこで了解される新しい自己像が治療者以外の人々にも共通了解されるか否かは、この段階ではさほど問題にならない[56]。そのため、各学派の心理療法が異なった患者の自己像を提示しようと、そこに治療効果の格差はあまり生じない。

しかし、この段階で治療を終えた場合、まだ患者は自由に生きていけるという保証はない。誰もが多少は歪んだ自己像を抱えながら、問題が生じるたびに自己了解を繰り返し、自己像と自己ルールを刷新しながら生きている。自分の意志で自由に生きるためには、その都度、こうした自己了解によって自分の欲望や不安を確かめる必要があるからだ。しかし治療者の強い影響下で自己了解しただけでは、まだ自

分自身で内省して自己了解する力はなく，新たな問題が生じたときには迷いが生じ，自分なりに行動を選択することが難しいかもしれない。まして治療者との間で合意された自己像が偏っていた場合，周囲の人々との間に軋轢が生じ，再び治療以前と同じような苦悩（承認の不安）に襲われる可能性もある。

そこで治療の終盤では「一般的他者の視点」を意識させ，治療者と二人で形成してきた患者の自己像（自己理解）・自己ルールをあらためて話し合ってみること，そして患者自身が納得できる自己理解に達するまで，何度も内省してみることが必要になる。

「一般的他者の視点」を持つことができれば，治療を終えた後も，冷静に自己を見つめなおし，適切な自己了解ができるようになる。周囲の人々から共感や承認が得られなかった場合，自分の行為に問題があって他者から承認されないのか，それとも，自分の行為には普遍的な価値が一定あって，いま直接の承認は得られないけれども大丈夫だと思えるものなのか，その判断ができるようになる。この視点は一般性のある価値判断をもたらし，適切な自己理解と自己像の刷新を，そして自らの判断を信じて行動することを可能にするのである。

こういう反論があるかもしれない。多くの人が共通して承認するかどうかを見定める視点，それが「一般的他者の視点」だとすれば，それは周囲の承認を過剰に気にすることになり，自分らしく行動することができなくなるのではないか。むしろ「周囲の視線など気にせず，自分の感情に素直に行動すればいい」と患者に促すほうが心理療法としては一般的であり，それこそが真の自由と言えるのではないか，と。

なるほど，こうした対応には一定の有効性があるだろう。現にユング派やロジャーズ派などは，周囲から承認されるために同調した自分は「偽りの自分」であり，ありのままの自分（本当の自分）を抑制せずに行動したほうがいい，という考え方で治療をしていることが多い。しかし，それは心理的治療の序盤において有効なのであり，私の分類では，治療者の承認に基づく「相互幻想的自己了解」の段階に相当する。これはまだ治療者の承認に依存した段階であり，自分の意志で判断し，行動するような自由は取り戻していない，と考えることができる。また，人間が承認への欲望を持っている以上，周囲の承認を完全に失うほど自由気ままにふるまうことは，現実的な生き方とは言えない。

だが前述したとおり，治療の終盤において「一般的他者の視点」を意識することができれば，自分の意志で判断し，行動する自由を取り戻すことができる。自分なりに考えて納得し，自己決定することができる。そのような判断は，周囲の承認にふりまわされず，自由に生きることを可能にするのであり，しかも多くの人々と共通了解が可能な判断でもあるため，周囲の承認が得られる可能性も開かれる。心理

療法を段階的なプロセスとして捉えるなら，そこに矛盾は生じないのである。

　以上，心理療法の共通原理について，治療プロセスを三つの段階（①信頼関係の構築，②相互幻想的自己了解による自己像・自己ルールの刷新，③一般的他者の視点による内省）に分けて論じてきた。心理療法の種類に関わらず，こうしたプロセスが生じているケースでは，誤った自己理解に基づく理不尽な不安は解消され，自由と承認の可能性を感じるようになる。

　臨床心理士や精神科医の方々のなかには，にわかには信じがたいという人もいるだろう。しかし，①「信頼関係の構築」と②「相互幻想的自己了解」については，これまでの説明からほぼ動かしがたい治癒の契機であると思われる。③「一般的他者の視点による内省」についても，徐々に立ち直りつつある患者が，冷静な判断力や自己洞察の力を取り戻し，治療者以外の人々の視点を含んだ発言が聞かれるようになったときに，その視野の広がりを後押しするように話を進めてゆく，成功した心理療法の経過の中でそのような経験をした治療者は，少なくないのではないだろうか。

　また，このようなことは心理臨床の現場だけではなく，日常生活においても起こり得る。強い信頼関係にある相手と話しているうちに自己了解が生じ，冷静に自分を見つめ直すことができた，という経験を持つ人は案外多いはずだ。人間が自由と承認を求める存在である以上，それはごく自然なことだろう。心理療法が人間の自由と承認を求める存在本質に根ざしているとすれば，その原理は日常における人間関係の原理と無関係ではあり得ない。したがってそれは，心理臨床の現場だけでなく，学校における教育，病院における看護，家庭や老人施設における介護など，さまざまな人間関係における諸問題に応用し得る可能性があるだろう。

【註および文献】

［1］フロイトはシャルコーの催眠暗示法の影響を受け，ブロイアーと共に催眠カタルシス法を生み出した。そして最終的には催眠術を不要とみなし，精神分析を生み出している。詳しい経緯は自伝的論文「自己を語る」に記されている。（S. フロイト／懸田克躬・池見酉次郎（他訳）　1970　フロイト著作集　第4巻　人文書院　p.430.）

［2］ユング，アドラーが精神分析から離反した経緯についても，フロイトの「自己を語る」が詳しい（同上 p.461）。

［3］H. J.アイゼンク／宮内　勝・中野明徳・藤山直樹　他（共訳）　1988　精神分析に別れを告げよう　批評社　p.125.

［4］目的論への視線変更を最初に行なったのは，実存系の心理療法家たちではない。それに先立って，アドラーはこう述べている。「われわれは，自分たちの経験のショック――いわゆる外傷――に苦しめられるのではなく，その経験のなかからちょうど自分の目的に合致するものを見つけ出すのである」（A. アドラー／高尾利数（訳）　1984　人生の意味の心理学　春秋社　p.15.）

［5］C. ロジャーズ／村山正治（編訳）　1967　人間論　岩崎学術出版　p.236.

［6］同上
［7］村瀬嘉代子　2003　統合的心理療法の考え方　金剛出版　p.46.
［8］西條剛央による構造構成主義の中核的概念（西條剛央　2005　構造構成主義とは何か　北大路書房　pp.52-81.）。主体にとっての意味や価値は欲望に相関して現れる，という竹田青嗣の「欲望相関性」にヒントを得ているが，もとはニーチェ，ハイデガーの発想に淵源を持つ。
［9］加藤　温　2008　構造構成主義の視点からみた精神医療の一考察　西條剛央・京極　真・池田清彦（編著）構造構成主義研究2　信念対立の克服をどう考えるか　北大路書房　p.149.
［10］杉原保史　2009　統合的アプローチによる心理援助　金剛出版　pp.160-161.
［11］ジェローム.D.フランク，ジュリア.B.フランク／杉原保史（訳）　2007　説得と治療―心理療法の共通要因　金剛出版　p.35.
［12］［11］の p.95
［13］構成主義の家族療法については，P.ワツラウィック，J.ウィークランド，R.フィッシュ／長谷川啓三（訳）　1992　変化の原理　法政大学出版局，および，長谷川啓三　1987　家族内パラドックス　彩古書房　を参照。
［14］S.マクナミー，K.J.ガーゲン／野口裕二・野村直樹（訳）　1997　ナラティブ・セラピー　金剛出版　p.22.
［15］R.D.ストロロウ，B.ブランチャフ，G.E.アトウッド／丸田俊彦（訳）　1995　間主観的なアプローチ　岩崎学術出版, p.9.
［16］ドナルド.P.スペンス／妙木浩之（訳）　1992　フロイトのメタファー　産業図書　p.284.
［17］現象学＝独我論という批判はフランスの現代思想ではかなり浸透している。日本でも，廣松渉はフッサールについて，「彼の他我論が不首尾に終っている以上，実質的には独我論的構制を彼は脱し得ていない」と述べている（廣松　渉　1994　フッサール現象学への視角　青土社　p.120.）。また柄谷行人も独自の他者論によって，現象学の独我論的な他我論を批判している（柄谷行人　1986　探求Ⅰ　講談社）。
［18］E.フッサール／渡辺二郎（訳）　1979　イデーンⅠ-Ⅰ　みすず書房　p.32.
［19］厳密に現象学用語で言えば，世界の実在性は個的直観と本質直観によって確信されるのであり，その際，世界という超越を意識に還元して考える方法を，超越論的還元と呼ぶ。
［20］諸学の基礎づけについては，『ヨーロッパ諸学の危機と超越論的現象学』の第一部「ヨーロッパ的人間の根本的な生活危機の表現としての学問の危機」に詳しく書かれている。
［21］［18］の p.150
［22］［18］の p.65
［23］「死」の本質観取の見事な例として，ハイデガーの「死の実存論的分析」を挙げることができる（M.ハイデッガー／細谷貞雄（訳）　1994　存在と時間　上　筑摩書房　pp.31-94.）。
［24］質的研究においても共通の意味を取り出すことは少なくない。しかし，本質観取は「概念」（死，不安，無意識など）に含まれている一般的意味（誰もが共通して納得する意味）を取り出す作業であり，（自らの経験に基づく）意味の直観を足がかりにして思考するが，これに対して質的研究は実証研究であるため直観は極力排し，他者の体験に関する複数のデータからその体験の共通性を取り出そうとする傾向が強い。
［25］E.フッサール／谷　徹（訳）　2004　ブリタニカ草稿　筑摩書房　p.22.
［26］E.フッサール／細谷恒夫・木田　元（訳）　1995　ヨーロッパ諸学の危機と超越論的現象学　中央公論社　p.456.）
［27］木村敏の「精神病理学の歩み」（木村　敏　1994　心の病理を考える　岩波書店　pp.39-69.）および「精神医学における現象学の意味」（木村　敏　1990　分裂病と他者　弘文堂　pp.91-113.）により，現象学的精神病理学の概要を知ることができる。
［28］K・ヤスパース／西丸四方（訳）　1971　精神病理学原論　みすず書房　p.41.
［29］ブランケンブルクは分裂病の本質として「自明性」の喪失（＝現実感のゆらぎ）を取り出し，それを超越論的現象学の観点から秀逸な分析を展開している（W・ブランケンブルク／木村　敏・岡

本　進・島　弘嗣（訳）　1978　自明性の喪失　みすず書房）。
[30] 木村　敏　1982　時間と自己　中央公論新社
[31] 山竹伸二　2006　「本当の自分」の現象学　日本放送出版協会　pp.55-73.
[32] 現象学的立場を標榜するサルトル自身が無意識を否定しており、その後の構造主義者たちの批判を招いている（J−P・サルトル／松浪信三郎（訳）　1999　存在と無―現象学的存在論の試み（下）新装版　人文書院　p.1046. を参照）。また、リクールは「現象学の無意識は精神分析の前意識である」とみなし、現象学ではフロイト的な無意識は捉えきれないと述べている（P・リクール／久米　博　（訳）　1982　フロイトを読む　新曜社）。
[33] 無論、精神的な疾患を抱えている場合は、なかなか相手の指摘を受け入れない。極度の不安から歪んだ自己理解をしている場合や、相手に無条件の承認を求めようとする場合もあるからだ。
[34] M. ハイデッガー／細谷貞雄（訳）　1994　存在と時間　上　筑摩書房　p.313.
[35] フロイトは「〜したい」と「〜ねばならない」の葛藤を、自我とエスの葛藤、または超自我とエスの葛藤として捉えていた。「自我とエス」（S. フロイト／竹田青嗣（編）中山　元（訳）　1996　自我論集　筑摩書房　pp.203-272.）および「続精神分析入門」（S. フロイト／懸田克躬・高橋義孝（訳）　1971　フロイト著作集1　人文書院　pp.433-452.）を参照。
[36] 詳しい当為の現象学的分析に関しては、竹田青嗣・山竹伸二　2008　フロイト思想を読む　日本放送出版協会　Pp.198-202. または、山竹伸二　2006　「本当の自分」の現象学　日本放送出版協会　pp.89-109を参照。
[37] 欲望と当為の自己了解は、フロイトの用語で言えばエス分析と自我分析に相当する。他の心理療法は欲望の分析か自我の分析（認知構造の分析を含む）のいずれかに重点を置いていることを考えると、両者ともに重視して分析すべきだと主張したフロイトは、誰よりも心理的治療の本質を掴んでいた、と言えるかもしれない。「終わりある分析と終りなき分析」（S. フロイト／井村恒郎・小此木啓吾（訳）　1970　フロイト著作集6　人文書院　pp.377-413.）を参照。
[38] 実存主義的な心理療法は現象学的な立場なので「無意識」を認めていない、というわけではない。むしろ無意識の存在は認めているのだが、それはフロイトが提示したような抑圧された衝動の貯蔵庫ではなく、現実化できない可能性と見なしている（ロロ・メイ／伊東　博・伊藤順子（訳）　1986　存在の発見　誠信書房　p.11.）。
[39] C. R. ロージアズ／伊東　博（編訳）　1967　クライエント中心療法の最近の発展　岩崎学術出版社　p.42.
[40] フォーカシングでは身体感覚の意味に注意を向けさせ、「本当の自分」（本来の自己）に気づかせる。（E. T. ジェンドリン／村山正治（訳）　フォーカシング　1997　福村出版　pp.29-58.）
[41] パールズは次のように述べている。「セラピストがクライエントの何らかの自己実現を援助するつもりであれば、自己実現を妨げているパターン（神経症）を少しでも満たすことを、きっぱりと止めさせ、クライエントが発見しようとしている本来の自己を表出することを勇気づけねばならない。」（F. S. パールズ／倉戸ヨシヤ（監訳）　1990　ゲシュタルト療法　ナカニシヤ出版　p.133.）
[42] C. R. ロジャーズ／畠瀬直子（監訳）　1984　人間尊重の心理学　創元社　p.109.
[43] 同じ実存主義的な心理療法家でも、フランクルは自己実現を治療目標に据えることを本末転倒と見なし、こう述べている。「一般に人間の現存在において自己充足や自己実現が問題になる場合、それらはただ結果として達せられるのであって、意図してではありません」（V. E. フランクル／宮本忠雄・小田　晋（訳）　2002　精神医学的人間像　みすず書房　p.55.）。これはきわめて妥当な見解であることを付け加えておきたい。
[44] ホーナイは「鋭い内省の後に強迫的欲求から解放されたとき、私たち自身や患者の内部に、こうした真の自己の特質が出現してくるのが観察できる」（K. ホーナイ／榎本　譲・丹治竜郎（訳）　1998　神経症と人間の成長　誠心書房　p.202.）と指摘し、「精神療法は自己実現を手助けすること」（同、p.497）だと明快に述べている。
[45] フロムは、現代人は真の自己への関心を見失っている、と繰り返し強調している。（E. フロム／谷口隆之助・早坂泰次郎（訳）　1955　人間における自由　東京創元社　pp.165-173.）

[46] ユングは本来的自己についてこう述べている。「個性化とは何を意味するのか。個別的存在になることであり，個性というものをわれわれの最も内奥の，最後の，何ものにも比肩できない独自性と解するかぎり，自分自身の本来的自己（ゼルプスト）になることである。」(C. G. ユング／野田倬（訳） 1982 自我と無意識の関係 人文書院 p.85.)
[47]『認知行動療法』（坂野雄二 1995 日本評論社）には，日本での認知行動療法の受容過程が記されていて興味深い。
[48] A. T. ベック／大野 裕（訳） 1990 認知療法 岩崎学術出版社 p.274.
[49] A. T. ベック，A. フリーマン／井上和臣（監訳） 1997 人格障害の認知療法 岩崎学術出版社 p.68.
[50] ドナルド. P. スペンス／妙木浩之（訳） フロイトのメタファー 産業図書 pp.281-282.
[51] この自己ルールの一般化へ向けた修正には，最初にルールを与える養育者（主に母親）が他の人々との間にある価値観，ルールを重視している，と認識することが重要な契機となる。また，フロイトのエディプス・コンプレックス理論は，この問題を最初に示したものとして高く評価することができる。詳しくは，拙著『「本当の自分」の現象学』および『フロイト思想を読む』にて詳述。
[52] 実際には「一般的他者の視点」が形成されなかったり，自己中心的な視点へねじ曲げられてしまう場合もある。たとえば，親が子どもに過剰な承認または否認を与え，なおかつ他の人々の承認や価値観に配慮しなければ，子どもは親の価値観を相対化することができず，「一般的他者の視点」に立つことが難しくなる。その場合，自分の価値判断に自信が持てないまま，親や周囲に対して過度に同調し，心のバランスを失ってしまう可能性もあるだろう。
[53] フランクも集団療法について，次のような的を射た指摘をしている。「治療グループは社会の縮図である。他のメンバーの反応は，そのメンバーに，治療者にはできないようなやり方で，治療セッションの外で何が期待されているのかを教えるものとなる。そういう意味で，グループは，新しい行動を試してみるのに好都合な場となる。」(ジェローム. D. フランク，ジュリア. B. フランク／杉原保史（訳） 2007 説得と治療―心理療法の共通要因 金剛出版 p.300.)
[54] これはドナルド・スペンスの主張した，対話による共通了解の追求に近いやり方である。だが私の考えでは，そこに一般的他者の視点が存在しなければ，そう簡単には合意できないであろうし，合意できたとしても，自分なりに価値判断する力が形成されない。自由な決断を取り戻すためには，一般的他者の視点が必要なのである。
[55] 勿論，すべての精神疾患が承認不安に基づいているわけではない。器質的要因や遺伝的要因も無視できないし，心因性の神経症にしても，たとえばPTSDや解離性同一性障害などは，災害や虐待などの恐怖が原因になっている場合が多い。フロイトが外傷神経症は精神分析の対象外だと指摘しているように，一定の線引きは必要になるかもしれない。しかし，心の病を本質的に捉え直せば，多くの心の病が承認の不安に関与していることも確かだと考えられる。
[56] ここで「治療者以外の人々にも共通了解される自己像」という言い方をしたのは，「客観的に正しい自己像」というものがあるわけではないからだ。「真の自己像」があるのではなく，「一般性のある自己像」があるだけなのである。

原著論文（啓蒙）

II-7 構造構成主義の視点から展開する職業リハビリテーションでの臨床実践
──異職種間のより良い連携を目指していくための視点

前原 和明

1節
はじめに

1．「職業リハビリテーション」って聞いたことがありますか？

　私は，リハビリテーションの一分野の職業リハビリテーション（以下，「職業リハ」とします）と呼ばれる領域で，日々，臨床実践を行っています。一般的に，「リハビリテーション」というと，麻痺した手足を元のように動かすことができるようにすることといったイメージがあります。なので，もしかしたら読者によっては，「職業」の「リハビリテーション」というと「仕事をする中で生じた怪我などを治療する」といったような，身体機能の回復や改善を図るための取り組みだろうと考えられるかもしれません。

　しかし，そのようなイメージとは少し違って，職業リハとは「障害者が適当な職業に就き，それを継続し，かつ，それにおいて向上することができるようにすること，ならびに，それにより障害者の社会への統合又は再統合を促進すること」[1]と定義されることからもわかるように，障害の有無にかかわらず，仕事に就いて職業的に自立する中で，生涯にわたる「生活の質（QOL）」の向上を目指していくことを支援するための取り組みになります。

　具体的には，障害を持っているがために，仕事に就くことが困難となっている人や就労を維持していくことが難しくなっている人に対して，職業生活の維持や向上

をしていくための福祉的なサービスを提供することと，職業に関連した相談，適性把握のための検査，職業訓練，職業の紹介といった職業的なサービスとを提供していくことが含まれます。つまり，職業リハとは，このようなサービスを通して，職業を通じた社会参加と自己実現，経済的自立の機会を作り出していくことを支援する取り組みということができます。

日本では，「障害者の雇用の促進等に関する法律」により，職業リハの推進が図られています。私は，この職業リハの領域において，障害のある方々への様々なサービスの提供や就労支援等の臨床実践を行っています。

2．求められる「連携」の実情

職業リハを希望される方々の障害の種類は，身体障害，知的障害，精神障害だけでなく，発達障害，高次脳機能障害，難病など，非常に多様です。そして，その程度も個々の人によって様々です。また，単に「働く」ことだけを支援すればいいというわけではなく，安定して働き続けていくために必要となる生活面での支援も含めた，幅の広いサービスを提供していく必要があります。

そのため，職業リハでは，医療（例えば，医師，看護師，作業療法士，精神保健福祉士など），福祉（例えば，社会福祉士，生活指導員，相談員，ヘルパーなど），労働（例えば，ハローワークの障害者雇用担当官，障害者職業センターの障害者職業カウンセラー，ジョブコーチなど）を支える様々な専門機関と異職種を結び付け，総合的に支援サービスを提供できるよう地域の社会資源や地域ネットワークでの協働が求められています[2]。このように職業リハでは，関係する様々な異職種間での連携が求められます。

しかしその一方では，事業所内で障害のある本人と事業主の双方に，直接的な支援を行う専門家であるジョブコーチの同僚が，「とある福祉機関は，本人の強く働きたい思いばかりを主張して，本人の課題から生じた事業主の困惑を知ろうともしない。熱意だけでは，雇用が続かない」という事業所の視点と福祉機関の視点の信念対立について憂いている場面に出会うことがたびたびありました。また，しばしば，生活面での支援を行う福祉機関が，事業主の立場を尊重するあまりに，「生活面での課題がある人だから，継続雇用すると将来的に，現場の同僚達との中で，何らかの問題が生じる可能性がある。辞めさせた方がいいのではないか！」とそのための支援を考えることなく，自説を一方的に主張していることもありました。また，ある医療機関は，労働機関に対して「そんな制度，使いにくくて，使えない」と辛辣に批判を浴びせるといったようなこともありました。

このように，現場の実情としては，より良い連携を取ることの必要性を感じてはいますが，そこにズレからもたらされる価値観の対立があって，連携が上手くいか

ないことが多いのです。私は臨床実践を通して，このような難しさを常々感じています。

そのため，より良い連携が取れるようにと，日本の職業リハに大きく影響を与え続けているアメリカから直輸入された「ケースマネジメントの技法」[3]や「チームアプローチの手法」[4]が導入されました。さらに，サービスの調整を担う専門的な役割であり，強力なリーダーシップ[5]を発揮するような，アメリカのリハビリテーションカウンセラーのといった認定資格の設立が望まれるといった状況もあります[6][7]。

また，連携が上手くいかない原因を，連携が求められる異職種の支援者間での信念対立にあるとして，その各支援者間での信念対立がなく，同じように「対象となる人」を見ることができるような，「共通理解」を促進するための支援ツールの開発と活用に関する研究も行われてきています。例えば，就労支援のコアツールとして，支援者間での情報共有を円滑に行い，共通のスタンスで支援を行うことを可能にするための「トータルパッケージ」と呼ばれる職業評価や作業訓練を行うための事務・OA・実務作業からなる作業，様々な情報を整理するためのアセスメントシート，記憶を補完するためのメモリーノートを一つにパッケージ化した支援ツールの開発[8][9][10]，インターネット上で，障害者に対する支援方法等のデータベースを構築し，連携する支援者が共通の取り組みができることや見通しが持てるようになることを目指した「障害者雇用支援総合データベース」の構築[11]，共通の様式により必要な支援の計画の策定をよりスムーズにし，そして，客観的に把握し合うことを可能にすることで，ポイントを絞って本人の情報を伝達し合うことを目的に作られた就職に向けての本人の情報を整理するための「チェックリスト」[12][13]の開発が行われてきています。

現場でなかなか上手くいかない連携を上手くおこなっていけるようにと，このように様々な方法や支援ツールが検討・開発され，現場に導入されてきています。連携が上手くいかなくて，わらをも掴む思いで悩んでいる私たちにとって，これらの方法や支援ツールは非常に魅力あるものです。

しかし，このような魅力を感じる一方で，私は，対象となる人を同じように見ることで，スムーズに「共通理解」に至ることを促進するために使用される方法や支援ツールを使っていくことへの「ためらい」を感じてしまいます。というのも，臨床実践を行っていると，連携し合う支援者それぞれの見方が異なるということが，しばしば支援の中で大きな意味を持ってくることがあるからなのです。

3．安易な共通理解へのためらい

方法や支援ツールを用いることで，このような異職種の支援者間でのズレを最小

限に抑え，安直な「共通理解」に至るということに対する「ためらい」を持っているのは，どうやら私だけではないようです。

職業リハの臨床実践に携わる小川は[14]，「利用する一人一人の障害者に対する情報について，就労支援機関と施設が，相互に交換・共有することが重要」であり，「支援業務を遺漏無く進行させていくために，職員が手軽に利用でき，なおかつ実用性の高い支援ツールがあればどれほど心強いことだろう」と有効な方法や支援ツールの活用により，支援者同士が「共通理解」に至ること可能となるため，連携がより良いものとなることへの大きな期待があることを述べています。その一方で，冷静に，「この支援ツールは，あくまでも支援する上での《道具》でしかなく，それが全てではない。就労支援の内容は様々であり，対応する障害者もそして企業も様々であり，いかに類型化を図っても，自ずと限界はある。その限界を把握した上で，支援ツールを活用し，ますます就労支援の輪が広がっていくことを望んでやまない」とも表明をしています[15]。

このように安直にわかりあったつもりになることに対する「ためらい」を感じるのは，対象となる人の見え方等が，しばしば人や状況といった関係によって様々に変化するという臨床実践上の実感があるためではないでしょうか。この「ためらい」を見逃してしまうと，普段の臨床実践の中で感じる「今，彼女との結婚を考えているので，何とか働いて収入を得たい」といったような本人の思いや「スピードは遅くても，作業自体は，非常に，丁寧にこなすことができる」といったような成長の可能性に気づけないままに支援を展開することになってしまいます。そのような可能性は，異職種の支援者が持つ異なる視点を活かした連携があるからこそ，実現できるものであると考えられます。

ここには，心理臨床にある様々なコミュニケーションの営みに注目している肥後[16]が，「どのような臨床関係においても，対象理解こそがその本質的な問題であることは言うまでもない。対象を，それ自体として（＝naturellement,Descartes）すなわち認識主観との関係をはなれて理解するなどということが，果たして可能であるのか。たとえ可能であるとしても，そうした認識なり理解に，臨床的な意味があるのか」と述べることと同様の問いがあるように思われます。

そして，そこに，私たちが気付かずに，見落としている「存在するけれども気づかれていない」[17]次元での連携の真の価値が存在していると思われるのです。

4．本稿の目的

私は，職業リハの領域において，日々，臨床実践を行っていますが，この日常的な臨床実践の地平にこそ，様々な有益な意味があると思っています。日常的な臨床実践の地平というのはそんなに難しい話ではなく，ただ単純に，ここで取り上げて

いるように，支援者同士が「対象となる人」や「具体的な支援あり方」について語り合う時といったような，人とコミュニケーションを取って連携をしていく場面のことになります。

このような時に，しばしば支援者同士で信念対立が生じてきて，私たちは，「分かりあえない感じ」を持ってしまうことがあるはずです。この信念対立は，単に忌避すべきものではなく，人を対象とするが故に，人と人の間に生じた豊穣な価値のある「ズレ」であり，「対立」であると考えています。

そこで，本稿では，このような信念対立が存在する日常臨床の地平において，本人を主体としたより良い職業リハを行っていくために，構造構成主義の視点から連携のあり方とやり方を考察していくことを目的にします。

職業リハにおいて，構造構成主義の視点から連携を検討したものはなく，その点において本論の意義は少なくないはずです。

2節
職業リハでの「対象となる人」の理解

1．「レディネスモデル」から「援助付き雇用モデル」へ

現場の臨床実践の中では，相談に訪れた目の前の人を単純に，「現在，就職できる確率は30％で，1年後には40％になるでしょう」といったように見ることは非常に難しく，自然と目の前の人とのやり取りの中からそれ以上の情報を読み取ってしまいます。また，「お会いした当初は，大変緊張していたようで，こちらから質問してもうつむいて何も答えてはくれませんでしたが，本人の好きな話題をふってみると，ぽつぽつ話し始め，次第に笑顔が見られ始めました。ついに最後は，話が止まらなくなって，困りました」といったように，目の前の人と私が，互いに影響し合いながら相談が展開していきます。

このような「共通理解」に至ることを目指した対象となる人の理解のあり方については，おそらく，職業リハにおいて，これまで支持され続けてきた二つの考え方が強く影響を与えてきたと考えられます。その二つの考え方こそが，「レディネスモデル」と「援助付き雇用モデル」になります。1986年に米国で，「援助付き雇用 (Supported Employment)」が制度化され，1980年代の終わり頃に日本に導入されているのですが，この導入によって，従来型の「レディネスモデル」の考え方から「援助付き雇用モデル」の考え方への転換[18]が起こっています。

まずは，この二つの考え方を取り上げ，より良い連携のために必要と考えられてしまった共通の理解に至ることが，どのような考え方に基づくものであるかについて見ていきたいと思います。

2．レディネスモデルの限界

まず，従来型と言われる「レディネスモデル」の考え方から見ていきます。

一般的に，時間を守ること，挨拶や返事が正しくできること，報告・連絡・相談が自発的にできることは，社会人として働く上で重要と言われています。また，単にそのような職場内のマナーやルールに限らず，大前提として，その職場に通勤できること，きちんと栄養を取って体調を崩さずに毎日出勤できること，身だしなみを清潔にすることなどの生活面でのマナーなども重要とされています。これは，障害のあるなしに関わらず，社会人として同様に求められてきているものになります。

しかし，障害のある人にとっては，障害があるが故に，そのようなマナーやルールが一人ではスムーズにできなかったり，獲得することに時間がかかったりしてしまいます。そのため，そのような就職前の準備が十分でなかったり，スムーズにできないために，特に，障害のある人は，体調を崩したり，遅刻したり，通勤できなくなったりなどの諸問題を生じさせる可能性があるとして，就職に向けての準備を事前にしっかりと行っておくことが重要であると考えられてきました。

このように，レディネスモデルというのは，障害のある人が就職するためには，「労働に耐えうる体力，身辺処理能力，あいさつができることなどといった基本的生活能力や社会的生活能力」といったような，「職業準備性」を事前に獲得しておくことが重要であるという考え方です。この考え方に基づいて，従来の職業リハでは，検査や聞き取りから，職業の能力を判定し，不足している職業準備性の「体得」を目指すための訓練が行われてきました。そして，準備性が一定の水準に達して初めて，就職のステップに進んでいくといったような段階的な支援が行われてきていました[19]。

確かに，このような職場で求められることがきちんとできるということは，社会の中で生きていく上で重要なことなのかもしれません。しかし，実際に働いた経験も少なく，抽象的に物事を理解することが苦手な障害を抱えている場合，実際の職場とは違う訓練において完璧にできるようになるということは，非常に難しいものです。そのため，できるようになった頃には，かなりの高齢になってしまって働けないといったように，結果として就職の可能性を非常に小さくすることもありうるのです。

このように，レディネスモデルの考え方では，「職業（前）訓練は，実際の職場で必要とされるスキルとの関連が少ないこと」や「学んだ事柄を実際の職場に応用することが困難であること」等の課題があります[20]。そのため，現在主流となっている「就職してからの継続的援助」という「援助付き雇用モデル」へ考え方の転換が起きたのです。

刎田[21]によると，このようなレディネスモデルでのサービスの中心は，評価や

訓練であり，そこでは，「"いつ""誰が""どこで"みても同じように評価できる」といったような「できるだけ共通の視点に立ち，"客観"的な視点」を持つことが求められるということになります。つまり，対象となる人の客観的な実体が存在し，その実体を十分に捉えることができるという前提において，私が行った評価結果と，私ではない別の人が行った評価結果は基本的に同一である必要があると考えるのです。すると仮に評価結果が異なった場合には，どちらかが不正解な実体を捉えた「誤り」であるとして，評価を行った「私自身」や「評価器具」の「故障」が疑われることになります。

その意味で，レディネスモデルでは，客観的な実体と捉えることができるように，関わり手である支援者は，主観を差し挟まず，その人の客観的な実体を把握することができるような冷静な観察者である必要があります。「いつ」，「どこで」，「だれ」が見ても同じ客観的な実体を把握することができるような観察者である「私」は，極論すれば，この「私」である必要はなく，そのような意味で，他の観察者と交換可能な観察装置であるとも言いかえることができてしまいます。

この考えは，「私」と「あなた」という関係性から切り離され，独立に存在する実体として，対象となる人を見ている見方と言えるでしょう。相談の中で，「採用面接を，何度も受けているが，全く上手くいかない！」，「大学在学中に病気になって入院したので，どんな仕事に向いているかわからない」，「会社の中で，上司や同僚から何度となくいじめを受けて，最終的には体調を崩して辞めてしまいました……」といったような話を聞くと，しばしば，「心が動かされる」と言うしかできないような感じにおそわれます。では，このような心の動きを排除し，どこまでも冷静に見るということは，一体，本当に可能なのでしょうか。ここで，相談する「私」と，この「私」に相談してくれた「あなた」は，どうなってしまうのでしょうか。

そのような疑問が残りますが，レディネスモデルはこのように対象となる人を理解しようとする考え方なのです。

3．援助付き雇用モデルの限界

では，次に，「援助付き雇用モデル」について見ていきましょう。

勿田[22]によると，援助付き雇用モデルでは，レディネスモデルと違い，「社会的妥当性」の概念に基づいて「社会からの要求・意見・示唆」を踏まえて，訓練の成果があったかどうかの把握を行っています。例えば，これは，職場で挨拶をすることは，非常に重要ですが，職場によって挨拶の言葉とその求められる程度が違います。その挨拶のルールが，職場によってしばしば異なるということが多くあるのです。ですから，実際の職場環境は，どんなに近づけようとしても全く同じものにはならないということや，どんなに訓練しても実際の職場では通用しない（求められ

ない）訓練にすぎなかった，ということが起こってしまうのです。

そのため，むしろ実際の職場で仕事をしながら，具体的なルールを覚えていきましょう，その獲得のための支援を職場でしましょうというのが「援助付き雇用モデル」になります。

刎田[23]によると，援助付き雇用モデルでの対象となる人の理解のあり方について，職業評価等のようなアセスメントから得られた結果は，「客観」であり，社会であるコミュニティに住む人々からの評価は，「主観」である，ということになります。そして，援助付き雇用の視点から，職業リハの支援者である「私たちがとらなければならない視点は，カウンセラーとしての"客観"的な視点や，私たち個人の"主観"的な視点だけでなく，本人と本人の属するコミュニティからの視点」であるとして，「客観」や「主観」よりも，社会からの要求に基づいて結果や価値を決めるというような，対象となる人の理解のあり方を示しています。つまり，「単に挨拶ができればいいというものではない。我が社では，はきはきと，大きな声で，挨拶できる人を求めている」という事業所もあれば，「挨拶よりも仕事だ。意思が分かればよい」という事業所もあるように求められることが異なるため，現実の要請に基づいて，その結果や価値を判断するという考え方になります。

その意味で，レディネスモデルに比べ，援助付き雇用モデルでは，対象となる人を，単なる環境とは独立した実体として想定するのではなく，環境と相互作用する要素であり，環境の中で妥当な形でその価値を捉えるべきだという，社会への統合や再統合と目指していく上で非常に合理的な見方になってきているということができそうです。

しかし，この考え方によれば，時に事業所から言われることがある，「できる人なら雇うので，できるかどうかをしっかりと見極めて，連れてきてください」といったような，本人の主体性を尊重できない悔しい考え方であっても，「それもまた妥当」として認めざるを得ないといった負の側面が考えられます。

このように，援助付き雇用モデルもまた，支援の中にある様々な関係性を考えることなく，社会の中で決定される理解のあり方に基づいて，対象となる人の実体を理解しようとする考え方になります。

4．客観的な実体として見ることの問題点

ここまでで，職業リハにおいて，対象となる人をどのように理解しようとしてきているかについてみてきました。これらの考え方では，臨床実践の中で存在する人や状況といった関係によって，対象となる人に対する認識は様々に変化するという臨床実践上の事実を否定するものです。これまで求められてきた連携の背後に通底する考え方は，対象となる人には客観的かつ妥当性のある実体があるという前提に

よっており，それゆえに各人の認識（評価）のズレが生じようもない「正解」を探す方法が求められてきました。

そのため，ズレは誤ったものであり，信念対立を生じさせ，連携を阻害するものとして，それが生じることを避ける方向に進んできたようです。それで，支援者は，正しい「答え」に基づいて一致団結することが出来てきたのかもしれません。しかし，そのような中で，職業リハを通して達成される必要がある，対象となる人の最大限の可能性を追求していくという姿勢を見失ってしまったということがあったと思います。

このような課題を解決していくためにも，連携に参加する異職種の支援者間での信念対立を，臨床上の意味を持った価値あるものとしても解決していくことができるような枠組みが求められており，その枠組みとして，構造構成主義[24]の視点をメタ理論として検討していくことが有効であると考えています。

3節
より良く連携するための構造構成主義の視点

1．支援現場での問題

現場で支援を行っていると，少ないながらも頑なに，単一の方法や理論を盲信する人がいます。実際，私も連携する際に"発達障害の人はコミュニケーションが苦手だから，職場内のコミュニケーションでは，まず絵カードを使うべきだとほぼ自動的に考える人"，"行動的なアプローチは非人間的だから使うべきではないと頭から決めつけている人"，逆に"内面の理解を忌避して行動的次元でしか見ることができない人"，"偉い人の理論を鵜呑みにしている人"などなど，様々な支援者と出会ってきました。そのような様々な考えを持つ異職種の支援者間で連携を取っていく必要があるため，支援と関係のない論争が生じてしまうことや，あるタイプの人が盲信して一致団結し，極端な方向に進んでしまうことも珍しくないのです。

そうした状況を打開するために構造構成主義の考え方はどのように役立つと言えるのでしょうか。

2．構造構成主義の可能性

もし仮に，支援者である私たちが，臨床実践の対象となる人を全く同じように理解し，認識できるのであれば，異職種で構成される私たちの連携はそれほど難しいことではないでしょう。しかし，対象となる人も，私も，同じように「人」であるが故に，実際はそう簡単にいきません。

このような職業リハでの臨床実践上の実感と，有効性が主張される多くの方法や

支援ツールによって求められているものとの間には，大きな違いがあるように思われます。その違いは，支援者の中では葛藤として，支援者間では信念対立としても現れてきています。そのような違いから生じる各支援者の中での葛藤は，各支援者の疲弊や士気の低下，そして，それは最終的に，職業リハ・サービスの質の低下につながる可能性があります。

こうした状況を打開するために，構造構成主義の考え方は，異職種が集い，共同して臨床実践を行う連携における支援者同士の信念対立を，もう少し広い次元から解消し，建設的で促進的な連携をしていく可能性を備えていると考えられます[25]。その意味で，そのような支援者が感じる葛藤を克服していくために強力なツールとして期待できます。

3．現象と戦略的ニヒリズムの有効性

そもそも構造構成主義の考え方によると，「経験そのもの」＝「現象」は，とてもあやふやなものなので，人同士が簡単には「わかりあえない」のが当たり前であることになります[26]。すると，異職種の各支援者が専門性を発揮して連携をしていく際にわかりあうことがより一層難しくなってくるのは，当然です。

そのため，まずは構造構成主義の考え方から，構造的に，「私」と「他人」は簡単には「わかりあえない」ということを了解し，「各人の現象を尊重する」[27]ことが必要になってくると思います。さらに，構造構成主義の「戦略的ニヒリズム」を視点とすれば，連携における問題について，実現が不可能な「絶対的解決」を目指していくのではなく，たとえわずかでもよいから問題を先に進めていくような「建設的実践」が可能となります[28]。

4．関心相関的言語論の有効性

では，構造構成主義とは，どのような理論になるのでしょうか。

構造構成主義は，ソシュール（Saussure, F.）という言語学者が提起した言語論に基づいて，池田[29]が提唱した構造主義的科学論にその起源の一端を認めることができます。

そのソシュールによると，私たちが何気なく使っているコトバは原理的に「恣意的」なものになります。どういうことかというと，異なる言語（例えば，日本語と英語といった具合に）では，同じモノを別の言葉で呼んでいます（「いぬ」と「dog」）。そうすると，直接指示されるモノは同じにも関わらず，コトバの読み方と直接指し示されるようなモノは，「恣意的」に対応を持っているのみの関係しかありません。また，その上で，例えば，いつも何気なく見ている七色の虹が，文化や言語によって，二色だったり六色だったりすることや，場所や民族によって，雪の呼び名が異

なって把握することができる雪の種類が違うといったようなことがあります。このように私たちは，目の前に広がった混沌とした世界（現象）を，コトバを使って，あくまで恣意的に切り分けて（分節化し），理解しているのです。

　この文化や言語による違いとは，その世界で生きる人が生きる上での必要性に応じて，コトバの種類等が増えたりしているためです。つまり，「身体や関心に応じて現象を恣意的に構造化して言って，それに名前をつけたりしているわけだけだから，そもそもコトバは客観的な現実を忠実に反映しているモノではありえない」[30]ことになります。コトバは，身体や関心といった形で，私たちと強く関係を持っているのです。このようなソシュールの考えに関心相関性を組み込んで作られた関心相関的言語論は，職業リハでの臨床実践上の実感とも一致するものです。

　では，職業リハに関心相関的言語論を導入すれば，どのような実践が開かれるでしょうか？　私の考えはこうです。

　たとえば，「作業スピードが普通程度でした」と説明をすると，「一体，普通って，どのくらいなの？」と質問が返ってきます。そこで，「一般標準比の7割程度です」と伝えると，「あー，そうか。7割程度ね」と，あたかも根拠があるように示すことができ，人を納得させることが可能になります。曖昧な程度というものを，「早さはどのくらい」という視点から標準化された数値を用いて示すことで，その対象の客観的な実体であるかのように，支援者にスムーズに納得させることが可能となります。

　しかし，その7割という客観的な実体は，どこに存在するというのでしょうか。あくまで，その作業で，標準化された，抽象的な他者との比較の中でといったような文脈であたかも実体のように存在するだけです。しばしば，作業が変われば，作業を行う場所が変われば，作業を指導する人が変われば，その数値は変化します。その意味で，私たちから独立して存在するはずがないにも関わらず，その数字は，早さという視点から，科学的な根拠をまとった実体として，独立してある物のように見え始めます。

　何らかの実体があるとして答えを探していくことで，実体らしいものが見つかるかもしれませんが，果たして，それが，本当に客観的な実体であると言い切れるのでしょうか。この人はこんな人という答えなんてどこにもありません。私たちの様々な関係性から独立にある実体はなく，その実体らしいものは，究極的には根拠が全くないということは，私の臨床実践上の実感とも合うものです。

5．構造構成的－構造主義科学論の視座

　このように，関係性をどんなに排除していっても，人為的に作られたものであるがために，数値はどうしても疑いの余地がなくならないのに対して，少なくとも今

の経験そのもの＝現象については，中身を問わなければ，何かが立ち現れたこと自体は確かです。構造構成主義では，さしあたりその現象を戦略的な出発点として尊重し，現象を共有し合い，構造を作り出し，広い意味での科学的な構造を作り出していくことが可能となります。こうした考えは，構造構成主義の科学論である構造構成的－構造主義科学論によって基礎づけることができます。

　私の理解によれば，構造構成的－構造主義科学論は次のような認識を私たちにもたらします。

　数値といったような「絶対的」な正しさを探していくことは，「絶対」を求める訳ですから，これは本質的に「同じ」ものしか認めないという考え方です。それでは，「違い」を正しくないものとして捨て去ることしかできなくなってしまいます。

　そもそも，私たちは，コトバをごく自然に操っています。このコトバは，私たちの目の前に広がる現象を，あまりに上手く言い当て過ぎてしまいます。そのために，「抽象的概念を実態的にとらえてしまうことにより，多くの難問が生まれ，また絶対性を契機とした信念対立が生じてしまう」[31]ことがあるのです。

　「絶対性」を確信させてくれるような理論もまたコトバから作られています。「理論とは「現象」（全体）の一部を理解するために，コトバによってつくられた「構造」（部分）にすぎない」[32]からなのです。私たちはコトバを持つが故に，そのような「絶対性」をめぐって生じる矛盾に苛まれてしまうことが多々あります。

　この構造構成的－構造主義科学論は，私たちが囚われている，このような「コトバの呪縛」[33]から逃れるための思考法になります。正しさを導き出すような方法（理論）は，「絶対性」を生み出すしかありません。そのため，方法（理論）は，目的を達成するための手段に過ぎず，関心や目的に照らして（相関的に），その時その時で，妥当に，そして柔軟に判断していくような思考のあり方が必要になるという考え方に基づいています。

　その上で，これは，なんでもありの単なる相対化に留まることはありません。私たちが判断してきた（相関的選択した）ことをみんなが認める（公共性のある）ことができるような形で示すことができるのです。つまり，広い意味での科学的な構造を持たせていくことができるので，単なる相対化には留まることはありません。

　科学的なものとなるための条件として，個人的なものに過ぎなかった構造を他者が批判的に吟味できる形で提示できることが必要です。そのために，科学が持っているような未来の現象に対する予測可能性を担保するために，「現象をうまく説明する構造を提起する」[34]ことを行い，広い意味での反証可能性を担保して，構造（仮説）の有効性や限界を判断できるように「仮説の妥当性，有効性や限界，射程といったことを含めて他者が批判的に吟味できるような"提示の仕方"」[35]にのっとっていけばよいことになるはずです。

このような手続きを通して，私たちの経験は，科学性を持った形で共有されることができるのです。つまり，構造構成的－構造主義科学論に基づいた，対象となる事象の性質が研究目的によって変わってくるというあり方（科学性の関心相関的選択）は，科学性の条件を備えているということができるでしょう。このような条件を備えているので，無用な信念対立を防ぎ，物事の本質の外で生じる理論のやり取りに惑わされることなく，他者とのやり取りを可能にするのです。
　このような構造構成的－構造主義科学論の枠組みを知ることができた支援者は，その支援のあり方を大きく変えていくことができると思われます。具体的には，様々な視点から支援の展開を見る（複眼的になる）ことができるようになります。支援とは別のところにある絶対化によって生じてくる正しさを巡る答えの出ることのない問いを中心においてしまうと，本来，私たちが中心に置く必要のある臨床実践の質の向上が妨げられてしまうことになります。
　この態度を取ることは，自分たちの信じる方法や理論を絶対化する人たちとは違って，自らの絶対性を主張して信念対立に陥ることにはつながりにくく，むしろ多種多様な方法（理論）を，柔軟に支援を選択して臨床実践を行っていくことができるようになります。こうした態度のあり方を共有し，新たな臨床実践として科学的な基礎づけを行っていくことで，職業リハの支援の展開を的確に予測し，制御していくことが可能になります。さらに，他者にその構造を伝えていくことが可能となり，様々な支援者と上手く連携を取っていくことや臨床実践を継承していくことも可能になりえます。

6．関心相関的観点により良い連携をとるためのポイント

　よくあることですが，就職前の準備の重要性を考える傾向にある生活面の支援者は，「就職のためには，普段の生活態度がきちんとしなければならない！」として生活面の重要性を支援者の「関心」として主張します。また，働くことを通して，給料を得たり，役割意識を持ったりすることで，生活面での態度や課題が小さくなるということを信じて，「まずは，何よりも就職をすべきである！」という支援者の「関心」で主張をする人もいます。
　このように，それぞれの認識のズレは，「関心」に基づいて展開され，その「関心」が了解されずに，信念対立を引き起こしているのです。どちらが重要であり，先であるというのではなく，「関心」に基づいて，どちらにも一理あって，どちらも「本人のため」と考えているにも関わらず，「なぜそのような主張をするのか」という相手の「関心」が見えてこないと，このような正当性を主張するだけの信念対立が生じて，支援が一歩も進まずに終わってしまいます。
　こうした状況を乗り越えて良い連携を進めていくために，構造構成主義では，一

人ひとりの現象を了解可能なものとするための概念装置を提案しています。その構造の形式こそが，「価値や意味が，主体の身体，欲望，関心といったものと相関的に規定される」という「関心相関性」[36]の原理になります。関心相関性とは，そのような「関心」のあり方に注目し，個々の現象を理解しやすくするためのツールになります。それぞれの関心に応じて価値が決まっているという関心相関的観点を用いることで，連携において顕在化するような人と人との間の信念対立を，それぞれの関心からの了解を促進し，信念対立の解消に向かうことを可能にしていきます。ゆえに，臨床的な意味のある信念対立として認め合うことができるようになると考えられます。

先の例の場合においても，例えば，「以前に相談した，同じような病気をお持ちの人も感じていたことですが……」や「事業所の立場からすると……」と，それぞれの主張の「関心」を示すような前置きを置くだけで，考え方や意見は，了解可能なものに近づきます。また，これを応用すれば，ケース会議の場面などで，前置きとして関心の方向性のある言葉を添えることで，少しでも信念対立を建設的な方向性に進ませて，臨床実践上の意味のあるコミュニケーションの達成を可能にすると考えられます。

このような連携することの価値を高め，信念対立の解消を進めてくれるような支援は，各支援者にとっても，真実が必ずしも一つではないという実感に沿うような考え方です。そして，それぞれの現象を尊重するという観点は，単純に，「できないから駄目だ！」といったような，一方的に決めつけるような支援の方向性を防ぎ，本人の主体性を尊重した連携を可能とするために重要なことになってくると思います。

7．職業リハの連携場面での関心相関的観点の使い方

これまでは，連携が上手くいかない理由を支援者間の信念対立にあるとして，方法や支援ツールを用いて，より客観的かつ合理的に，その解消が目指されてきていました。それが，対象となる人の「客観的な実体が示す通り」という形で，認識のズレを忌避して，一面的に捉えることを促進してきました。このような「共通理解」を促進して信念対立を発生させないようにしていくことは，実は，本人の主体性や可能性を大きく奪い，異職種の支援者による連携の価値を失わせる危険性があったのです。

そのため，むしろ連携の際に関心相関的観点を駆使していくことで，そのズレの存在を前提とすることができます。さらに，この方法論によって，より良い連携を目指していけるだけでなく，これまで提示されてきた方法や支援ツールすらも，連携を行っていく上での「関心」の下で，有効なツールとして活用していくことが可

能となると考えられます。

　関心相関的観点を活用することで，支援者は科学的であるとか，根拠があることを，ひとまず横に置くことができます。その上で，たとえば，ある時には行動的な次元でアセスメントを行い，またある時には心の内面の深くまで掘り下げることを行うことができます。従来は，行動を重視する人は心を，心を重視する人は行動を軽視する傾向にありました。だから，その垣根を越えて視点を移動させうる関心相関的観点は，そうした硬直した状況を打破するものになると考えられるのです。さらに，相手の視点に身をおいて，他者の意見を聞くことができ，その上で，今何が必要かを，その時その時で，見極めていくことが可能となるので，非常に柔軟な連携を取ることができます。

　各人の現象を尊重し，ズレを前提とすることで，連携を進めていくことができる（構造構成主義的な態度を持つ）人は，逆説的ですがむしろ相手の役割や立場を理解して，様々な側面から支援で起きてきた現象を見ることができるように思います。そして，考え方が違うことを前提にしていますので，他人の話しをよく聴き，相手が主張していることを理解しようとして，自分との意見の異同を上手く整理しているように感じられます。

　そうした人は，一見すると，何度も聞き返してくるためにしつこさを感じたり，問題を先送りしたり，棚上げしてみたりと，打っても響かない太鼓のような感覚は残るかもしれませんが，自分の考えとのズレを味わった上で慎重に歩みを進められているのだと思います。その結果，諦めることなく，着実に支援の歩みを進め，本人の主体性を尊重するような取り組みを行うことができているようです。このような，ごく当たり前と思えるような連携を，構造的に行っていくことが，本人の主体性を尊重することができるような支援につながっていくのだと思います。

　職業リハの連携場面では，「事業所の視点から考えれば，そうかもしれない」から始まり「とすると，職業リハの目標である本人のQOLを考えたときに，その視点はどうだろうか？そして，本人の最大限の可能性を追求するためにはどうしたらいいのだろうか？」というような形で，各自の関心を問い直していくことになります。

　具体的には，支援者Aの「一般的に事業所に対する調査結果からは，幻聴などの病状に対して強い恐怖感を抱いてしまう」という「関心」と，「今まで，本人は働くことに不安を感じていましたが，いろいろと本人との相談を通して，やっと働きたいという気持ちがでてきたのです」という他の連携する支援者Bの「関心」を提起し合い，その上で，その「関心」に基づいて「Aさんは，事業主の雇用に対する不安な気持ちに基づいて，本人の課題や必要となる支援について，必要なことを指摘しているんだな」や「Bさんは，まずは本人の働きたいという強い気持ちを

しっかり受けとめて，発言してくれているんだな」と連携する支援者同士で目的に照らし合わせながら洞察をし合っていくことが連携場面での関心相関的観点の使い方になります。

このような洞察に基づいて，その方の職業リハを展開していく上での目的に照らし合わせながら，共通となる目的を検討していくといった形が構造構成主義的な連携のあり方になります。このようにして関心相関的観点は，様々な信念対立を少しでも和らげるための連携に向けてのメタな広い視野を提供してくれるのです。

8．関心相関的観点に基づく建設的議論

これまで「関心相関性」の考え方に基づいて，より良い連携を達成していくために参考となるような具体的なポイントも整理されてきています。このような視点を，職業リハにおいて連携が求められる場面においても活用していくことは非常に有効でしょう。

家島[37]は，関心相関性の視点から，「議論」という学的営為を捉えなおす試みを行っています。ここまででも述べてきたように，各支援者間での信念対立を連携の中で価値あるものとして解消していくためにも，その支援のあり方について，構造構成主義的に議論していく必要があると思われます。というのも，「不毛な信念対立は，多くの人が，「相手も自分と同じ考え方をしているはずだ」という自己中心的な思い込みを無自覚にもっているために生じていた」というのです[38]。そのため，「不毛な議論を建設的な議論にするためには，各人がこの無自覚を自覚しなくてはならない。「無自覚の知」ならぬ「無自覚の自覚」が必要なのである」と述べて，各人の「相手も同じ考えである」という思い込みを，今一度括弧にいれて考えることが必要であるとしています[39]。

実際，連携のための議論をする際に，その他の支援者との信念対立に，「なぜ，分かってくれないんだ!?」という強い思いを感じることがしばしばあります。このようなときには，もちろん，おそらく私と同じように，その他の支援者も「なぜ，分かってくれないんだ！?」と感じているものです。このように，「わかってくれない」ということを嘆く前提には，無自覚に「当然，相手も同じ考えのはずだ！」という考えを，各人が持っているからです。その意味で，まずは，自動的に行っている判断を少しそばに置いてみる必要があります。構造構成主義の関心相関性の視点から信念対立のメカニズムを浮き彫りにすることで，それぞれの「関心」を対象化（意識化）することが可能となって，不毛な信念対立を解消し，建設的に議論をしていくことが可能になると述べています。そして，そのための議論のコツ（4条件）[40]が提案されています。

こうした建設的議論のための方法論は，職業リハでしばしば行われる，支援の展

開について連携する異職種の支援者で話し合うケース会議の場面においても大いに役立つものと思われます。これによって、互いの主張を建設的にケース会議で議論していくことが可能となって、各支援者の専門性を有効に支援の中で機能させていくことができるでしょう。

9．専門家同士の連携の価値を最大化させる

　実際，皆さんも，私も，領域として重なる部分はあるにしても，支援者として，それぞれがそれぞれの領域の専門家です。そもそも，そのような私たちが連携を取るという時に，「相手が分かってくれない。私たちの専門性を発揮できない」と，ついつい連携が上手くいかないことを，他の連携する支援者のせいにして嘆いてしまいがちです。

　そのような結果を生じさせる支援者間での信念対立は，連携の価値を小さくしてしまうことでしょう。その信念対立を，連携という枠組みの中で，どのように活用していくかが重要です。その時に，単に，「相手が理解してくれない。駄目な奴だ」とズレを深める方向でも，ましてや皆が全く同じように考えるという方向でもなく，信念対立を克服する方向に動いていく必要があります。

　内田[41]が言うように，そもそも，あれも，これもできないから「専門性」であり，その意味で，他の支援者と共同作業を進めることができるということが，既に専門家の定義には含まれているはずなのです。そうではないと，そもそもの「専門性」を発揮することができません。連携をしていく上で，「専門家」として，大きなパフォーマンスを発揮していくためには，既にその「専門性」の中に，他者とコミュニケーションを取ることが含まれているといえます。つまりその意味で，「連携」こそが「専門性」を発揮するツールになると言えるでしょう。

　そのための理路として，構造構成主義の観点を用いていくことが有効となるのです。構造構成主義の観点から連携を取り上げることで，現場では，「この考え方のズレは，捉え方の問題かもしれない。そのような考え方は，とっても重要だよな。このズレを解消するためには，どうしたらいいのだろうか？　どういう方法をとればいいのだろうか？」といったような思考的な枠組みから，本人の支援を考えることが可能となり，きっと大きな価値のある変革を起こせることでしょう。

　たとえば，構造構成主義の視点から医療実践，リハビリテーションを捉え直そうと試みている京極[42][43]は，構造構成主義の考え方を用いて，リハビリテーションを含む医療実践のチーム機能の向上のための具体的な方法を提示しています[44]。

　チームを構成する各医療者が信じる方法論の正当性についての主張や，その他，様々な阻害要因から結果として，意見や考え方のズレや正しさを問題にした信念対立が生じてしまい，チーム機能が低下してしまう可能性があります。そのため，医

療者間の主張のズレを関心相関性の視点から解消し,より妥当な実践ができるようになるための「信念対立解消マニュアル」[45]なるものを提案しています。そして,このマニュアルのポイントを,チーム支援に導入することで,「互いの目的や暗黙の前提が可視化され,互いのズレを把握できるようになり,結果として信念対立が解消される可能性が拓かれる」[46]としています。

先述したように,連携には,様々な異職種の支援者が参加しチームを組んで支援を行っていくことが求められます。異職種の各支援者は,それぞれの分野の専門家であり,その専門家が支援について,様々に意見を出し合いながら考えていくことが,より良い連携を行っていく上では必要になってきます。

しかし,その各分野の専門家であることと共に,それぞれが個々の人であるが故に,しばしば連携をする各支援者同士で意見の食い違いが起き,対立が生じ,そして最終的には,食い違いを感じた支援者が「特に,意見はありません」と言ったきり会議に次第に参加しなくなっていくといったように,また,何かを言いかけて言葉を飲むといったように,その場から身を引くことが多々あるように思われます。

このような時々に,単に,「私が我慢すれば,済むことだから」ということにしてしまうことは,連携するチームにとっての機能を低下させ,ひいては職業リハ・サービスを希望する本人にとってのデメリットにつながることでしょう。繰り返しになりますが,この時に,関心相関性の視点から連携を取ることで展開は大きく変わってくると思います。

つまり,どのようにしたら,主体となる本人の最大限の可能性を追求できるかということを考えていくためにも,このようなズレをズレとして認め,メタ理論に基づいて,その信念対立を解消することを意識した連携のあり方を検討していくことが必要と思われます。

4節
まとめと今後の課題

本論文では,職業リハでのより良い連携を求める中で存在している信念対立を解消していくために,構造構成主義の視点の有効性を具体的に論じてきました。構造構成主義,メタ理論,関心相関的観点などというと少し難しそうですが,具体的な連携のあり方については,ごく自然で,明日からも使えそうなものです。

実際に,私は,普段の臨床実践のみではなく,日常業務の中で同僚や上司と連携を取る際に構造構成主義の視点を使い始めています。その結果,同僚や上司とのやり取りがよりスムーズになったと感じています。

例えば,同僚とのやり取りの中で,支援方針の「見立て」が合わずに,曖昧なま

まで支援が始まってしまったり，報告が単なる状況の説明に終わってしまうということがあります。そのような時に，同僚の様々な背景や関心の所在を参考にしながら，「言いたいことは，こういうことかな？」とまとめるようにしてみる，こちらの関心を了解してもらえるように，具体的な事例を引っ張ってきながらそのような結論に至った理由がわかるように説明していく，「今の話を，○○という視点から受け取ったんだけど，だとしたら，あなたは△△という理解をしているってことかな」といったように，質問意図（質問の背景にある関心の所在）を明示するということを行っています。どうやら，このような単純なやり取りを心がけるだけで，自分自身のやり取りがスムーズになるだけでなく，構造構成主義を知らないはずの同僚からも，こちらの影響を受けて，そのようなやり取りが促進され，良い循環が起き始めるというのが実感です。

　もちろん，この構造構成主義の考え方を用いることで，すべてが一瞬にして解決するとは言えませんが，この視点から職業リハを見直すことができれば，それがない場合と比べれば確実に，空しい空論や感情の摩擦を少しでも減らすことが可能となり，連携を上手く進めていくことができると思います。少なくとも，現場で臨床実践を行う支援者の一人である私にとっては，非常に分かりやすく，実用的な考え方だと思います。

　連携に関する課題に限らず，職業リハにおける実践や研究などにおいても，同様の信念対立が，他の領域と同様に起こりうると思われます。そもそも，何らかの信念対立があることが，人としてむしろ自然なことだからです。しかし，そうであるがゆえに，職業リハにおいて，さらなる構造構成主義の継承が望まれます。特に，人が人を理解するという文脈において，構造構成主義をメタ理論として使っていくことは，本人の主体性の基づいた支援の展開を可能とし，連携の価値を最大限に高めるという臨床実践上の意味を得ることができるため，非常に重要な視点となるでしょう。その意味で，職業リハに存在する支援者間の信念対立を，信念対立として認めて，構造構成主義のメタ理論のもとで，「どう克服していくのか」というあり方を今後更に検討していくことが重要と考えています。

　本論が職業リハにおける更なるサービスの充実の一助になること願って，終わりたいと思います。

付記：本稿は，啓蒙論文としてのわかりやすさ，したしみやすさ，読みやすさといったものを追求する新たなスタイルの試論として「です・ます」調で書くこととしました。

【註および文献】

［1］ ILO（国際労働機関） 1983 障害者の職業リハビリテーション及び雇用に関する条約（第159号） 1992年6月12日批准
［2］ 独立行政法人高齢・障害者雇用支援機構（編） 2008 障害者の雇用支援のために—事業主と障害者のための雇用ガイド　独立行政法人高齢・障害者雇用支援機構　p.35.
［3］ 野中　猛　2006　ケースマネジメントの方法　松為信雄・菊池恵美子（編）職業リハビリテーション学　改訂第2版　協同医書出版社　pp.246-255.
［4］ 柴田珠里　2006　チームアプローチ　松為信雄・菊池恵美子（編）職業リハビリテーション学　改訂第2版　協同医書出版社　pp.256-259.
［5］ Corrigan, P. W., & Giffort, D. W.（Eds.）1998 *Building teams and programs for effective psychiatric rehabilitation*. San Francisco : Jossey-Bass. 野中　猛（監訳）柴田珠里（訳著）2002　チームを育てる—精神障害リハビリテーションの技術　金剛出版
［6］ 八重田　淳　2001　リハビリテーションの哲学　法律文化社　pp.44-45.
［7］ 八重田　淳・柴田珠里・梅永雄二　2000　学校から職場への移行—リハビリテーションサービス連携の鍵　職業リハビリテーション，13，32-39.
［8］ 小池磨美・香野恵美子・小松まどか・位上典子・仲村信一郎・野口洋平・加地雄一・加賀信寛・望月葉子・小泉哲雄　2007　精神障害者を対象とする社会福祉施設におけるトータルパッケージの試行について　第15回職業リハビリテーション研究発表会発表論文集，252-255.
［9］ 日本障害者雇用促進協会障害者職業総合センター　2002　調査研究報告書No.52　精神障害者等を中心とする職業リハビリテーション技法に関する総合的研究（中間報告書）　日本障害者雇用促進協会
［10］ 独立行政法人高齢・障害者雇用支援機構　2004　調査研究報告書 No.57　精神障害者等を中心とする職業リハビリテーション技法に関する総合的研究（最終報告書）　独立行政法人高齢・障害者雇用支援機構
［11］ 独立行政法人高齢・障害者雇用支援機構障害者職業総合センター　2005　調査研究報告書No.67　職業的視点から見た障害と地域における効果的支援に関する総合的研究　独立行政法人高齢・障害者雇用支援機構
［12］ 独立行政法人高齢・障害者雇用支援機構　障害者職業総合センター　2006　就労移行支援のためのチェックリスト活用の手引き　独立行政法人高齢・障害者雇用支援機構
［13］ 独立行政法人高齢・障害者雇用支援機構　障害者職業総合センター　2009　就労支援のためのチェックリスト活用の手引き　独立行政法人高齢・障害者雇用支援機構
［14］ 小川　卓　2004　授産施設就労支援機関の連携と情報共有—通所授産施設「ぽこ・あ・ぽこ」と横浜南部就労援助センターの取り組み　第12回職業リハビリテーション研究発表会発表論文集，39-42.
［15］［14］のp.42
［16］ 肥後功一　2001　送ることば—臨床過程における情報共有としての「申し送り」の分析　島根大学教育学部紀要（人文・社会科学），35，63-70.
［17］［16］のp.63
［18］ 小川　浩　2001　ジョブコーチ入門　エンパワメント研究所　pp.16-18.
［19］ 日本障害者雇用促進協会　1987　精神薄弱者の職業準備に関する研究Ⅲ（研究調査報告書124）労働省・日本障害者雇用促進協会　pp.7-10.
［20］ 小川　浩・志賀利一・梅永雄二・藤村　出　2001　ジョブコーチ実践マニュアル　エンパワメント研究所　pp.9-10.
［21］ 刎田文記　1992　Community Levelの視点　職リハネットワーク，15，33-34.
［22］［21］のp.34
［23］［21］のp.34

[24] 西條剛央　2005　構造構成主義とは何か―次世代人間科学の原理　北大路書房
[25] 京極　真　2007　構造構成的医療論の構想―次世代医療の原理　西條剛央・京極　真・池田清彦（編）　現代思想のレボリューション―構造構成主義研究1　北大路書房　pp.119-121.
[26] 京極　真　2008　職種の間の「壁」の越え方―「立場の違いを越えた連携」とはどういうことか　助産雑誌，62(1)，20-24.
[27] ［26］の p.22
[28] 京極　真　2007　構造構成的医療論（SCHC）とその実践―構造構成主義で未来の医療はこう変わる　看護学雑誌，71(8)，698-704.
[29] 池田清彦　1998　構造主義科学論の冒険　講談社学術文庫
[30] 西條剛央　2008　ライブ講義・質的研究とは何か　SCQRM アドバンス編　新曜社　p.138.
[31] 西條剛央　2009　看護研究で迷わないための超入門講座―研究以前のモンダイ　医学書院　pp.128-129.
[32] ［31］の p.30
[33] ［31］の p.124
[34] ［31］の pp.42-43
[35] ［31］の p.43
[36] ［24］の p.53
[37] 家島明彦　2007　「不毛な議論」を「建設的な議論」にするための方法論　西條剛央・京極　真・池田清彦（編）現代思想のレボリューション―構造構成主義研究1　北大路書房　pp.42-68.
[38] ［37］の p.50
[39] ［37］の pp.58-59
[40] ［37］の p.46
[41] 内田　樹　2008　街場の教育論　ミシマ社　pp.88-94.
[42] 京極　真　2006　EBR（evidence-based rehabilitation）におけるエビデンスの科学論―構造構成主義アプローチ　総合リハビリテーション，34(5)，473-478.
[43] 京極　真　2007　構想構成的障害論の提唱―ICF の発展的継承　西條剛央・京極　真・池田清彦（編）　構造構成主義の展開―21世紀の思想のあり方　現代のエスプリ475　至文堂　pp.115-125.
[44] 京極　真　2007　チーム機能の向上　樋口輝彦（主任研究者）　精神保健医療における診療報酬の在り方に関する研究　平成18年度厚生労働科学研究費補助金　政策科学推進研究事業　平成18年度総括・分担研究報告書　pp.145-148.
[45] ［44］の pp.147-148
[46] ［44］の p.147

第Ⅲ部
書籍紹介

Ⅲ-1 『表現者』

ジョルダン（2009年7月号）

紹介者：浦田　剛

　オピニオン雑誌『表現者』は，その編集委員代表を務める富岡幸一郎氏の言葉を借りるとすれば，「大きな意味での保守」の雑誌である。「保守」とは云っても，かならずしも政治的な文脈における（しばしば"守旧派"と揶揄されるような）保守派という意味ではなく，エドマンド・バーク以来の西洋哲学思想に息づく保守主義，――すなわち，「歴史や伝統の中に，今あることの問題をどう解決するか，歴史や伝統の中に知恵を発見しようという考え方」[1]のことを指す。

　今回は，『表現者』の2009年7月号を紹介したい。この号では「環境運動は正しいのか」という特集が組まれ，雑誌顧問の一人である佐伯啓思，編集代表の富岡幸一郎のほか，榊原英資，三浦小太郎，前田雅之，東谷暁，原洋之介，黒宮一太，柴山桂太，宮本光晴，中野剛志，そして，顧問であり『表現者』の中心的人物でもある西部邁といった常連執筆者たちが，政治，経済，さらには神学といったそれぞれの関心に基づく環境論を展開している。

　なかでも，武田邦彦・池田清彦・東谷暁の三氏による鼎談「環境運動は正しいのか」はたいへん読み応えがあり，NHKをはじめとするマスメディアの温暖化キャンペーンがIPCC（政府間パネル）の報告と異なった内容を報道していることをはじめ，ツバル沈降の根本原因，1990年代以降における「創造型環境破壊」（環境省という"役所"じたいの存続のために，まだ起こっていない問題が人為的に「つくられている」という構造），CO_2増大がもたらすメリット，環境問題の根本にあるヨーロッパ優生学の罪咎，排出権取引の欺瞞（これについては，鼎談とは別に東谷論文においても詳述されている），ダイオキシン騒動やリサイクル運動の問題点，少数の正論を「異端」として排除してしまう表現の自由の問題といった一連の問題系が，網羅的に語りつくされている。とりわけ印象的だったのは，池田が再三にわたり強調している「よくよく自分の頭で考えてくれ」というフレーズである。ことは環境問題にとどまらず，マスコミの言説を大本営発表的に妄信することや，それによって冷静な判断ができなくなることがいちばん問題なのであって，いわばそれが"問題以前のモンダイ"としてある。「環境問題について論じる」ということは，われわれの外部に存在する「環境」について純粋客観的に考察するということではなく，論じている自分じしんの"論じ方"や，その根柢にある"認識"のありかたを問うことにも直結する。西部邁が連載「保守思想の辞典」のなかで述べているように，事実関係そのものよりも，それについての「論じ方」のほうに意識を向けなくてはならない，ということなのかもしれない。（具体的な一例としては，近年の「エコ運動」の根本にある「西洋近代のヒューマニズム（人間中心主義）」，あるいは

「生命至上主義」の問題点について、「(それは)西洋のキリスト教、一神教が生み出したものである」という(榊原英資論の基調にあるような)一般的見解について、富岡幸一郎は「事態はまったく逆」であると反論している。富岡は、「生命は決して第二の神」ではないというカール・バルトの神学に基づき、アルベルト・シュバイツァーにみられるような20世紀神学の「生命」への畏怖と肯定が、「それをいささかでも否定したり阻害するものにたいする、過剰な憎悪と敵愾心を生みかねない」という信念対立の"芽"を宿していることを指摘している)

そのほか、現下の環境問題にかんする個別のテーマに即した論考も寄せられており、それぞれ刺激的だった。まず、佐伯啓思は、「アメリカ的環境問題の矛盾」として、バラク・オバマ米大統領が提唱したとされる「グリーン・ニューディール」と、動物権利運動や動物解放運動が過激化した「エコ・テロリズム」について言及している。後者については、浜野喬士の「グリーン・ニューディールとエコ・テロリズム」により詳しく書かれてあり、そこでは、ラディカル環境運動内部において対立しているディープ・エコロジーとソーシャル・エコロジーをオバマ政権が上からコントロールするという構造が「リベラリズム内部に緊張と矛盾をもたらすことになるだろう」と予測されている。

また、今回の記事の中には、歴史的な視点から環境を論じたものがみられることも特筆すべきであろう。たとえば柴山桂太は、ともすればわれわれが抱きがちな「近代以前の人びとは、自然と調和した生き方をしていた」という想像について、「歴史のさまざまな事例を見る限り、それは正しい見方ではない」として、石器時代のマンモス絶滅や、農業による生態系の破壊といった例を挙げ、「環境破壊による社会危機は、ほとんど人類の誕生とともに、繰り返し各地で起きている問題」であると指摘している。(同様のことについて、古典研究者である前田雅之は、『池亭記』や『明月記』、『中右記』といった文献の言説を引用しつつ、都市化がもたらす環境の劣悪化の具体的な事例を提示している)。柴山は、J・S・ミルの『経済学原理』を引用しながら、「定常社会への転換」の必要性を説いている。国際化・グローバル化という流動化の時代だからこそ、社会を安定させるための機構として、リージョナルな共同体が要請されるという逆説を説いているとも読める。その定常社会を仮に国民国家と呼ぶとすれば、環境問題はまさに国家論にも直結していくものなのである。原洋之介は、具体的な環境汚染の例を挙げながら「中国と日本との歴史的経験の違いの問題」に注目し、「日本型プロジェクトを武器にして、東アジア経済連携体の模索の中で、中国に強く働きかけるべきであろう」という実践的な提案をしている。それにしても、つい数年前まで市場原理主義的な自由競争がもてはやされていたというのに、現在は(宮本・中野両論において指摘されるように)「グリーン・ニューディール」という美名のもと、堂々と国家による財政出動が奨励されている。現在、「環境問題」として語られている言説の皮を剥げば、その正体は、まぎれもなく国家論であり、経済論なのである。

今回は環境運動についての記事に限定して紹介したが、現在の『表現者』は、総合的なオピニオン雑誌としてまさに発展している最中である。紙面の充実、若年層向けの"わかりやすさ"への配慮はもちろんのこと、一部の記事が雑誌発売に先がけてインターネット上のサイト「読書の時間」[2]で先行配信されるなど、先駆的な試みがなされていることも特筆すべきであろう。しばしば"表層批評"に堕してしまいがちな日本の言論空間のなかで、『表現

者』が，本質的な洞察をふくんだ"たしかな抵抗勢力"としての役割を担うことを期待してやまない。

［1］新刊JP『表現者』 富岡幸一郎編集長インタビュー
　　　http://www.sinkan.jp/special/kankyou/naiyou.html
［2］ジョルダン（株）「読書の時間」
　　　http://book.jorudan.co.jp/

Ⅲ-2　『感染症は実在しない　―構造構成的感染症学』

岩田　健太郎
北大路書房（2009年10月公刊）

紹介者：京極　真

構造構成的感染症学の最高到達ポイントと問題点を考える

本書の意義を受けとるための読書態度とは？

　本書は啓蒙書であると同時に論争の書でもある。この本は「感染症は実在しない」という，一見するとセンセーショナルなタイトルを掲げている。新型インフルエンザがパンデミックした時期に，こうした主張を突きつけられてビックリした人も少なくないと思う。このタイトルから著者は「病気は実在しない」という一段上のテーゼを導き出し，あらゆる病気の恣意的な側面を明らかにしていく。特に著者は様々なデータを示しながら病気の恣意性を論じるため，その説得力はハンパなくすごいことが読めばわかるはずだ。そして，評者も著者の議論には大いに共感するところでもある。

　しかし，「病気は実在しない」という主張そのものは，従来の健康-病気哲学の域を大きく超えるものではない。たとえば，医療の社会的構築主義研究では，病気は実在するモノではなく社会的に製作されたコトだと論じられてきたし，客観的に実在するかのように病気を捉えることの弊害についても繰り返し指摘されてきた[1]。また岩田氏は，医療者が病気の実在を信じることが，治療の強制性を生み出すと述べ，だからこそ病気は実在しないという認識から医療を考える必要がある，と論じているが，この主張についても，従来の医療社会学において「医療化」というキーワードから論じられてきた問題群や，医療倫理学で議論されてきたパターナリズム研究の知見とも重なりあっている。

　つまり，評者の知る限りにおいて，「病気は実在しない」というテーゼとそこから導かれる強制性という問題の指摘は，従来の健康-病気哲学や医療社会学，医療倫理学の議論とまったく同じというわけではないものの，その引力圏から大きく抜けだしたものではないのだ。だから，（人目を惹くためにあえて選んだのかもしれないが）本書は「感染症は実在しない」という強烈なタイトルによって引き起こされただろう感度から読んでしまうと，従来の学問分野で積み重ねられた知見を，構造構成主義の看板でただ単に焼き直しただけのように受けとってしまい，その意義を妥当に理解できなくなる恐れがある。したがって，読者が本書によって切り開かれた新たな地平に立つためには，「病気は実在しない」という議論は一旦脇において，その「先」で岩田氏が展開している医療のあり方に関する議論に向きあっていく「読書態度」を維持する必要がある。啓蒙書は素朴に読んでも問題ないが，論争の書はこの

読書態度を定めることが肝要である。

構造構成的感染症学の最高到達ポイントとは？

では，そうした読書態度から見えてくる，構造構成的感染症学の最高到達ポイントにある理路とはどのようなものか？

結論から言うとそれは，岩田氏が構造構成主義の中核原理である関心相関性の観点から取りだした"関心相関的な価値交換としての医療"というキーワードに表れていると考えることができる。このキーワードは，岩田氏が「病気は実在しない」というテーゼから批判する「病気があるから治療する」というオートマティックでパターナリスティックな医療行為の問題性に触れることなく，患者と医療者が目的と価値観に自覚的になることによって，より健全な医療を検討しうる可能性を開くものとして示されている。そして，このキーワードを実質化するための方法として，岩田氏は患者と医療者の「良質なコミュニケーション」を位置づけている。つまり，本書で展開される健全な医療とは，患者と医療者がコミュニケーションを通して情報の共有を行い，医療者は患者の関心を踏まえたうえで，そこから見いだされた価値を反映した医療を行うこと，と考えることができる。後期ウィトゲンシュタインは言葉活動の芯を言語ゲームとして捉えたことで哲学に一石を投じたが，これになぞらえれば岩田氏は"価値交換ゲーム"として医療を捉えることで新しい医療観を提案しようとしていると言える。

岩田氏のこの考え方は極めてシンプルであるがゆえに，応用も効きやすい。実際，本書において岩田氏は"関心相関的な価値交換としての医療"という観点から，喫煙，飲酒，新型インフルエンザ，出産，予防接種，漢方医療，民間医療，自殺，安楽死，脳死，地域医療，薬害などの様々な問題を論じ，氏が構想するより健全な医療のあり方を模索している。一人の論者がこれほど多岐にわたる問題を，首尾一貫した観点から論じるのは容易いことではない。本書においてそれが実現されたのは，岩田氏の博学多才ぶりもさることながら，"価値交換ゲーム"という理路の射程の広さも少なからず影響していると考えられる。

もう少し読者の理解を促すために，氏の議論について「長寿」を例に一部紹介しよう。その要諦はこうだ。普通，長寿は誰にとっても価値あることとして受け入れられている。おそらく，ほとんどの人が「長生きしたい」と思っているはずだ。岩田氏もそのことは否定しない。が，同時にそれが他のすべての価値に優るものなのか，という問いを私たちに突きつける。そして，それは関心によって変わるはずだ，と答える。たとえば，"徹底的にがんと戦ってでも長生きしたい"という関心がある患者にとっては，5年生存率が1ヶ月伸びるだけの化学療法でもそこに価値を見いだすかもしれない。だけども，"徹底的に戦うことよりも安らかに死にたい"という関心がある患者は，寿命が1ヶ月伸びることに価値を見いださないだろう。一見すると，誰にとっても価値があると思われがちな「長寿」も，実は関心の持ちようによってその価値が変わる，ということがわかる。価値交換ゲームとして医療を捉えれば，何が何でも長寿にこだわる態度から，関心と価値に応じて有効性やリスクを天秤にかけながら柔軟な医療を行おうという態度へと根本変容しうる可能性を呼びこむことができる。岩田氏はそう私たちに訴えかけてくるのだ。

この議論は，従来の健康−病気哲学や医療社会学などの引力圏のうちにとどまった「病気

は実在しない」というテーゼとそのもとにある問題群の指摘とは異なり，構造構成的感染症学の独創を推しすすめる強力なドライバとなる。関心相関性を軸にした価値交換ゲームとして医療を捉える試みは，（評者が知る限りにおいて）おそらくはじめてのことだからである。

　もちろん，評者としては，価値交換ゲームの観点から論じた医療問題の中には，まだ納得し難いものもある。たとえば，タバコと健康の価値交換について論じた箇所で岩田氏は，副流煙や間接喫煙などで他人に迷惑をかけなければ，タバコを吸いたい人は吸ってもよいという立場を採用する。つまり，（これはリバタリアンたちがよく好む論法でもあるのだが）他人の権利を侵害しない限りにおいて禁煙と健康の価値の交換は成立する，そう岩田氏は論じるのだ。しかし，この議論では，喫煙によってがん患者などが増えた場合，その検査や治療を賄う医療費の出所は税金であり，副流煙や間接喫煙などの問題をすべてクリアしても他人に迷惑をかける可能性を排除できない，という問題をどうクリアするのかという点が論じられていない。つまり，岩田氏の議論では，相互幇助でなりたつ医療政策を含めた上で，価値交換ゲームをどう展開するのかという視点が明確でないのだ。他にも評者の観点からすると，脳死臓器移植や安楽死などでも同型の問題が見受けられる。価値交換ゲームという観点が照らし出す可能性が深いゆえに，今後本書で行われた医療の諸問題に関する議論の精緻化と深化が期待される。

継承の精度を上げる努力を求む

　最後にもうひとつ指摘しておかなければならないことがある。端的に言えば，本書は構造構成主義の原理性が落ちていると読みとれる箇所が散見されるのだ。

　評者は以前，構造構成主義を含むすべての原理論は，「継承」によって理路の原理性が損なわれる必然的構造がある，と論証したことがある[2]。たとえば，構造構成主義において最強度の原理性を誇る「現象」は，「私の現象」として理解されることが少なくない[3]。というのも，「現象」はすべての立ち現れであると定式化されるため，それはいったい「誰に立ち現れるのか」という関心（問い）を呼びこみやすく，その結果として「現象」が「私の現象」に変換されてしまうためだ。しかし，「あらゆる学問の探求対象は何か」という関心（問い）のもとで取りだされた「現象」に比べて，「私の現象」という理路は原理性の深度が劣る。なぜなら，「現象は誰に立ち現れるのか」という関心（問い）のもとで取りだされた「私の現象」では，私に関係なく成立しうるように確信される学問（たとえば数学，物理学など）の基礎づけが難しくなるためだ。

　こうした継承が起こる理由として，原理論の継承が継承者の関心に応じて行われることが挙げられる[2]。そのため，継承者の関心の持ちようによっては，知らず知らずのうちに自らの関心に応じて理路を編み変えた継承を行ってしまうのである。それによって，原理性が深化すれば良いのだが，評者が知りうる限りその逆に至る可能性の方が高い。というのも，原理になりうる理路は，あらゆる可能性を考えぬいたうえで，いわば針の穴にラクダを通すかのような精密な論証の積みかさねによって組み立てられているため，往々にして継承によってなされた編み変えは理路を踏みはずすことになるためだ。こうした問題は，原理論である構造構成主義から原理性が失われるという，かなり深刻な意味を含んでいる。

　すると，読者の中には「構造構成主義の原理性が落ちて困るのは哲学だけで，医療に何ら

かの不利益が生じるわけではない。だからどうでもよい問題だ」と思う人がいるかも知れない。しかし，それは明らかに間違った考えである。というのも現代医療には徹底した原理論がなかったからこそ，医療崩壊に代表されるデッドロックから長年抜けだせないでいるためだ[4][5][6]。だから，継承者は，これまでの思想の最高到達点の結晶ともいえる構造構成主義の原理性を損なうことなく，細心の注意を払って継承する必要があるのだ。

もちろん，このことは構造構成主義を盲信せよというわけではまったくない。評者は以前からずっと構造構成主義に対する批判的吟味の必要性を唱導しており，むしろ盲信とは真逆の営みを勧めてきた[3][7]。そして，批判的吟味によって構造構成主義の修正ポイントが見つかれば，透徹した原理的思考によって理路を編みかえられてもきた[8]。だから，細心の注意のもとで構造構成主義を継承するとは，理路の原理性を落とさずに理解するということと同時に，理路の原理性を高められる限りにおいて構造構成主義のヴァージョンアップを行ってもよい，という意味である。

さて，そうした観点から本書を読みといた場合，具体的にどのような問題を見いだすことができるのか？　ここでは1点のみ指摘しておく[9][10]。

もっとも象徴的な箇所は次の箇所である。

「確かに病気は実在しません。これは確認した通りでしょう。しかし，このままずるずると『実在しない』『恣意的に決められた』という構造構成主義的な考えを推し進めていくと，その先にあるものは『何でもあり』というすっちゃらかな観点でしょう。そして，私たち医療者にとってはとてもつらい，虚しいニヒリズム，虚無感が心を覆ってしまうのではないでしょうか。本当にそれでいいのでしょうか。」(pp.241-242)

評者も以前論じたが，現代医療のデッドロックは相対主義によってもたらされる虚しいニヒリズム，虚無感であり，上記の問題意識には大いに共感するものである[6]。しかし，注意すべきは，ポストモダンの限界を超えるべく体系化された構造構成主義はその初発点からまさに虚しいニヒリズム，虚無感に陥らないための原理論として開発されていることから，構造構成主義の継承が妥当に行われている限りにおいて，「構造構成主義的な考えを推し進めていくと，その先にあるものは『何でもあり』というすっちゃらかな観点」があると言うことは決してできないのだ。もう少し言えば，構造構成主義は関心相関性という原理によって目的に照らし合わせながら妥当性を吟味していくことで，虚しいニヒリズムや虚無感がゴールにならないよう組み立てられており，その点が一般に最先端の思想的枠組みとされる社会的構築主義や構成主義とも根本的に異なるところで，構造構成主義が最先端の思想的枠組みのさらに先に位置づけられるゆえんなのである。つまり，岩田氏のこの議論についていえば，構造構成主義の原理性が極端に損なわれてしまっているのだ。したがって，構造構成主義を理解していない人がこの本を読んだならば，構造構成主義が備える理路の最高到達点を享受することなく，「すっちゃらかな観点」を提供する低次の枠組みとして誤解してしまうこともあるだろう。そしてその誤解は他の多くの継承論文に及ぶ危険性すらある。

構造構成主義は「現象」「構造」「関心相関性」という3つの原理で，従来のあらゆる認識論（メタ理論）を矛盾なく基礎づけ，並列化したうえで，何でもありにならず力強く先に進

める膂力を備えることを可能にしている点に最大のアドバンテージがある。しかも，このアドバンテージは代替え不可能な現代思想の結晶なのである[5][11][12]。したがって継承者は，構造構成主義がもたらすそうした利点を最大化させるため，その原理性を損なわないよう注意深く継承していくことが求められるのだ。

まとめ

以上，本書に対する読書態度から，構造構成的感染症学の理路の最高到達ポイントとその問題点などについて論じてきた。今後の改善が期待される箇所はあるものの，それが本書に「論争の書」という特徴を与えてもいる。学問において論争は発展の原動力になりうることもあり，評者を含む後学の徒は，本書を手がかりにして議論を深化させていくことができるだろう。本書は，構造構成的感染症学という新しい領野を切り開いた点においても，今後の研究動向へのインパクトという点においても，おそらく1つの分水嶺になりうると考えられる。

［1］たとえば以下の文献がある。
　　Nettleton, S. 2006 *The Sociology of Health and Illness*. 2nd ed. Cambridge: Polity Press.
　　Blaxter, M. 2004 *Health*. Cambridge: Polity Press. 渡辺義嗣（監訳）2008 健康とは何か―新しい健康観を求めて　共立出版
　　野口裕二　2002　物語としてのケアーナラティブ・アプローチの世界へ　医学書院
［2］京極　真　2009　医療における構造構成主義研究の現状と今後の課題　構造構成主義研究，3，92-109.
［3］井上恵世留　2009　構造構成主義を学びたいすべての学生へ―自主ゼミを通して考えたこと　構造構成主義研究，3，79-90.
［4］京極　真　2007　構造構成的医療論の構想―次世代医療の原理　構造構成主義研究，1，104-127.
［5］京極　真　2008　現代医療で克服すべき課題とは？　看護学雑誌，72(4)，340-344.
［6］京極　真　2008　現代医療の根本問題の終焉に向けて　看護学雑誌，73(5)，86-91.
［7］京極　真　2007　構造構成的医療論（SCHC）とその実践―構造構成主義で未来の医療はこう変わる　看護学雑誌，71(8)，698-704.
［8］たとえば以下の文献がある。なお，構造構成主義は日々深化していることから，構造構成主義研究に取りくむ者は当然のことながら最新の研究成果も踏まえる必要がある（それは研究者として最低限のマナーでもある）。今回，評者が評論した岩田氏の本は，研究書ではないため仕方がない一面もあるが，そうした努力を重ねたならばさらに質の高いものになったことは間違いないだろう。
　　京極　真　2008　「方法」を整備する―「関心相関的本質観取」の定式化　看護学雑誌，72(6)，530-534.
　　桐田敬介　2009　契機相関性の定式化へ向けて―構造構成主義におけるその都度性の基礎づけ　構造構成主義研究，3，159-182.
　　苫野一徳　2008　どのような教育が「よい」教育か―ヘーゲル哲学の教育学メタ方法論への援用　RATIO5，218-264.
［9］他にも方法概念の使い方に混乱が認められる。たとえば，本書は，構造構成主義的には「構造」として解される文脈で「現象」と表記している。少し例を挙げれば，「感染症という現象」（p.49），「病気は医者が定義した現象に過ぎない」（p.54），「病気は実在せず，単に認識される現象でしかありません」（p.187）などがある。構造構成主義的に言えば，感染症も病気も正確には関心相関的に構成

された「構造」である。構造は恣意的で懐疑の余地はあるが，現象（立ち現れ）は「あらゆる学問の探究対象は何か」という関心のもとで徹底的に疑っていけば最後に残る探求の底板である。ここには方法概念として根本的な違いがある。「現象」と「構造」はもとより互換的に使用できる方法概念ではない。

[10] なお，本書評は第1刷に基づいて書かれたものであり，ここで指摘している箇所は2009年12月20日付の第4刷版では修正されている。修正前の書籍に基づいて書評した理由として，当該箇所を読んだ知人たちから，「要するに，構造構成主義は相対主義の亜流に過ぎないということ？」という質問を受けたことによる。評者は『感染症は実在しない』がよく売れていると聞いたため，他にも同型の疑問を持った方々が潜在していると判断し，あえて修正前の書籍に基づいて書評した。

[11] 京極　真　2008　超メタ理論としての構造構成主義—「原理」を把握する「方法」の設計思想　看護学雑誌, 72(5), 440-444.

[12] 京極　真　2007　作業療法の超メタ理論の理論的検討—プラグマティズム，構成主義，構造構成主義の比較検討を通して　人間総合科学会誌, 3(1), 53-62.

『構造構成主義研究』の投稿規定　2010年3月版

1. 本誌は投稿のための資格は特に必要なく，すべての学的探求者に開かれた査読付き学術雑誌である．
2. 投稿論文は研究倫理に抵触してはならない．
3. 本誌に掲載された論文の学術的な責任は著者にあるものとする．
4. 本誌は，構造構成主義とその周辺領域における理論研究，量的研究，質的研究のみならず，本誌の方針〈『構造構成主義研究』刊行にあたって"を参照〉に沿う以下のような多様なタイプの論文を歓迎する．
   ①原著論文：学術的オリジナリティが確認できるもの．
     a) 研究論文：特定の問題を解決するなど学知の発展を目指した論文．
     b) コメント論文：特定の論文に対する意見をコメントする論文．それへのリプライ論文も含む．
     c) 啓蒙論文：難解な理論，最先端の知見などを専門外の人でも理解しやすいように書かれた論文など，啓蒙的な意義が認められる論文．
   ②再録論文：過去に著書や他の学術誌などに掲載された論考を再録するもの．ただし投稿の際は発行元の許諾を得ていること．
5. 本誌は，構造構成主義とその周辺領域に関する書籍紹介（書評，自著推薦），講演会・シンポジウム・勉強会などの参加報告を歓迎する．
6. 論文原稿は，標題，著者名，著者所属名，本文，註および引用文献，謝辞の順に記載すること．また，図表は本文中に挿入すること．本文以下通しのページ番号をつけて投稿する．
7. 論文はワープロデータで作成すること（Wordが望ましいが，txt可）．論文のフォーマットは，A4・37字×35行とする．論文本文の枚数は上記フォーマットで約20枚までとするが，頁数が足りない場合には適時相談に乗る．引用文献の書き方については，付記1に示す．
8. 投稿論文は『構造構成主義研究』編集委員会において査読を行う．
9. 修正採択，修正後再査読などの査読結果を受けて再投稿する場合は，主な修正点などを記載した修正対照表（修正できない理由も含む）を付することを要する．
10. 投稿者は，論文原稿を編集委員会にe-mailで送付する．なお，e-mailの件名には「構造構成主義研究論文投稿」と明記し，本文には以下の情報を明記する．
    ・著者名（所属）
    ・連絡先（住所・電話・電子メール）
    ・標題（日本文）
11. 図表や写真等で転載等を必要とする際には，投稿者の責任と負担で論文掲載までに許可をとり，その旨を論文に記載する．
12. 投稿規定は随時改定するため，投稿する際にはその最新版を下記ホームページにて参照すること．
13. 『構造構成主義研究』編集委員会事務局は，下記に置く．
    連絡先　structuralconstructivism@gmail.com
    公式ホームページ　http://structuralconstructivism.googlepages.com/

『構造構成主義研究』編集委員会

（付記1）

記述にあたっての全体的な留意事項（原稿執筆要領）

［本書の基本統一事項］
- 本文基本字詰めは，1ページ＝ 37 字× 35 行 ＝ 1295 字となります。
- 見出しは，1節 → 1．→（1）の順にレベル分けをお願いします。
- 引用文献・参考文献は，本文原稿分量に含めてください。

［表記上の基本的取り決め］
- わかりやすさ・読みやすさを心がけ，簡潔にお書きください。
- 用字・用語については，常用漢字・新かなづかいで，お願いします（最終的には，出版社で調整統一させていただきますので，細部までの統一は必要ありません）。
- 句読点は，「，」と「。」を使用してください。
- 外国文字を使用する場合は，日本語のあとにかっこ書きしてください。
  　〔例〕　規範（norm）とは，…
- 本文中の数字は，原則として，算用数字を用いてください。漠然とした数字は，5000〜6000のように表記してください。
- 単位は，ＣＧＳ単位［cm，kg…］を用い，時間は，［時，分，秒］としてください。
- 年号は西暦を用い，特に必要なときに限り，元号をかっこ書きしてください。
  　〔例〕　2005（平成17）年には……
- 外国人名は，カタカナ表記を原則としますが，初出箇所では「アルファベット表記」を入れてください。
  　〔例〕　ソシュール（Saussure, F.）は……
- 日本人名は，姓を記し，原則として敬称は略してください。

［図・表の表記法］
- 図・表は，それぞれ通し番号を付してください。
- 図・表も原稿の総量の中に含めてお考えください。なお，図・表はデータファイル（xls か csv 形式など）でも，画像ファイル（ppt または jpg か pdf 形式など）でもけっこうです。
- 図の標題は，図の下に，表の標題は，表の上にご記入ください。
- 写真・図の著作権・肖像権につきましては特にご留意いただき，投稿者自身でご確認くださいますようお願いいたします。

［註および文献の執筆規定］
　本文中で，注釈の必要な事項があった場合，その事項の右下あるいは該当文末の右下に番号を打ち，原稿末の「註および文献」（番号順）と照合できるようにしておいてください（番号は，「註」と「文献」を交えて通してください）。

■註
　註の文章についてとくに書き方の制約はありません。必要に応じて自由に書いていただければけっこうです。

■文献
　①引用文献は本文中および図・表の標題に，次のように，人名あるいは該当文末の右下に番号を打ち，原稿末の「註および文献」（番号順）と照合できるようしてください。

a）単著の場合
　　　　［例］◇池田 [1] は，……。
　　　　　　　◇フッサール（Husserl, E.）[2] は，……。
　　　　　　　◇……であると報告している [3]。
　　　　　　　◇図1　構造構成主義モデル2007 [4]
　　b）共著の場合
　　　2名の場合は「と，&」でつなぎ，併記してください。3名以上の場合は，代表1名のみにして「……ら，et al.」と付けてください。
　　　　［例］◇京極と西條 [5] は，……。
　　　　　　　◇マホーニーら（Mahoney et al.）[6] は，……。
　　　　　　　◇……であると報告している [7]。
　　　　　　　◇表1　客観主義と構成主義と構造構成主義の対比 [8]
　　c）編書中の特定の章であっても，執筆者がはっきりしている場合は，担当執筆者を著者として扱ってください。
②引用文献は，本文中での出現順に，［1］，［2］……………，［n］というように，本文と対応するよう，一覧表にしてください。文献そのものの表記は，以下の点にご留意ください。
　　a）著者の氏名（フルネーム）を記載する。
　　b）共著等の場合は，代表者だけでなく，著者，編者，監修者全員を記載する。
　　c）雑誌論文，編書中の特定の章の場合は，ページの範囲を必ず記載する。
　　d）外国の著書の場合は，出版社の所在都市名も記述する。
　　e）本文中で直接引用する場合は，該当ページの範囲を必ず明記する。
　　　　［例］◇新出の場合
　　　　　　［9］　京極　真　2007　作業療法の超メタ理論の理論的検討―プラグマティズム，構成主義，構造構成主義の比較検討を通して　人間総合科学会誌，3（1），53．
　　　　　　◇既出の場合
　　　　　　［10］［9］の p. 57
　　　　　　［11］［9］の pp. 53-54
③英文の雑誌名，著書名はイタリック書体としてください。

●著書
　西條剛央　2005　構造構成主義とは何か―次世代人間科学の原理　北大路書房
　Kuhn, T. S. 1996 *The structure of scientific revolutions* (3rd ed.). Chicago : University of Chicago Press.
●編集書
　編書の場合，編者名のあとに（編）を，英語の文献の場合は（Ed.），編者が複数の場合は（Eds.）をつけてください。
　西條剛央・京極　真・池田清彦（編）　2007　構造構成主義の展開―21世紀の思想のあり方　現代のエスプリ475　至文堂
　Neimeyer, R. A., & Mahoney, M. J. (Eds.) 1995 *Constructivism in psychotherapy*. Washington, D C : American Psychological Association.
●翻訳書
　Burr, V. 1995 *An introduction to social constructionism*. London : Routledge.　田中一彦（訳）　1997

社会的構築主義への招待―言説分析とは何か　川島書店
●雑誌論文
　京極　真　2006　EBR（evidence-based rehabilitation）におけるエビデンスの科学論―構造構成主義アプローチ　総合リハビリテーション，34（5），473-478.
　Shimizu, T & Norimatsu, H. 2005 Detection of invariants by haptic touch across age groups : rod-length perception. *Perceptual and motor skills*. 100（2），543-553.
●編書中の特定の章
　無藤　隆　2005　縦断研究法のタイプ分類とその選択基準　西條剛央（編）　構造構成的発達研究法の理論と実践―縦断研究法の体系化に向けて　北大路書房　pp.36-73.
　Mahoney, M. J. & Mahoney, S. M. 2001 Living within essential tensions : Dialectics and future development. In K. J. Schneider, J. F. T. Bugental, & J. F. Pierson,（Eds.）*The handbook of humanistic psychology*. Thousand Oaks, CA : Sage. pp.659-665.

（付記2）
本書を引用するにあたっての留意事項

　本書は副題に雑誌名およびその号数を明示しており，主題は適時各巻の特長を反映させたものにしています。そのため引用する際には，学術誌として引用したい場合は学術誌の形式で，書籍として引用したい場合は書籍の形式で引用してください。以下に本誌に引用する場合の具体例を示しますが，他誌に投稿する場合は，各媒体の規定に従ってください。

●書籍として引用する場合
　西條剛央・京極　真・池田清彦（編）　2007　現代思想のレボリューション―構造構成主義研究1　北大路書房
●書籍として特定の頁を引用する場合
　池田清彦　2007　科学的方法について―構造主義科学論の考え方　西條剛央・京極　真・池田清彦（編）　現代思想のレボリューション―構造構成主義研究1　北大路書房　pp.208-224.
●学術論文として引用する場合
　西條剛央　2007　メタ理論を継承するとはどういうことか？―メタ理論の作り方　構造構成主義研究，1，11-27.

編集後記

　第Ⅰ部の特集では，哲学的思考を駆使して持続可能な社会的諸条件を探求している竹田青嗣氏，現在のブームとなっている環境問題に対して本質的な環境論を展開している池田清彦氏，『構造構成主義研究』編集長である西條剛央氏による鼎談「持続可能な社会をどう構想するか」が掲載されている。
　この鼎談は，前号で予告した「環境問題」という射程を超えたものになっており，環境問題，金融破綻によって顕在化した経済問題，紛争やテロリズム問題など，世界的レベルで深刻化する諸問題の中核はどこにあるのか，人類が幸せを持続していくためには，どのような条件をクリアする必要があり，そのためにはどのようなルールや制度，政策が求められるのかといったことについて本質的な議論が展開されている。また環境問題という点でも，環境問題の肯定論と懐疑論についてどう向きあえばよいのか，環境問題の本質とは何か，それを打開する方策にはどのようなものがあり得るのかについてアイディアが提示されている。
　第Ⅱ部には，査読を通った7本の論文が掲載されている。本誌の編集方針上，できるだけ建設的な査読になるよう心がけ編集委員会でチェックしながら実施していった。これまでと同様に膨大かつ厳密な査読コメントが付けられることが多く，他誌と比べてもかなり厳しい査読が行われたと考えられる。そのぶん（最終的な判断は読者に委ねる他ないが）編集委員会としては良質な論文が掲載されたと喜んでいる。コメントを活かし，真摯に洗練してくださった投稿者の皆様に心からのお礼を申しあげたい。
　では掲載論文を紹介しよう。田辺論文は質的研究を活用して，無痛分娩を実施する産科医，麻酔科医，助産師たちの間に立ち現れる信念対立を質的アプローチにより検討したものである。従来，信念対立は理論的に解明されることが中心だったことを考えれば，当事者たちの語りに基づいて信念対立の構造の一端を明らかにした本研究は，その知見の重要性だけでなく，今後の構造構成主義研究のあり方に1つのモデルを提示するものになるだろう。
　山口論文は，構造構成主義の新しい方法概念として「存在‐言語‐構造的還元」を提起したうえで，自己効力理論を巡る信念対立を解消するという極めて野心的なものとなっている。その方法論的射程は遠大であることから，本研究は自己効力理論の研究に取り組む専門家だけでなく，すべての構造構成主義研究者にとって外すことができない内容になっているといえよう。

池田論文は，理学療法教育で欠かせない臨床実習の質を高めるための方法論を提起したものである．本研究は理学療法教育を主題としたものだが，科学的構造構成と哲学的構造構成を組み合わせるという画期的アイディアに基づくものであり，その他の臨床教育でも十分援用可能なものになっているといえよう．臨床教育に携わる方たちは，ぜひこの新たな臨床教育法の可能性を検討していただきたい．

　桐田論文は，これまでの自己と他者を巡る議論の多くは，「コトバの呪縛を契機とした擬似問題」として生起していることが明らにした上で，自己－他者関係の根本解明に挑み，「契機相関的－構造重複」という新たな方法概念を定式化したものである．本研究は，人間関係を基礎にした医療や教育に1つの理論的基礎を与えるだろう．また空転しがちな自己論，他者論を解明する枠組みとしても高く評価されるべき論文といえる．

　三田村・松見論文はアサーション研究で一大パラダイムを形成している「率直型アサーション」と，近年提唱された「機能的アサーション」の対立をはじめとする，半世紀を超えるアサーションの混乱を解消する「関心相関的アサーション」の提案が行われている．関心相関的アサーションは，文化や価値観，時代や領域を超えて妥当する原理的なアサーションの概念であると考えられるため，アサーションの実践家・研究者は，これによってアサーションの概念の正当性を巡る信念対立に陥ることなく，関心に応じた建設的な実践・研究を進めることが容易となるだろう

　次に啓蒙論文を紹介しよう．山竹論文は，百花繚乱の様相を呈する心理療法の中から，現象学的本質観取を駆使して共通要因を取り出そうとする試みをわかりやすく論じたものである．心理療法に限らず，あらゆる療法は時間が経つにつれて細分化していく傾向にある．そうした中で，流派を越えた共通の条件を見定めようとする本論文の意義は大きいといえよう．

　前原論文は，様々な専門性を持つ実践家たちが集う職業リハビリテーションにおける構造構成主義の実践と可能性を論じたものである．本論は啓蒙論文だが，職業リハビリテーションに構造構成主義を継承したのはこれがはじめてであり，その意味では本論のオリジナリティは研究論文と比しても遜色のないものとなっている．また読みやすさを考慮してあえて「です・ます」調で書かれた本論は，新たな啓蒙論文のスタイルを模索するという意味でも興味深いものになっているといえよう．

　第Ⅲ部には書評が掲載されている．浦田氏の書評は，オピニオン雑誌『表現者』の，2009年7月号を紹介するものである．そこでは武田邦彦・池田清彦・東谷暁の三氏による鼎談「環境運動は正しいのか」という特集が組まれ，常連執筆者たちが，政治，経済，神学といった様々な観点から環境論が展開されていることから，環境問題に関心のある方は本書とあわせて読んでもらえればと思う．またこのように，編集方針に符合するものであれば，本誌では書籍の書評に限らず，雑誌の書評も受

け付けているので，奮って投稿（紹介）してもらいたい．

また，岩田氏の『感染症は実在しない』（北大路書房）は，構造構成的感染症学という構造構成主義の新たな可能性を示した画期的な書籍であることから，構造構成主義を医療論に応用した多数の論文を発表している京極真氏に，その内実を建設的に評価してもらった．今後もそうした批判的吟味，研鑽の場としてもこの書評欄を活用していただければと思う．

さて，前号と重複するが，以下では査読中に気づいた点をまとめておくので，投稿者の方は論文を執筆するうえで考慮していただければと思う．

第一に，本誌は学際誌であるため，専門分野の垣根を越えた研究論文を歓迎するが，そのぶん専門外の読者でも研究動向と学術的意義が理解できるようにまとめていただく必要がある．本誌に掲載された研究論文を読めばわかると思うが，共通して先行研究群にしっかり位置づけられ，論文の意義と限界が明示的に示されている．したがって，研究論文としては関連する先行研究を精査してあるかどうかというのはやはり採否の大きなポイントといえると思う．

第二に，構造構成主義研究は持続的に深化しつつあり，現在多数の関連論文が公刊されていることから，『構造構成主義とは何か』をはじめとする著作を読んだだけでは，この研究領域の動向を押さえたことにはならない．投稿者は構造構成主義の深化に寄与した諸文献を精査し，関連する論考は書籍，論文の区別なく引用していただくようお願いしたい．

第三に，やはり形式に不備のある論文は少なくなかったので，最新の投稿規定を参照の上，論文の形式を慎重にチェックしてもらいたい（できれば投稿前に複数の第三者にチェックを依頼することをお勧めしたい）．

5号の特集は「教育問題」とする予定である．資源の乏しい我が国は人材の育成は特に重要な課題である．これまでポストモダンを中軸とする教育学は"良い"教育とは何かについて考えるための"方法"を持たなかったため，本質的な道筋を示すことができずにいた．そうした状況を打開するために，"良い"教育を構想する際の「考え方」に関する鼎談を組みたいと考えている．

また，5号の一般投稿の締め切りは2010年6月末とした．投稿が早いほど修正期間を長く確保できるため，次号に掲載される可能性が高まることになる．したがって，本誌への投稿を考えている方は，できる限り論文の質を高めたうえでのことだが，早めに投稿していただければと思う．

編集委員会一同，多くの投稿をお待ちしている．

『構造構成主義研究』編集委員会
西條 剛央・京極 真・池田 清彦

【編著者紹介】

西條剛央（さいじょう・たけお）　　　　　　［編集，Ⅰ］
saijotakeo@gmail.com
1974年，宮城県仙台市に生まれる。早稲田大学人間科学部卒業後，早稲田大学大学院人間科学研究科にて博士号（人間科学）取得。日本学術振興会特別研究員（DC・PD）を経て，2009年度から早稲田大学大学院商学研究科専門職学位課程（MBA）の専任講師。著書に『母子間の抱きの人間科学的研究』『構造構成主義とは何か』『構造構成的発達研究法の理論と実践』『科学の剣　哲学の魔法』『エマージェンス人間科学』（いずれも北大路書房），『構造構成主義の展開（現代のエスプリ）』（至文堂），『ライブ講義・質的研究とは何か』（新曜社），『看護研究で迷わないための超入門講座』（医学書院）などがあり，その他にも分担執筆や学術論文多数。

京極　真（きょうごく・まこと）　　　　　　［編集，Ⅲ－2］
kyougokumakoto@gmail.com
1976年，大阪府大阪市に生まれる。作業療法士。日本作業行動研究会理事・評議員。首都大学東京大学院人間健康科学研究科博士後期課程にて博士号（作業療法学）を取得。社会医学技術学院で専任講師（4月より吉備国際大学大学院・准教授に就任予定）。単著に『作業療法士のための非構成的評価トレーニングブック　4条件メソッド』（誠信書房），編著書に『構造構成主義の展開（現代のエスプリ）』（至文堂），『エマージェンス人間科学』『現代思想のレボリューション』（いずれも北大路書房），『作業療法士・理学療法士　臨床実習ガイドブック』（誠信書房），分担訳に『人間作業モデル』（協同医書出版社）があり，その他にも学術論文多数。

池田清彦（いけだ・きよひこ）　　　　　　［編集，Ⅰ］
1947年，東京都に生まれる。東京教育大学理学部卒業後，東京都立大学大学院博士課程修了。山梨大学教育人間科学部教授を経て，2004年4月から早稲田大学国際教養学部教授。構造主義生物学の地平から，多分野にわたって評論活動を行なっている。著書に『構造主義生物学とは何か』『構造主義と進化論』（いずれも海鳴社），『構造主義科学論の冒険』（毎日新聞社），『分類という思想』『他人と深く関わらずに生きるには』『正しく生きるとはどういうことか』（いずれも新潮社），『やぶにらみ科学論』『環境問題のウソ』（いずれも筑摩書房），『構造構成主義の展開（現代のエスプリ）』（至文堂）など他多数。

【執筆者紹介】

竹田青嗣（たけだ・せいじ）　　　　　　［Ⅰ］
早稲田大学国際教養学部
［**研究関心**］　哲学，現象学，現代思想，文芸批評
［**主要著書**］『現象学入門』NHKブックス，『ニーチェ入門』ちくま新書，『人間的自由の条件』講談社，『完全解読・ヘーゲル「精神現象学」』講談社メチエ，『人間の未来』ちくま新書，など

田辺けい子（たなべ・けいこ）　　　　　　［Ⅱ－1］
神奈川県立保健福祉大学講師，北里大学大学院博士後期課程　　　E-mail : tanabe-k@kuhs.ac.jp
［**研究関心**］　出産をめぐる諸状況，とりわけ，無痛分娩が普及しない現状に見て取る日本の文化的構造の記述。医療人類学的視点および民族誌的アプローチによる質的研究。
［**主要論文**］〈出産の痛み〉に付与される文化的意味づけ――「自然出産」を選好した人々の民族誌（エスノグラフィー）日本保健医療行動科学会年報21　94-109頁　2006年6月，〈自然出産〉の医療人類学的考察　日本保健医療行動科学会年報23　89-105頁　2008年6月，など

山口裕也（やまぐち・ゆうや）　　　　　　［Ⅱ－2］
杉並区立済美教育センター・同区教育委員会　　　E-mail : virginia@ruri.waseda.jp
［**研究関心**］　「教育の未来」へ向けた，公教育の本質原理・正当性の基準原理に基づく施策（実践理論）の構想及び展開。そして，「未来を拓く人」を育てること。
［**主要著書**］　構造構成的-教育指導案構成法の提唱――実践知の伝承・継承・学び合いの方法論『構造構成主義研究3』（分担執筆）北大路書房，『シリーズ明日の教室　学級経営の基礎の基礎　4巻・子どもに接する・語る』（共著）ぎょうせい，など

池田耕二（いけだ・こうじ）　　　　　　［Ⅱ－3］
道仁病院リハビリテーション科，大阪電気通信大学大学院医療福祉工学研究科博士後期課程　　E-mail：dohjin_reha@yahoo.co.jp
[研究関心]　理学療法士として患者の支援に役立つものは，すべて研究関心である。その中でも特に「人間科学」という視点を大切にしようと思っている。理学療法，理学療法士教育，地域・終末期医療，社会福祉，医療福祉工学，教育工学，構造構成主義，質的研究，など。
[主要著書・論文]　『理学療法士のための物理療法臨床判断ガイドブック』（分担執筆）文光堂，認知症後期高齢者患者に対する理学療法実践知の構造化──構造構成的質的研究法をメタ研究法としたメモリーワークとM-GTAのトライアンギュレーションによる事例研究　心身健康科学5(2)，高齢血液透析患者における身体能力推移の経時的記録利用の試み──単一症例による15か月の理学療法経験　PTジャーナル41(7)，末期癌患者の緩和ケアにおける理学療法士の役割に関する一考察──未告知であった2症例の経験から　PTジャーナル38(10)，など

桐田敬介（きりた・けいすけ）　　　　　　［Ⅱ－4］
早稲田大学第二文学部表現・芸術系専修　　E-mail：k.kirita01@suou.waseda.jp
[研究関心]　芸術とは何か。構造構成的−生成論の構築。
[主要論文]　契機相関性の定式化へ向けて──構造構成主義におけるその都度性の基礎づけ　『構造構成主義研究3』（分担執筆）北大路書房

三田村　仰（みたむら・たかし）　　　　　　［Ⅱ－5］
関西学院大学大学院文学研究科　大学院奨励研究員，みどりトータルヘルス研究所カウンセリングルーム他の非常勤心理士・カウンセラー（臨床心理士，産業カウンセラー）　　E-mail：just_say_no1992@orange.zero.jp
[研究関心]　クライエントを支援するための効果的な方法を探求し実践すること。現在は特に，円滑な対人コミュニケーションのための支援など。
[主要論文]　発達障害児の保護者向け機能的アサーション・トレーニング（共著）行動療法研究35，257−269．2009年，相互作用としての機能的アサーション　パーソナリティ研究（共著）（印刷中），など

松見淳子（まつみ・じゅんこ）　　　　　　［Ⅱ－5］
関西学院大学文学部総合心理科学科　　E-mail：jmatsumi@kwansei.ac.jp
[研究関心]　機能的行動アセスメント，学校や園における認知行動的支援とプログラム開発評価，エビデンスベースの心理療法における文化的配慮，文化と適応問題など。
[主要著書・論文]　Church, A. T., Anderson-Harumi, C. A., del Prado, A. M., Curtis, G., Tanaka-Matsumi, J., Valdez-Medina, J. L., Mastor, K. A., White, F. A., Miramontes, L. A., & Katigbak, M. S.（2008）. Culture, cross-role consistency, and adjustment : Testing trait and cultural psychology perspectives. *Journal of Personality and Social Psychology*, 95, 739−755., Draguns, J. G., & Tanaka-Matsumi, J.（2003）. Assessment of psychopathology across and within cultures : Issues and findings. *Behaviour Research and Therapy*, 41, 755−794., 子どもの抑うつ　日本児童研究所（編）『児童心理学の進歩　2008年版』（分担執筆）金子書房, Tanaka-Matsumi, J.（2008）. Functional approaches to evidence-based practice in multicultural counseling and therapy. In U. P. Gielen, J. G. Draguns, & J. M. Fish（Eds.）, *Principles of Multicultural Counseling and Therapy*. Routledge. pp.169−198.（分担執筆）, Van de Vijver, F. J. R., & Tanaka-Matsumi, J.（2007）. Multicultural research methods. In D. McKay（Ed.）, *Handbook of research methods in abnormal and clinical psychology*. Thousand Oaks, CA : Sage Publications. pp.463−481.（分担執筆），など

山竹伸二（やまたけ・しんじ）　　　　　　［Ⅱ－6］
大阪経済法科大学アジア太平洋研究センター　　E-mail：s-yamatake@y6.dion.ne.jp
[研究関心]　現象学，現代思想，精神分析，臨床心理学，など。
[主要著書]　『「本当の自分」の現象学』日本放送出版協会，『フロイト思想を読む』（共著）日本放送出版協会，『知識ゼロからの哲学入門』（共著）幻冬舎

前原和明（まえばら・かずあき）　　　　　　［Ⅱ－7］
徳島障害者職業センター　　E-mail：maebarakazuaki@gmail.com
[研究関心]　職業リハビリテーション。また，人と人の間にある様々なコミュニケーションについての心理臨床の理解。
[主要論文]　職業リハビリテーション支援での困難感と支援行動に関する一研究　職業リハビリテーション23(1)，27−34．2009年

浦田　剛（うらた・つよし）　　　　　　　［Ⅲ－1］
早稲田大学大学院文学研究科　　E-mail : t_urata@ruri.waseda.jp

［研究関心］　小説作品という狭義の文学に限定せず，「コトバによる表現が，読者の"胸を打つ"のはなぜか？」
　という問いかけから，学術研究という枠にとらわれず，日常会話の運用や音楽作品の歌詩（の実作）を含めた
　「広義の文学」に関心を持っている。

［主要論文］　総合知としての文学の本義——構造構成的言語行為論に基づく言表価値性の立ち現れ体系『構造構
　成主義研究2』（分担執筆）北大路書房，横光利一の「時代感覚」——縦断研究法に基づく『上海』の生成批
　評へ向けて　『繡』第20号，「ある長編」から『上海』へ——雑誌「改造」を基軸とする外在的な考察の試み
　『繡』第21号

構造構成主義研究 4
持続可能な社会をどう構想するか

| 2010年3月20日　初版第1刷印刷 | 定価はカバーに表示 |
| 2010年3月30日　初版第1刷発行 | してあります。 |

編著者　　西條　剛央
　　　　　京極　　真
　　　　　池田　清彦

発行所　　（株）北大路書房
〒603-8303　京都市北区紫野十二坊町12-8
　　　　　電　話　(075) 431-0361（代）
　　　　　ＦＡＸ　(075) 431-9393
　　　　　振　替　01050-4-2083

ⓒ2010　印刷・製本　亜細亜印刷(株)
検印省略　落丁・乱丁はお取り替えいたします。
ISBN978-4-7628-2707-5 Printed in Japan